サヨナラ！操作された「お金と民主主義」なるほど！「マネーの構造」がよーく分かった

図解 解説版

社会派ファイナンシャルプランナー
天野統康

SEIKO SHOBO

はじめに

なぜ現在の民主主義では国民のための政治を行えないのか？

民主主義とはその名のとおり、「民」が「主」になる政治である。

ところが現在の日本や世界を見ると、必ずしも国民のための政治が行われていない。それでは誰のための政治なのか？

徹頭徹尾、マネーの権力者のための政治が行われているのだ。

マネーの権力者とは誰なのか？　政府ではないのか？

それは、マネーを創造している機関を陰で動かしている人々である。

私たちが一番親しくしているもの、それはマネーである。日常の社会的な活動のほとんどすべてにマネーが関わってくる。それなのにマネーがどのように生まれ、どのように無くなるのか、どのような性質を持っているのかを理解している人はほとんどいない。

それは一つには知らされていないからである。マネーの権力者が伝えたくないからなのだ。

社会の最も影響力のあることについて知らされていないという点では、ローマ教会に支配されていた中世ヨーロッパも現代も同じである。中世のローマ教会は信者に聖書を読ませなかった。ひとたび読ませたら、当時のローマ教会の教義が聖書と違うことがバレてしまうからである。

実は、本質を知らされていないという点では、マネーだけでなく「民主主義」も同じような状況だ。マネーが基本となって構成されている資本主義と、現在の民主主義は切っても切れない関係であるからだ。マネーの性質を知らずして民主主義の本質は見えないのである。

もう一つ、マネーの性質とそれが与える影響が理解しにくいのはマネーの持つ「多面性」が原因である。マネーの概念は、通貨であって通貨でない。預かったマネーを貸付けているようで貸付けていない、貸付けると同時に預かる、通貨の創造が法律で決められながら、法律で規定されていない、というような多面性がある。そのため、多くの人は言葉だけ聞いていると意味が分からなくなってしまう。ある面から考えると真実であるが、別の面から見ると真実ではない。まさに虚実が入り乱れているのが「マネーの構造」の特徴である。

このことを理解するとマネーの本質が見えてくる。

民主主義の進展は、基本的人権に見られるようにさまざまな市民の権利の拡大をもたらしてきた。その一方で、マネーの支配者の通貨発行権の独占によって「操作される民主主義」が形成されている。そして究極的には「偽りに基づく民主主義」へといざなわれている。

政治としての民主主義と、経済としての資本主義は二人三脚で発展してきた。

そのシステムの非民主制が現在の社会矛盾を生み出し、世界の市民を苦しめている。

本書ではどのようにしてマネーと民主主義が生まれたのか、どのようにしてマネーの支配者によって民主主義と経済が操作され、利用されてきたのか、その克服方法について記述していく。

この体制のカラクリを理解することが現在の日本の状況を理解することにつながるはずである。

［目次］

［装幀］フロッグキングスタジオ
［図版作製］ホープカンパニー

〔第1章〕

操作される民主主義の原点——マネーとは何か？

金融権力によって操作されてきた自由民主主義経済社会

21世紀に入り、IT技術などに代表される科学技術はますます進歩を続けている。以前なら想像すらできなかったようなことが科学技術の力を用いて日々現実になっている。それなのになぜ、私たちの生活は一向に豊かにならないのだろうか？

この問いは日本だけでなく、現在多くの国々が直面している問題である。その理由は私たちが暮らしている社会システムに根本的な矛盾が潜んでいるためだ。ここでは社会システムを考えるために政治と経済に分けて考えていく。

現在、世界で主流の政治システムが民主主義であることに異論を唱える人はほとんどいないだろう。また、経済システムでは、私有財産制と市場を通じた企業の経済活動の自由を認める資本主義（自由市場経済）が主流である。

ここでは民主主義と資本主義経済が組み合わさった社会を「自由民主主義経済社会」と定義する。具体的には、アメリカ、日本、EU諸国などが中心になって発展させてきた。最近ではロシアなどの旧ソ連圏や東欧諸国、アジアや中南米の国々などにも拡大している。

資本主義経済と民主主義政治の融合は、ソ連などの20世紀型共産主義諸国が崩壊した後、最も主流となっている政治経済体制である。

いきなり結論をお伝えするが、今までの自由民主主義諸国のほとんどは、国民よりも金融権力が社会への決定権において上位であった。

金融権力は自らの金融力を基に、経済体制としての資本主義と、政治体制としての民主主義を巧みに操作してきた。

この政治システムが実は、「国際金融権力」といわれる欧米の金融財閥を頂点とした力関係の中で営まれてきたのである（図1参照）。

そのことについて、自由民主主義諸国の市民の多くは気づいてこなかった。マネーという、社会をコントロールする最大のツールを乗っ取られたことに気づいてこなかったのだ。

そんな馬鹿な？　と思うかもしれないが事実である。その証拠にマネーがどう作られ、どう無くなるのか知っているかを周りの人に聞いてみるとよい。ほとんどの人は答えられないだろう。

マネーという支配ツールから目を逸らさせるために、金融権力は多大なる努力を払ってきた。その成果がさまざまな経済学である。経済の最も基本となるマネーについて、経済学は共通の定義をしてこなかった。その結果、ほとんどの人がマネーが増減するシステムを意識していない。

20世紀の最も有力な経済学者の一人であるジョーン・ロビンソン（1903～1983、イギリスの経済学者）が『異端の経済学』（日本経済新聞社、1973年）にこう書いています。

「伝統的な学説は多く貨幣なしに機能するような経済をモデルとして構築されている。これは、『実物』体系は『貨幣のベール』の背後に機能しているものであって、経済学者はこのような『貨幣のベール』をはぎとらなければならないということを意味していることにもなる」

著者の言うことが事実であれば、伝統的経済学はカネ抜きの論理を構築していることになり、カネの行方については、無関心というより意識的に排除しているのかも知れません。そうであれば経済学の一つの欠落です。

（堂免信義著『日本を貧困化させる経済学の大間違い』徳間書店、P54〜55）

多くの経済学が、経済で最も重要なマネーの存在を意識的に排除してきたこと、また、自由民主主義諸国の市民がマネーの増減する現象を意識化できていないことを、偶然に起きている出来事と考えるわけにはいかない。明らかにマネーを支配する権力の意図的な作為の下に、驚くほどの長期間にわたって仕組まれてきた結果なのである。

このシステムを全体像で見れば、権力の上部構造は通貨発行権を支配する国際金融権力であり、下部構造は政治体制としての民主主義・経済体制としての資本主義経済である。

この社会の仕組みを理解するために、まずは通貨の説明からしてみよう。

それでは一体、通貨とは何なのか？

経済学においてマネーの研究というものは、ただ複雑なばかりか、真実を隠したり避けたりしているようだ。これまで明らかにされた真実など一つもない。（ジョン・ケネス・ガルブレイス）

現在の自由民主主義経済社会はマネーと法律が作り出している。法律は私たちが選ぶ国会議員によって作成される。

図1　操作される自由民主主義経済社会の全体像

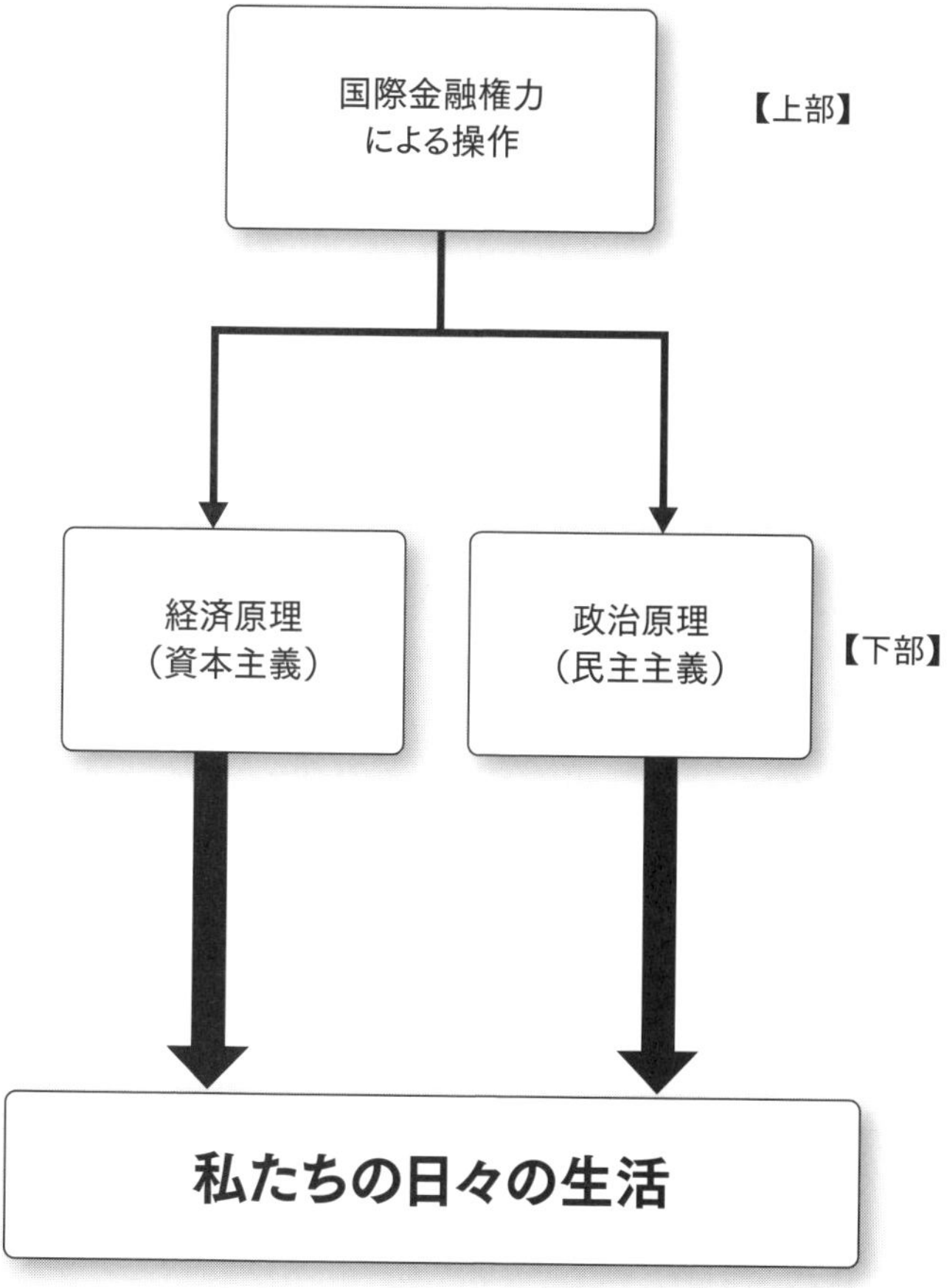

一方のマネーはどうだろうか？

マネーをどこが創造し、消滅させているのかを知れば、現在のマネーの持つ奇妙奇天烈《きみょうきてれつ》な性質が明らかになるだろう。そう、マネーに左右される私たちの生活を、マネーそのものの性質が支配していることに気付くはずである。

まず、物事を理解するにはマネーという言葉の定義付けをしなくてはならない。マネーという意味で一般に使われる言葉は通貨である。社会的な活動のほとんどすべてに通貨が関わってくる。現在の社会システムを理解する上で通貨の定義は極めて重要となる。

さまざまな通貨の定義があるが、ここではムダを一切省き、販売している商品との交換券という定義をする。なぜなら、その他の要素は通貨というものを理解する上での妨げになる可能性があるからだ。単純で純粋な通貨の定義こそが「**操作される民主主義**」の形成を理解する基本となる。

商品と交換できる機能を持つ物として、主に二種類が通貨として認められている。

❶ 現金（紙幣と硬貨）
❷ 預金（普通預金や当座預金など）

現金は紙幣（1万円札など）と硬貨（100円玉など）である。それらは商品と交換することができる。

もう一つの預金は、普通預金や当座預金などのように銀行に預けているお金である。預金もまた紙幣や硬貨と同じように商品と交換できる。個人はクレジットカードで決済できるし、公共料金の多くは口座引き落としである。現金は現物の通貨であり、預金は銀行の会計上の通貨である。

さまざまな通貨の統計があるが、代表的な通貨供給量のM3といわれる統計では、わが日本では現在、現金は約77兆円、預金は約1037兆円（2012年3月現在）である。現金よりも預金のほうが圧倒的に多い（図2参照）。

ということは、ほとんどが会計上の通貨なのだ。

ここでは、通貨とは市場で販売している物との交換券であるということを認識していただきたい。

通貨はどこで誰が作っているのか？

私たちの住む世界は人間が創造した物で溢れている。国や企業や個人がさまざまな商品を作り、販売した結果だ。

それでは、商品と交換するための通貨はどこが作っているのだろうか？

その答えは銀行業である。銀行業には主に次の二種類がある。

❶中央銀行（日本では日本銀行）
❷民間銀行（預金を取り扱っている金融機関）

中央銀行は紙幣を印刷するし、帳簿上の通貨も作り出す。中央銀行が通貨を創造するのは誰でも

図2	通貨の定義→市場で商品と交換できるもの

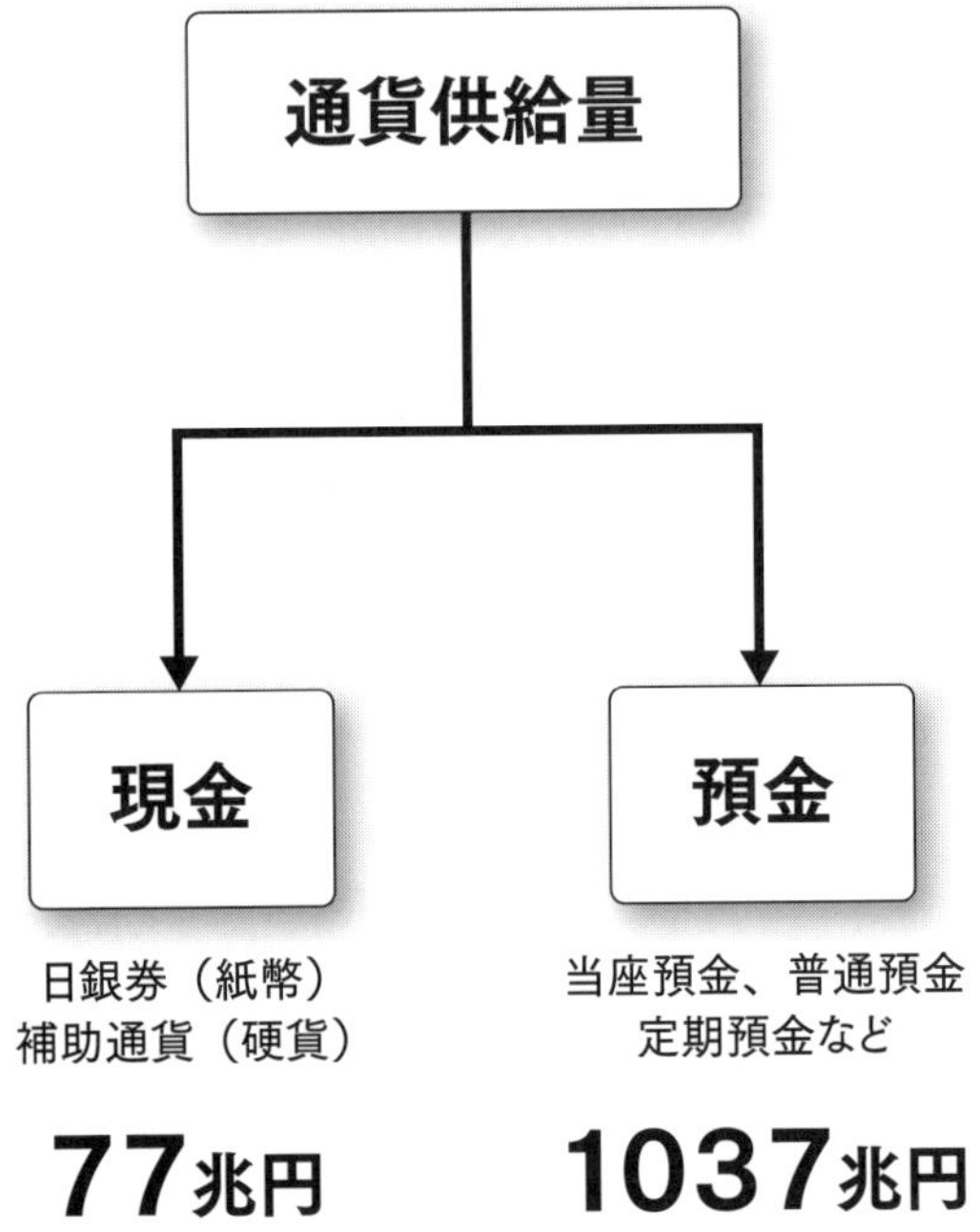

出典：日本銀行調査統計局の公表資料より、2012年3月の現金通貨とM3より作成

が知っていることである。一方、民間銀行も中央銀行とは別に独自の通貨を作り出す。

民間銀行が通貨を作っているだって？　意外に思われるかもしれないが、民間銀行は通貨を貸したり預かったりすることで、預金という会計上の通貨を作り出しているのだ。銀行業が通貨を作り出す行為を経済学の用語では「信用創造」と呼ぶ（図3参照）。

この二つの機関以外は事実上、通貨を創造していない。つまり銀行業以外は通貨を創造していないということだ（地域通貨というものがあるが、経済規模としてほとんど影響力がないのでここでは考慮に入れない）。

また、通貨を減少させる時も中央銀行や民間銀行を通して行わなければならない。企業や個人が硬貨を焼却することは犯罪である（紙幣は燃やしても犯罪にはならないようだ）。

他の部門は銀行業が創造した通貨を使い回しているだけである。そのため、日本には銀行業が作り出した分しか通貨は存在しない。

私たちがこの事実を知って疑問に思うのはまず、なぜ銀行業しか通貨を増減させることができないのか？　この単純な事実をなぜ多くの人が知らなかったのか？　ということだ。

その答えは、長い歴史上の経緯でこの通貨システムがヨーロッパを中心に「公然と、しかし隠密に」作られてきたからだ。

中央銀行の通貨の作り方・無くなり方

それでは、銀行業が通貨を作る仕組みを見てみよう。

図3	通貨を作っているところ／作っていないところ

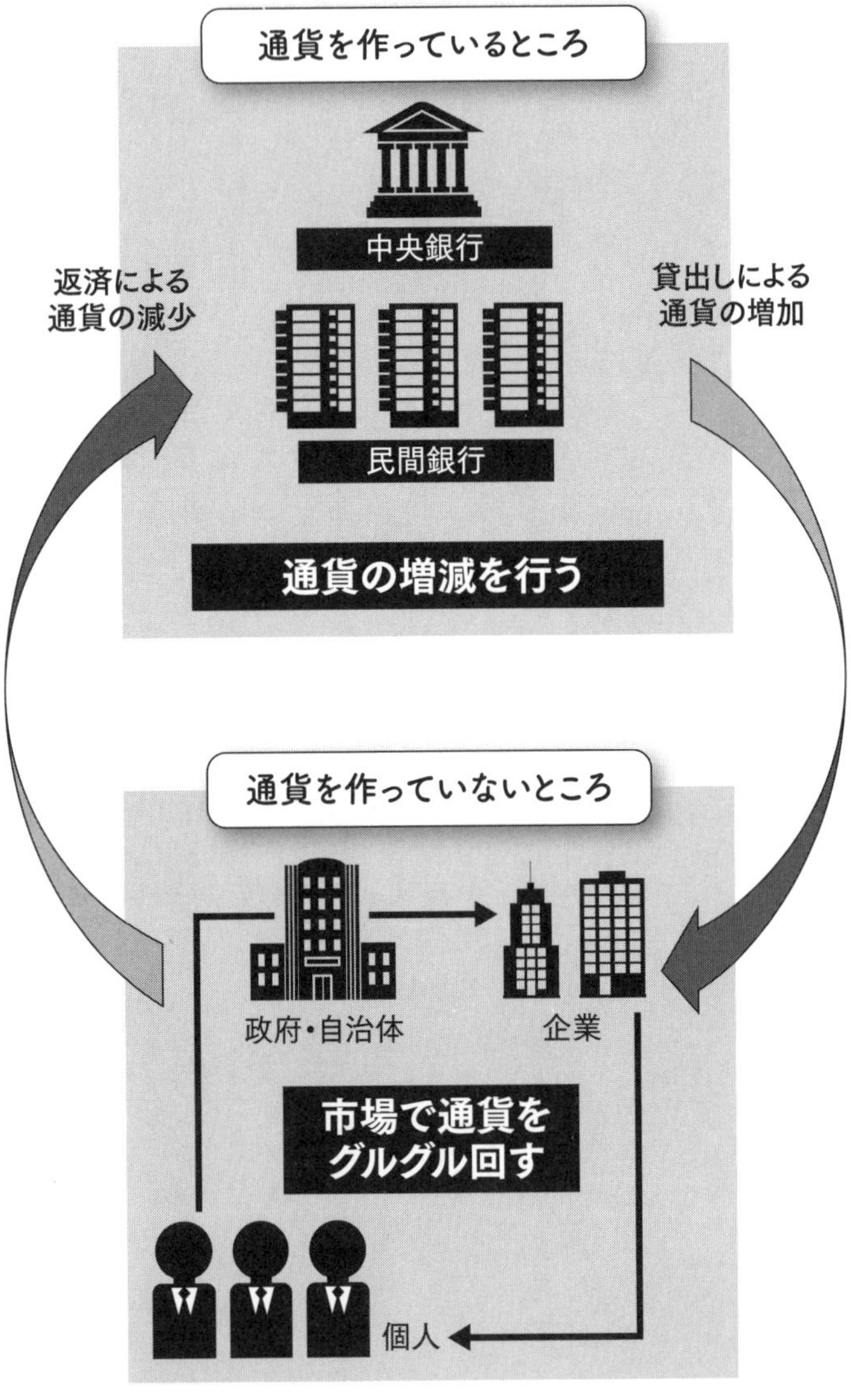

まずは中央銀行である。

中央銀行の主な役割は、自ら通貨を増減させることと、民間銀行の通貨創造の増減をコントロールすることである。

中央銀行は自ら通貨を無から作り出し、その逆に存在する通貨を無くすこともできる。

また、民間銀行への金利政策などを通じて、一国の通貨の増減をコントロールする権限が与えられている。つまり通貨発行権を持つ機関のすべての管理が任されているのである。

分かりやすく言えば、通貨を創造する銀行業の親玉である。

ここでは、どのようにして中央銀行が通貨を作り出し、また消滅させるかを説明する。

一般に中央銀行は私たちが生活している市場に直接、通貨を増減させるようなことはしない。民間銀行が中央銀行に設けている日銀当座預金という口座を通じて通貨の増減を図る。

中央銀行による通貨の作り方には主に次の二つのパターンがある（図4参照）。

図4❶中央銀行が、民間銀行などに融資を行うことで通貨を創造する。

図4❷中央銀行が、民間銀行などが保有している国債等を購入し、通貨を創造する。

この時に1万円札のような紙幣が作られるわけではない。中央銀行の帳簿と民間銀行が中央銀行に設けている口座とのやり取り、つまり会計上の数字を書き込むことで通貨を創造している。

それでは、お札はいつ供給されるのかというと、民間銀行がお札を欲した時である。預金者の現

図4	中央銀行の通貨の作り方

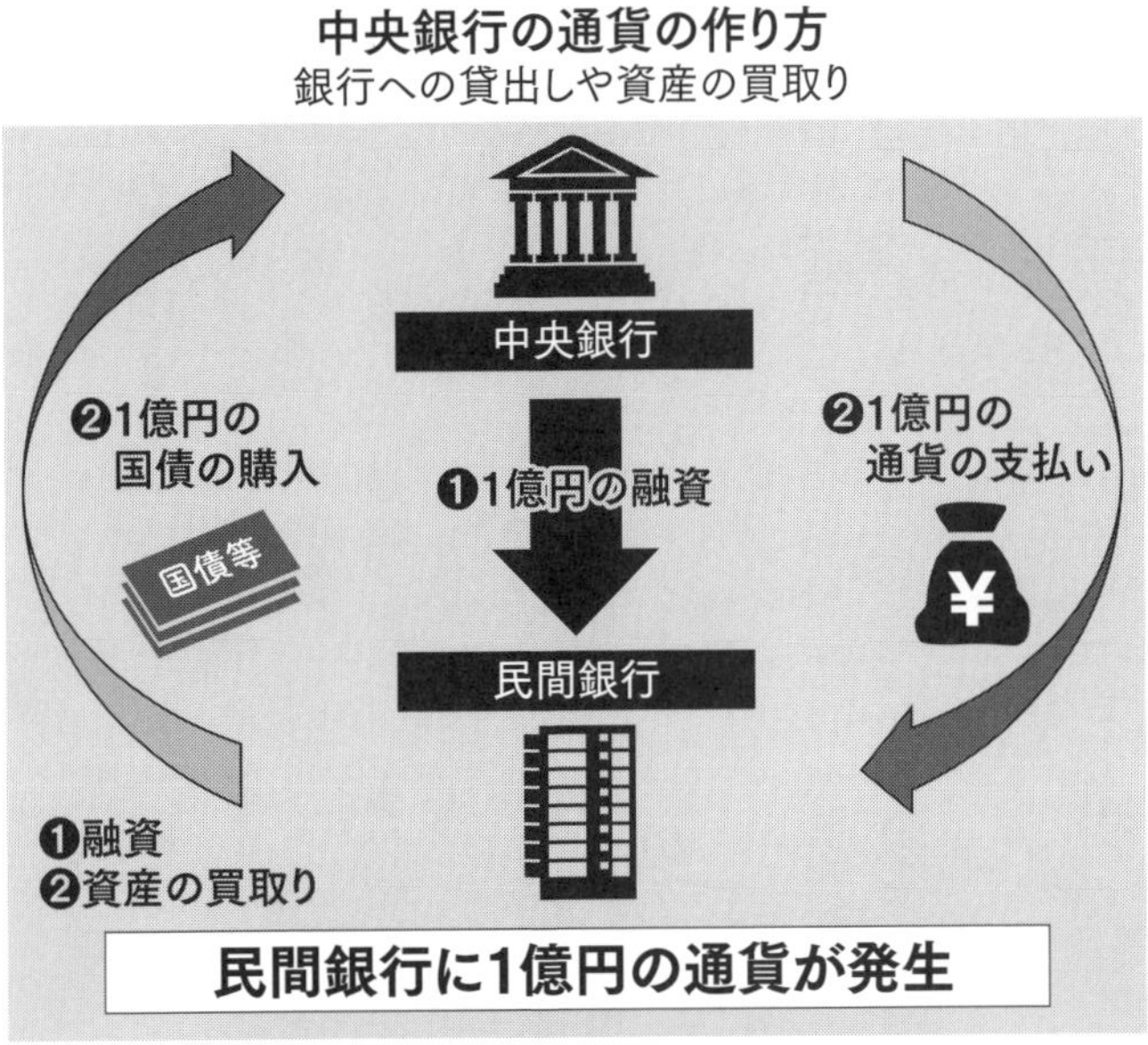

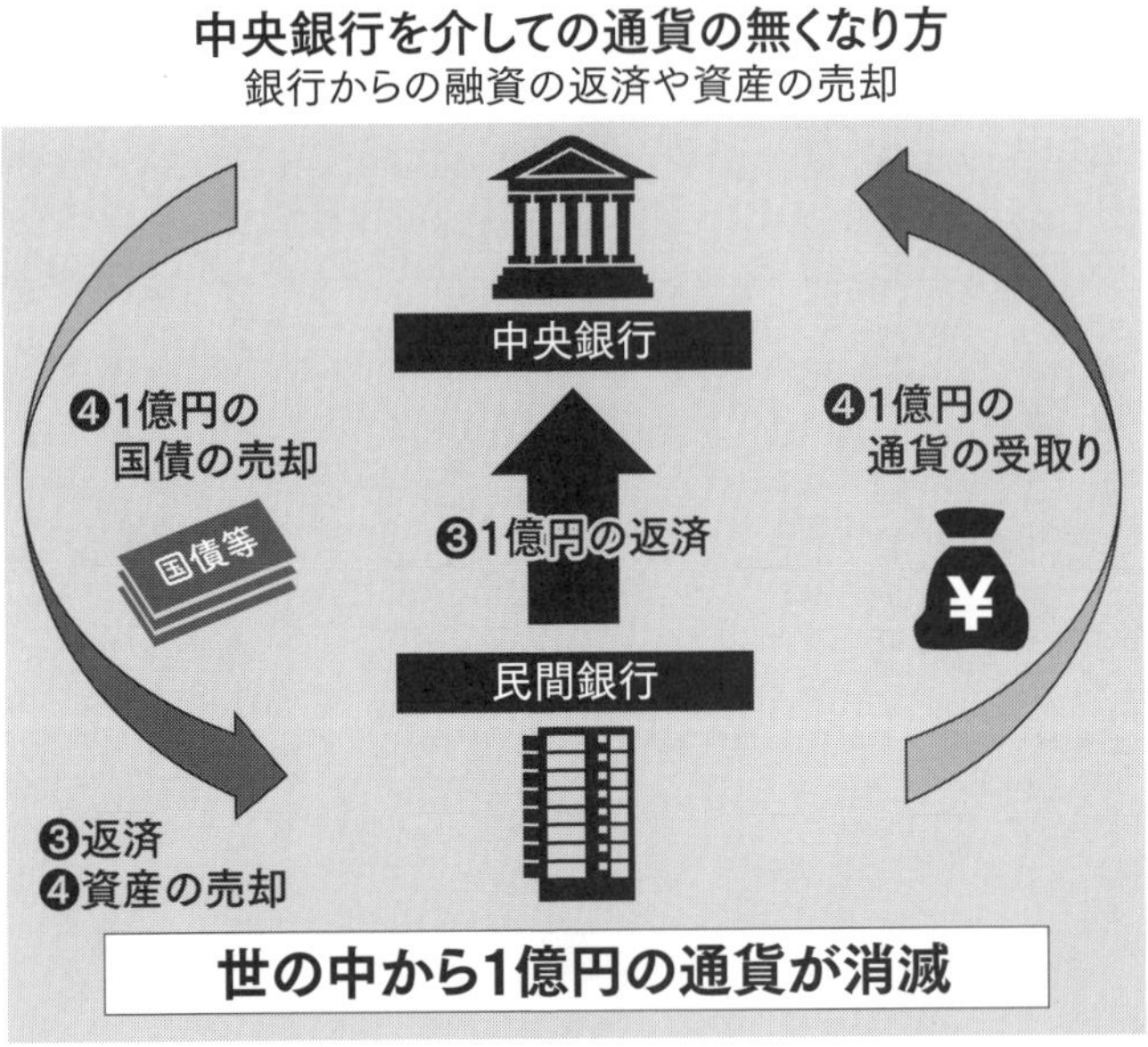

金引き出しの要求に応えるために民間銀行は紙幣が必要となるので、民間銀行が中央銀行に預けている帳簿上の預金通貨と中央銀行が発行している日銀券を交換し手に入れている。

通貨の創造過程は帳簿上の数字を書き込むだけでなされているのであり、現代はバーチャルマネーの時代なのだ。「図5」は、アメリカの中央銀行であるFRBが、この3年半で約140兆円の通貨を創造したグラフである。

次に創造された通貨は、どうすれば無くなるのだろうか。

作られたのと逆の行為をすれば、通貨は無くなるのである。


図4❸民間銀行が中央銀行から受けた融資を返済すると通貨は消滅する。

図4❹中央銀行が国債等の売却を行うと通貨は消滅する。


例えば、図4の❸のように、銀行が中央銀行から受けた1億円の融資を返済する。そうすると、中央銀行と民間銀行の帳簿から1億円の通貨が消滅する。また、図4の❹のように、中央銀行が保有している1億円分の国債などを銀行に売却すると1億円の通貨は消滅する。これも帳簿上で処理される。たったこれだけのことなのだが、これを理解することが実に重要なのである。

民間銀行の通貨の作り方・無くなり方

民間銀行の通貨の創造と消滅のプロセスは、中央銀行とほとんど同じである。

図5　ＦＲＢ（アメリカの中央銀行）の通貨創造

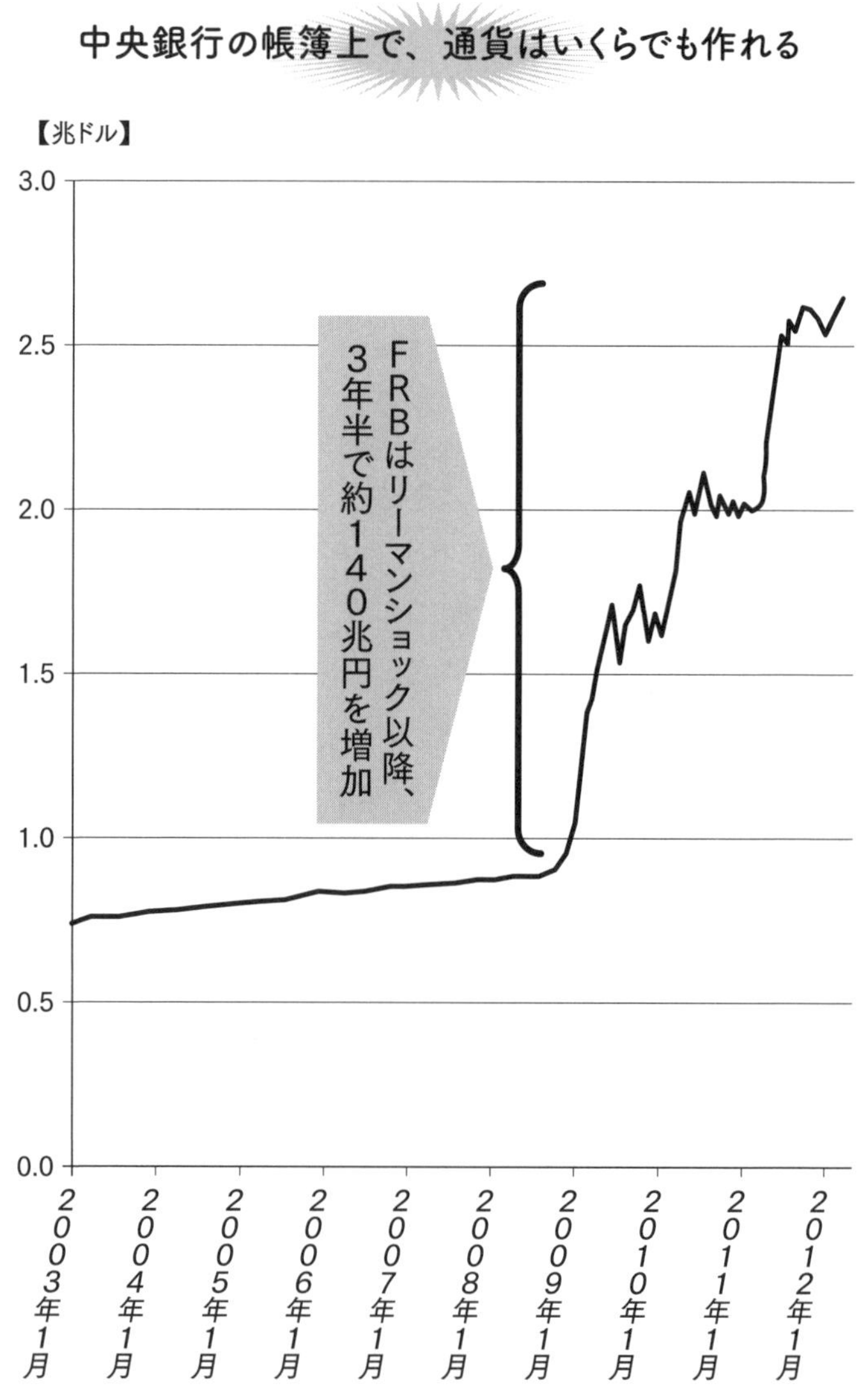

出典：米セントルイス連邦準備銀行ウェブサイトより著者作成

図6❶民間銀行が、企業や個人に融資を行うことで預金という通貨を創造する。

図6❷民間銀行が、市場で売買されている国債などの有価証券を購入することで、預金通貨が創造される。


中央銀行と異なり民間銀行の場合は、企業や個人などに融資をしたり、有価証券を購入することで、一般市場に通貨を直接供給している。

例えば、図6の❶のように、民間銀行が1億円の融資を企業や個人に行えば、1億円の通貨が創造される。また、図6の❷のように、市場で売買されている国債などの有価証券を民間銀行が1億円分購入した場合、1億円の通貨が創造される。

次に民間銀行を通じての通貨の減少について考えてみる。

これも中央銀行と同じように、民間銀行でも市場に対して通貨を創造したのと逆のことを行えば通貨は消滅する。


図6❸企業や個人が民間銀行から受けた融資を返済すると預金通貨は消滅する。

図6❹民間銀行が保有している国債などの有価証券を市場に売却すると預金通貨は消滅する。


例えば、図6の❸のように、企業が民間銀行から受けた1億円の融資を返済する。そうすると民

図6　民間銀行の通貨の作り方

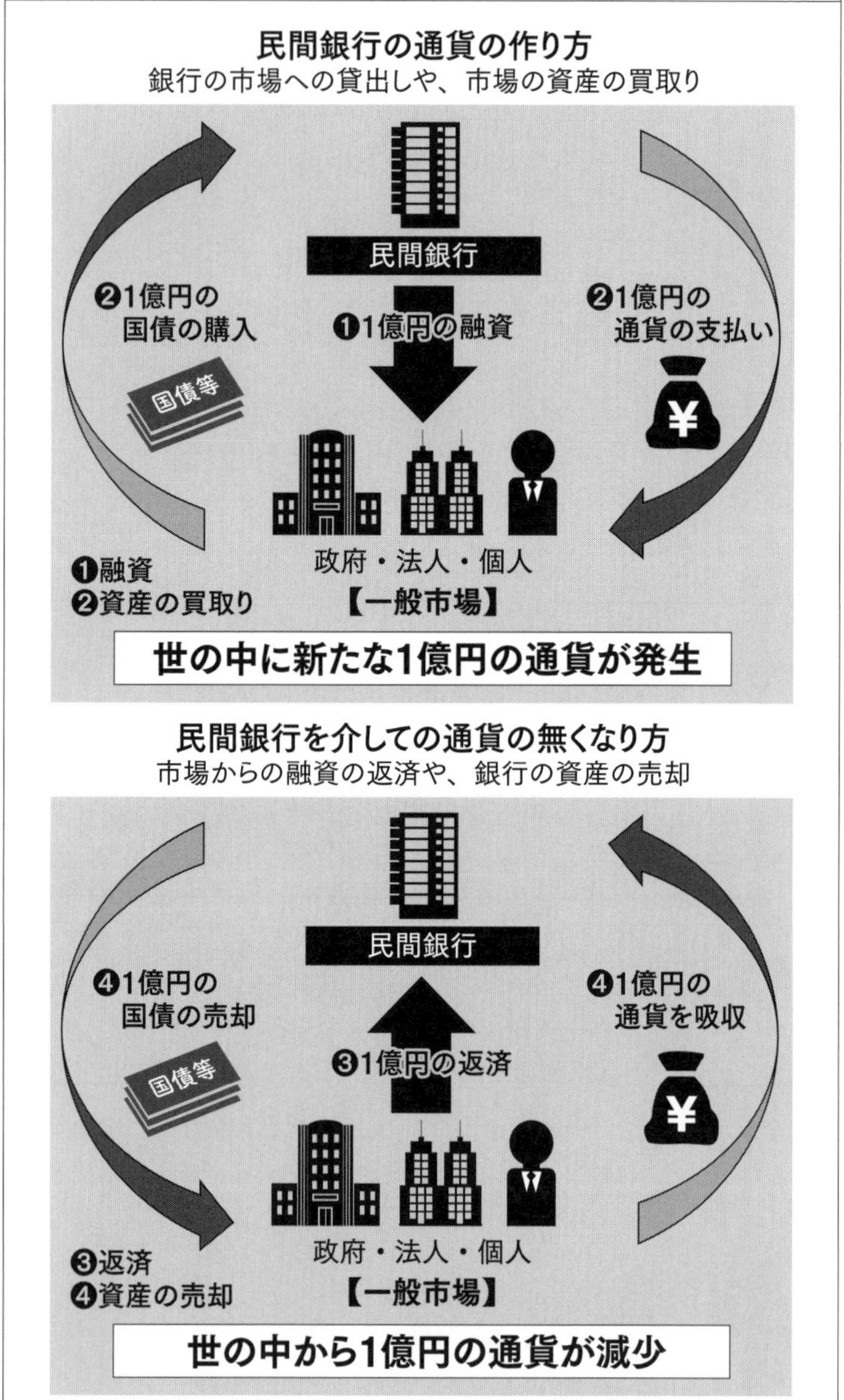

間銀行の帳簿から1億円の通貨が消滅する。また、図6の❹のように、民間銀行が保有している1億円分の国債などを市場に売却すると1億円の預金通貨は消滅する。

図7は、銀行が図6のやり取りを行った結果、作り出している預金通貨のグラフである。

借金を返済すると消滅する通貨

一見、銀行に借金を返済すると通貨は銀行に移動したように見える。しかし返済した通貨は銀行の帳簿上でこの世から消滅する。つまり1000万円の融資を返済すると、1000万円がこの世から消滅する。借金によって作られた通貨は、借金の返済によって消滅するのである。

しかし、一般的には、銀行に通貨が移動したように見える。ここが、マネーの構造を錯覚するところだ。

ここで注目すべきは、銀行業の貸し借りと運用によって通貨は創造され、また減少しているということ。国債や社債などの資産購入も国や企業の銀行からの借り入れである。

つまりほとんどの通貨は利子の付いた借金として作られているのが現実なのだ。

融資によって創造された通貨は、返済によって消滅する。そして、借金をする時に作られる通貨には利子が付いている。

あなたの通貨は誰かの負債なのである。この負債とは、帳簿上で負債の項目に含まれているからという程度の意味ではない。利子の付いた実質的な負債なのだ。

このことが現在の金融システムがもたらす通貨の性質の根幹である。

図7	民間銀行の帳簿上でも通貨は作られる

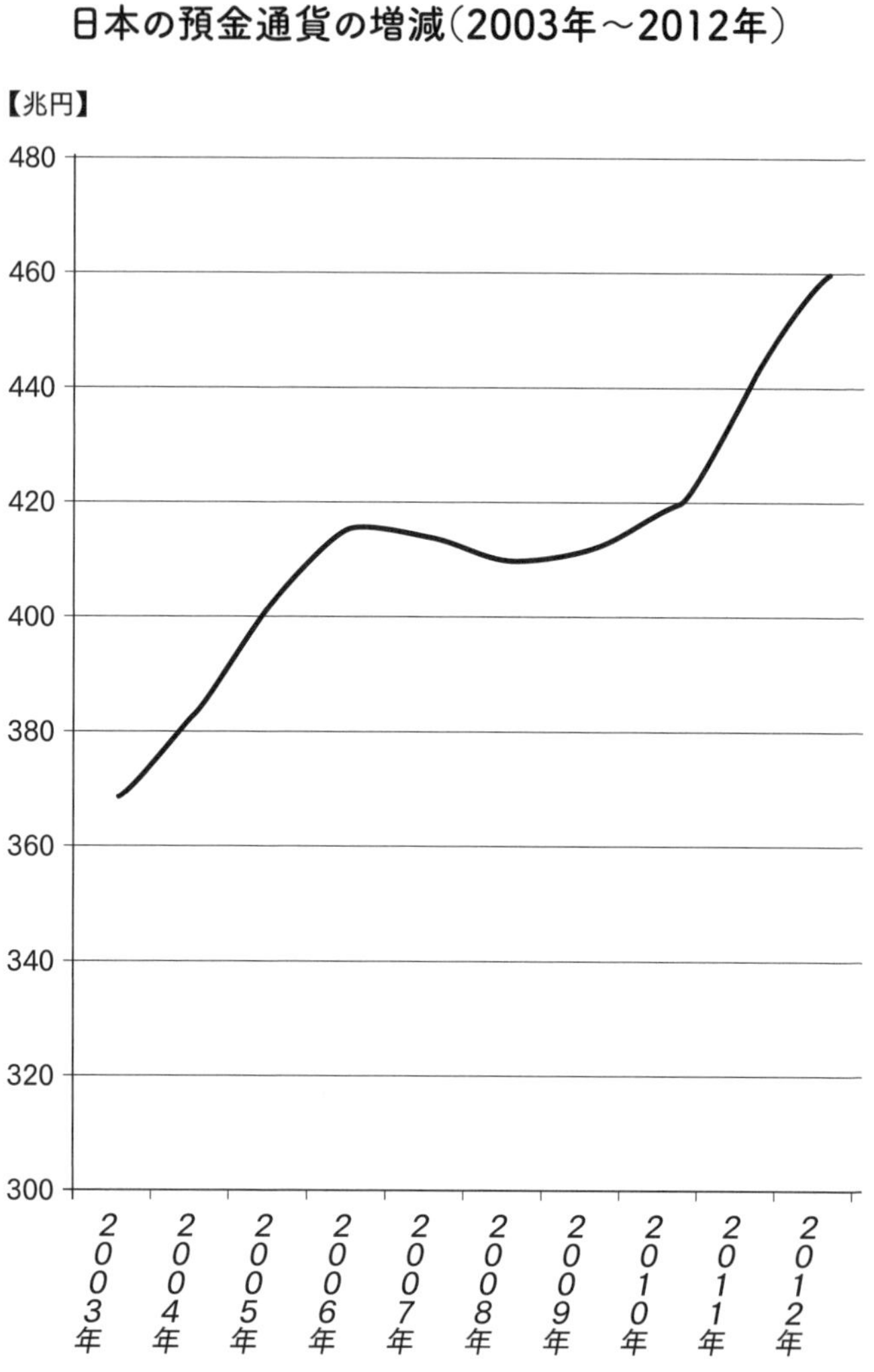

出典：日本銀行ＨＰ「通貨統計M1預金通貨」より著者作成

中学・高校の教科書には「信用創造」について分かりづらく、誤解を生む説明がなされているので、図11〜図12で解説する。

帳簿（複式簿記）によって通貨を創造する銀行業

民間銀行は自らの帳簿上で通貨を作り出すことができる。その方法の概略を説明しよう。

現在の株式会社は、銀行業も含めほとんどすべての会社は複式簿記で帳簿を作成している。

複式簿記とは、商品取引の時に、支払う通貨と受け取る商品という、同時に発生する二つのことを、同時に帳簿に記帳する方法である。

例えば、資産として現金10万円を保有している企業があるとする。その企業が10万円するパソコンを1台購入した。そうすると、10万円のパソコンという資産が増えた代わりに、現金10万円という資産が減る。

このケースで（図8の❶）のような書き込みが発生する。当初、左側の資産の項目にあった現金10万円は、右側に現金10万円と書くことによって相殺《そうさい》され、帳簿から資産としての現金10万円は無くなる。

複式簿記を用いる株式会社の場合、取引を行えば、同時に二つのことが発生し、それを記帳するのである。

この複式簿記を用いて、銀行業は自らの帳簿上で通貨を創造する。

それでは、銀行業が通貨を作り出す時にどのように記帳するかを見ていこう。

銀行の帳簿上での通貨の作り方

【一般の企業の帳簿】

資産	負債・資本
現金10万円	
❶パソコン（10万円）	❶現金10万円

→ 資産側にあった現金10万円は無くなる

増えたパソコン10万円と、減った現金10万円が同時に発生

通貨を作れる特殊な銀行業の帳簿

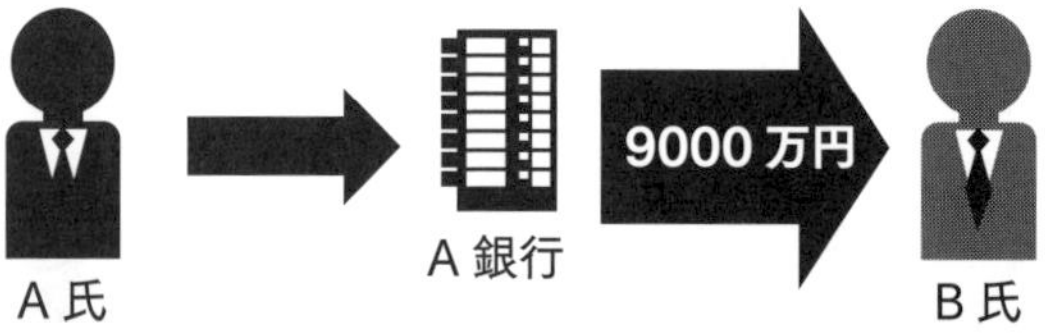

❷A氏が現金100万円をA銀行に預ける

❸B氏に9000万円を貸出す

【A銀行の帳簿】

資産	負債・資本
❷現金100万円	❷預金100万円
❸貸出金 9000万円	❸預金 9000万円

→ 9000万円の預金通貨を創造した

貸出金と同時に預金も発生

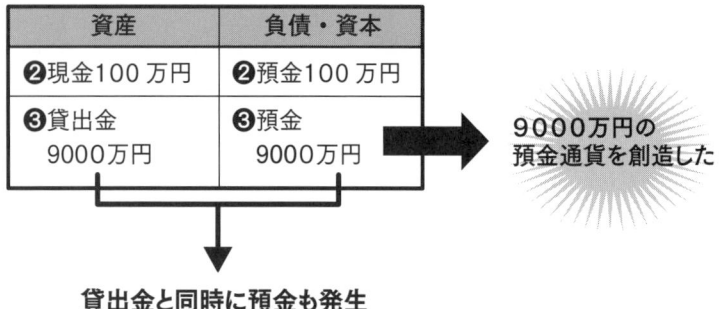

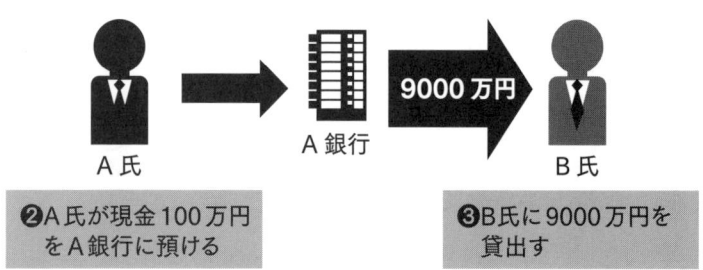

図8 銀行の帳簿上での通貨の無くなり方

銀行の帳簿上での通貨の無くなり方

通貨を消滅させる特殊な銀行業の帳簿

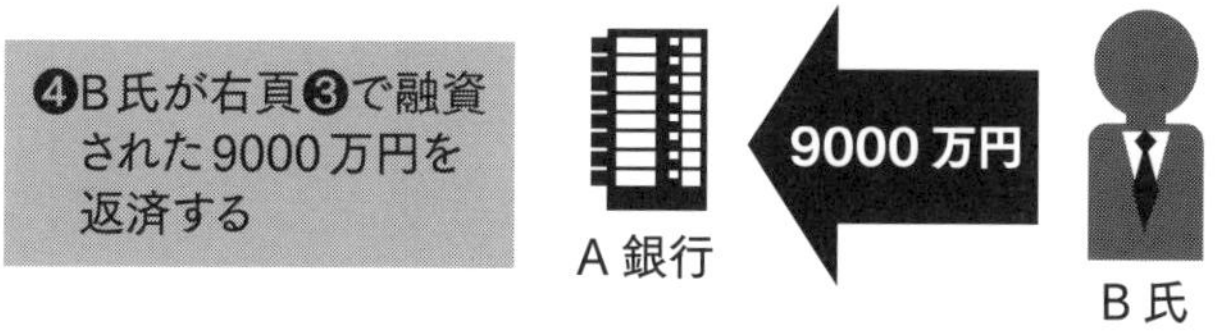

【A銀行の帳簿】

資産	負債・資本
❷現金100万円	❷預金100万円
❸貸出金9000万円	❸預金9000万円
❹預金9000万円	❹貸出金9000万円

（斜線）は削減

→ 9000万円の預金通貨は消滅した

貸出金の返済と同時に預金は消滅

銀行業以外の取引の場合、通貨は移動するだけ

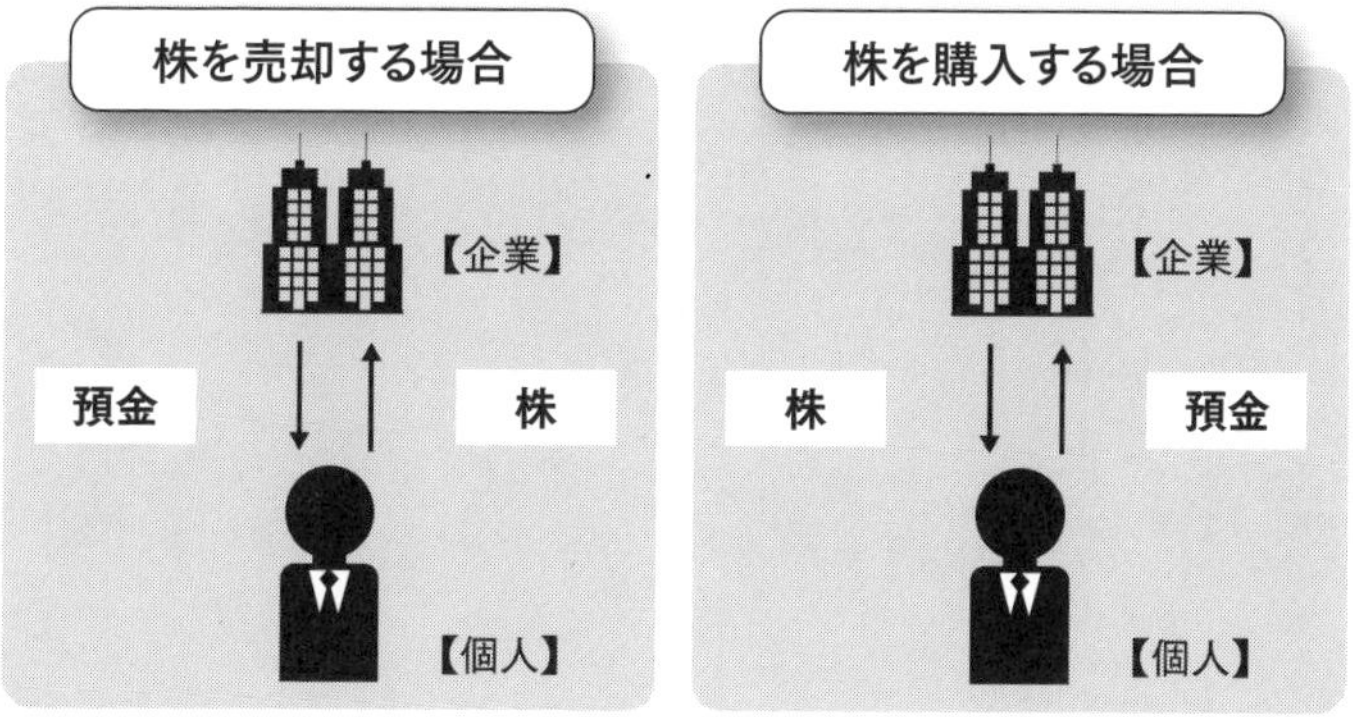

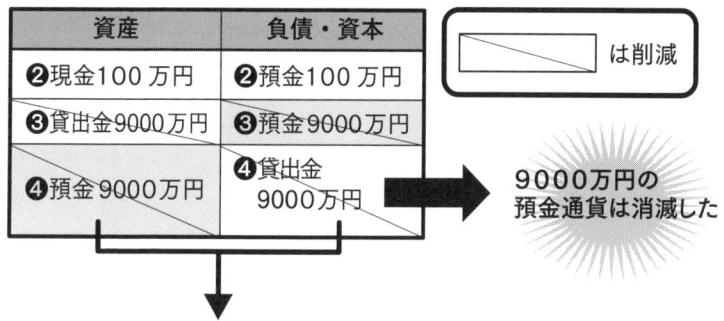

銀行業がA氏から現金100万円を預かった場合、先の図8の❷のように記帳する。資産の側に現金100万円、負債の側に預金100万円。銀行は預金者から通貨を預かると、発生する預金は負債になる。なぜかと言えば、預金は銀行のものではなく、預金者から預かっている通貨だからだ。その代わりに、資産として現金が同時に発生する。この段階ではまだ通貨を創造したことにはならない。預金者A氏の現金100万円が、A氏の預金100万円に変化しただけだからだ。

銀行業が通貨を作り出すのは、融資をする時である。

多くの人が誤解していることだが、銀行業は融資をする時に、預かった現金を貸付けるのではない。100万円しか預かっていないのに9000万円をいきなり貸出すことができる。例えばB氏に9000万円を貸出すと先の図8の❸のような記帳になる。資産の側に貸出金9000万円、負債の側に預金9000万円が同時に発生する。銀行にとって貸出金は資産である。今後、利子付きで返済してもらえる債権であるからだ。ではなぜ、同時に預金が発生するのか？

銀行から融資を受けた人なら誰でも経験があるだろうが、借りる時には必ずその銀行に口座を開設しなければならない。その口座に貸出金が振り込まれるのだ。その時に、銀行は貸出すと同時に、貸出した人から預かることになる。そうすると複式簿記の帳簿では、図8の❸のようにA銀行の帳簿で貸出金9000万円と、預金9000万円が同時に発生することになる。図8の❸の預金9000万円は、通貨である。この9000万円でB氏は住宅や車などの商品が購入できるのだ。

それでは、この9000万円という通貨はどこから来たのか？　銀行が自らの複式簿記の帳簿で無から作り出したのである。この時に、銀行は９０００万円という通貨を世の中に誕生させた。預かった時に発生する図８の❷の現金１００万円、預金１００万円を貸出しているわけではない。銀行業は貸出せば貸出すほど自らの帳簿上で預金通貨を作り出していく。帳簿上で通貨を作り出す信用創造機能があるのは銀行業のみである。

図８の❸でA銀行から９０００万円の融資を受けたB氏が、９０００万円の返済を行ったとする。そうすると銀行の帳簿では、図８の❸で発生した貸出金９０００万円と、負債の預金９０００万円を消滅させる記帳が行われる（図８の❹参照）。

資産の貸出金９０００万円が消滅するのは、貸出先から返済されたので、貸出金という資産が無くなったためである。一方、負債の預金９０００万円も消滅する。B氏が預金９０００万円を使ってA銀行に借りた９０００万円を返済したためである。

こうして銀行が貸出すことによって帳簿上で創造された通貨は、借金の返済によって帳簿上で消滅する。

このような通貨を消滅させる機能も他の業種には無い銀行業の持つ特殊な機能である。

よく誤解されるのが銀行業の貸し借りが、株の取引と同じに考えられることである。確かに借りる企業からすれば、銀行から借りるのと、市場から借りるのとの違いに過ぎない。しかし通貨量と言う観点から見れば全く違ってくる。

例えば、知人の企業が株を発行し、あなたがその株を購入したとしよう。そうすると、あなたは株を得るかわりに、銀行から引き落として支払った預金を失ったことになる。その預金は株を発行した知人の企業に移動する。

その後、知人の企業から購入した株を購入したのと同じ価格で売却したとしよう。そうすると、あなたは株を失うが、同額の預金が得られる。逆に知人の企業は預金を失うことになる。

このように企業や個人の取引は、預金を移動させているだけなのである。いくら売買を繰り返しても、通貨を創造することも、消滅させることもない。また、リーマンショックのように株価が暴落して損をした人が大勢出ると通貨が減少したように感じる。しかし株や不動産のような資産価格の上下では通貨は無くならない。大勢の人が株の暴落で損をしたのなら、誰かが得をしているのだ。

通貨を増減させる特殊な機能を持つ銀行の帳簿の仕組みが、銀行業とそれ以外の業種の違いを生み出しているのである。

中央銀行と民間銀行の二段階で通貨を増減させるシステム

通貨の増減が分かりにくい理由の一つは、中央銀行と民間銀行の二段階システムで通貨を増減させていることだ（図9参照）。

●第一段階

中央銀行は主に民間銀行が中央銀行に設けている日銀当座預金という口座との取引を通じて、通貨を増減させている。

その段階では、企業や個人が取引する一般市場の通貨は増減していない。銀行業の世界でのみの

図9	銀行業と一般市場の二段階構造

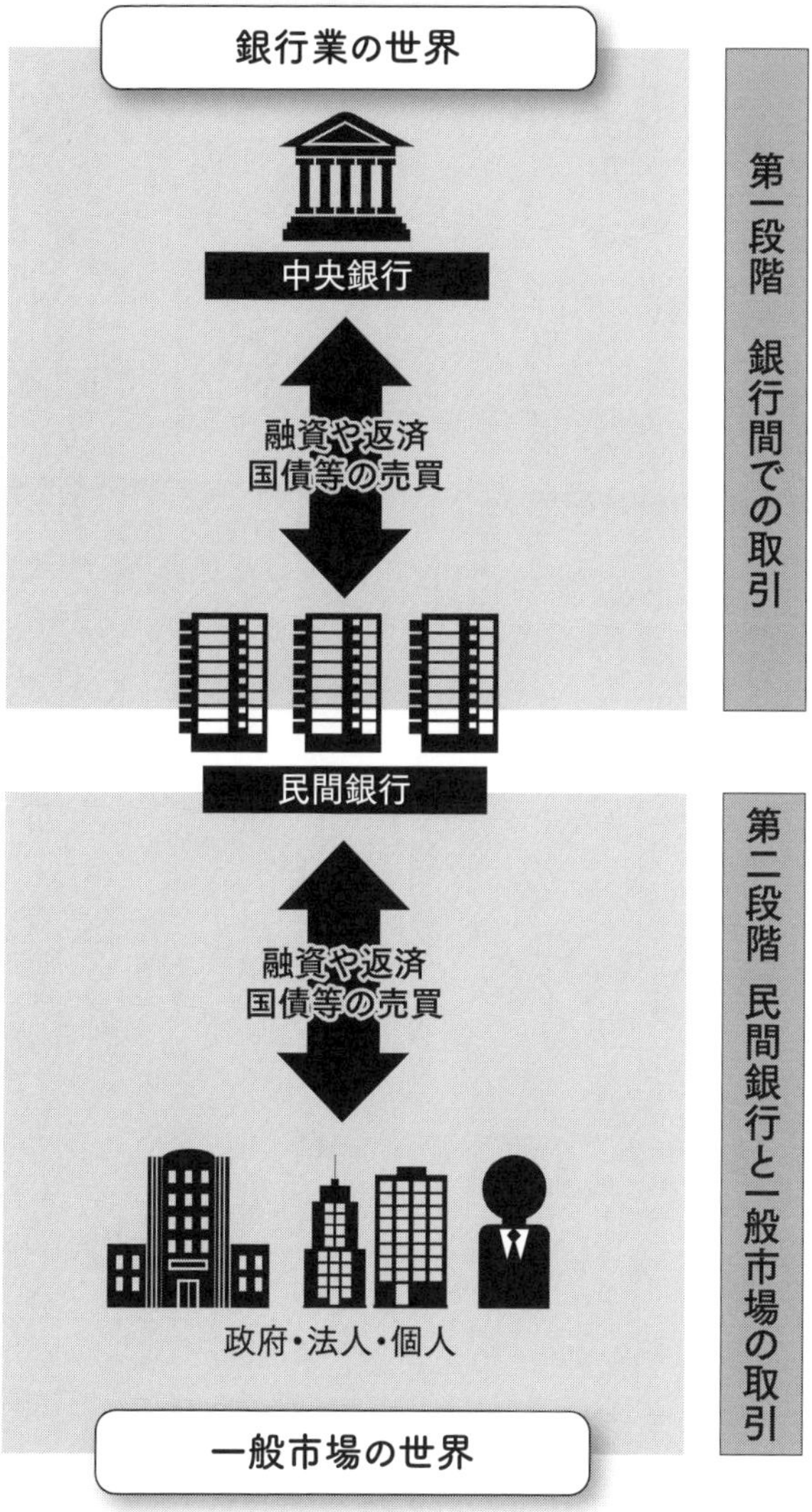

通貨の増減になる。中央銀行は、民間銀行に対して通貨を増減させたり金利を操作することによって一般市場の通貨の増減に影響を与えようとする。

つまり、中央銀行の主な金融政策は私たちの生活している一般市場からすれば、銀行業の世界の中で通貨の増減を行っている間接的な手段なのである。

●第二段階

一方、民間銀行が通貨を増減させる方法は、企業への融資や国債の購入などのように、主に一般市場を通じて行われる。そのため、民間銀行による通貨の増減は私たちの生活に直接的な影響を与える。

私たちの経済活動と関わりながら通貨の増減を行うのが民間銀行である。

例えるなら、中央銀行と民間銀行の取引が、一般市場が関われない〝天界〟の世界であり、民間銀行と市場の取引がその天界と一般市場という〝下界〟をつなげる行為である。

天界でのやり取りは、一般には分かりにくい銀行業という特殊な世界の中でのやり取りである。天界と下界をつなげる民間銀行と一般市場の取引には、私たちも銀行から融資を受けたり資産を購入してもらうなどして関わることができる。

銀行業の二段階システムによって、通貨を増減させる金融システムは複雑になっており、世の中にさまざまな錯覚をもたらしている。その典型が通貨は中央銀行のみが増減させ、民間銀行はその仲介しかしていないという錯覚だろう。実態は民間銀行も独自に通貨を増減させている。

政府は通貨を作らない――税金と国債の出し入れだけ

銀行業が通貨を作るが、実は我々国民が選ぶ政府は通貨を作っていない。

日本銀行は政府の正式な機関ではない。

実は日本銀行は半官半民の極めて曖昧《あいまい》な存在であり、政府の機関であるようでそうではないのである。

我が国だけではなく自由民主主義諸国の多くに共通することだが、政府は通貨発行権を行使しようとしても、中央銀行総裁の解任権がないなどで、金融政策に対して干渉できない。また、民間銀行のコントロールは中央銀行が行っているので、中央銀行の金融政策に干渉できない政府は、民間銀行の経営にも直接的には関与できていないことになる（図10参照）。

国民によって選出される政府が通貨を発行していないというのは実に奇妙なシステムだが、その理由は以下のとおりである。

建前では、政府が中央銀行に干渉すると野放図なインフレを招くためと言われている。

例えば、政府が中央銀行を所有し通貨を作ると、いくらでも政府予算の財源を作れる。そうするとどんどん通貨を発行してしまいインフレになってしまう。だから政府ができるのは税金の徴収と国債の発行のみで、中央銀行の金融政策に干渉してはならないのだという。

政府が中央銀行を通さずに直接、政府通貨を発行してはならない理由も同じだ。

通貨を作れない政府は、国家予算を作る手段は、主に税金を集めることと、国債を発行して（つ

図10　政府は通貨を作らない！

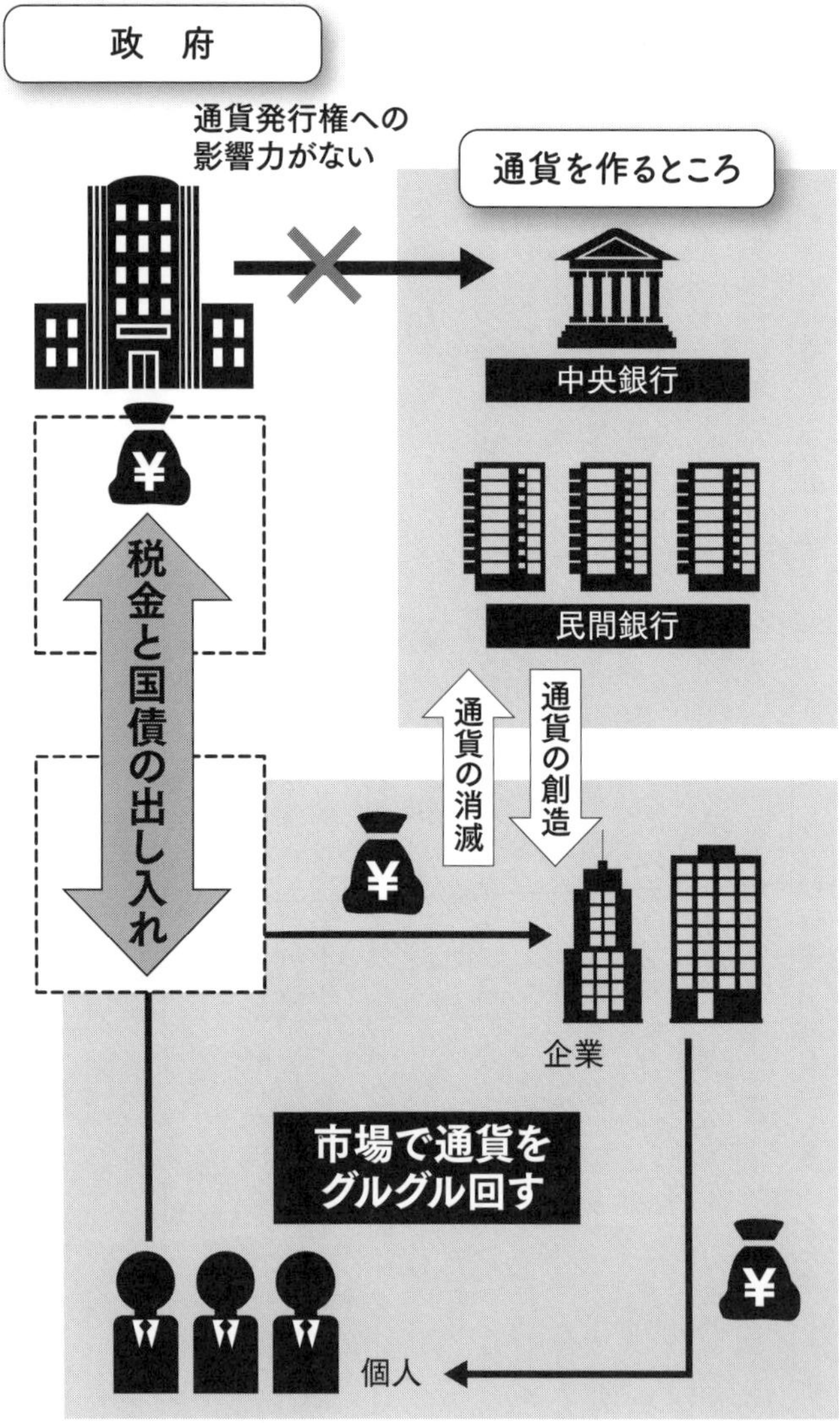

まり市場から借金をして）、通貨を集めることである。

なぜ、政府が借金をしなければならないのか？　これに対する単純な答えは、政府が通貨を作っていないからなのだ。

政府が通貨を作れないという奇妙な経済システムの結果がもたらしているのは、借金漬けになった国々と、重い税金で苦しむ一般国民という社会である。

誤解させる教科書の信用創造の説明

銀行が貸出しによって通貨を作る仕組みは単純である。図8で説明したように、銀行が貸出した金額分、預金通貨が発生する。

実際に銀行が行っている信用創造は次の通りである。

例えば、A銀行がA氏から100万円を預かったとする（図11の❶参照）。そうするとA銀行は預かった資金の一部をA銀行が開設している日銀の当座預金口座に預けなくてはいけない。なぜかと言うと預金準備率というルールがあるからだ（預金準備率とは預かった預金の何％を日銀に預けなくてはならないというルールで、2012年現在の日本では、約1％）。

A氏から100万円を預かった場合、A銀行は日銀の当座預金口座に100万円を預ける（図11の❷参照）。そうすると、預金準備率を1％とした場合、その99倍の9900万円を貸出すことが可能となる（図11の❸参照）。

なぜ、99倍なのかというと、銀行が貸出すと同時に預金が作られるためである。日銀の当座預金口座に預けた100万円が、貸出したときに発生する預金9900万円の1%を満たすからだ。図11のような説明ならば、銀行が貸出すことによって通貨を作る営みは誰もが理解できるはずだ。

問題なのは、日本人のほとんどが、そのことを理解していないことだ。

難しい日本語を読み書きできる日本人が、なぜこのような単純な仕組みを知らないのか？驚くべきことである。

中学校や高校の公民の教科書には、銀行が「預金」という通貨を作り出す「信用創造」について教えている。だから日本人は民間銀行のお金の作られ方を学んでいるのだ。ところが多くの人がその仕組みを覚えていないし、意識化されていない。

以前、電車の中で、高校生らしき学生二人が試験について話をしていた。その会話の中で、「信用創造だけは意味がわからない」と嘆いていた。意味の分からない信用創造の仕組みは教科書では以下のように記述されている。

「信用創造機能」

銀行に預けられたお金は、いっせいに引き出されることはないので、預金は必要な分を残して貸し出しに回すことができる。貸し出された資金が、経済活動を通じて、個人や企業の所得になり、銀行に預金されると、さらにそれが貸し出される。預金と貸し出しが繰り返されることで、当初の預金額の何倍もの貸し出しが可能になる。

（全銀協『公民科・政治経済』授業支援スライドより抜粋）

図11	分かりやすい銀行の貸出しによる信用創造の説明

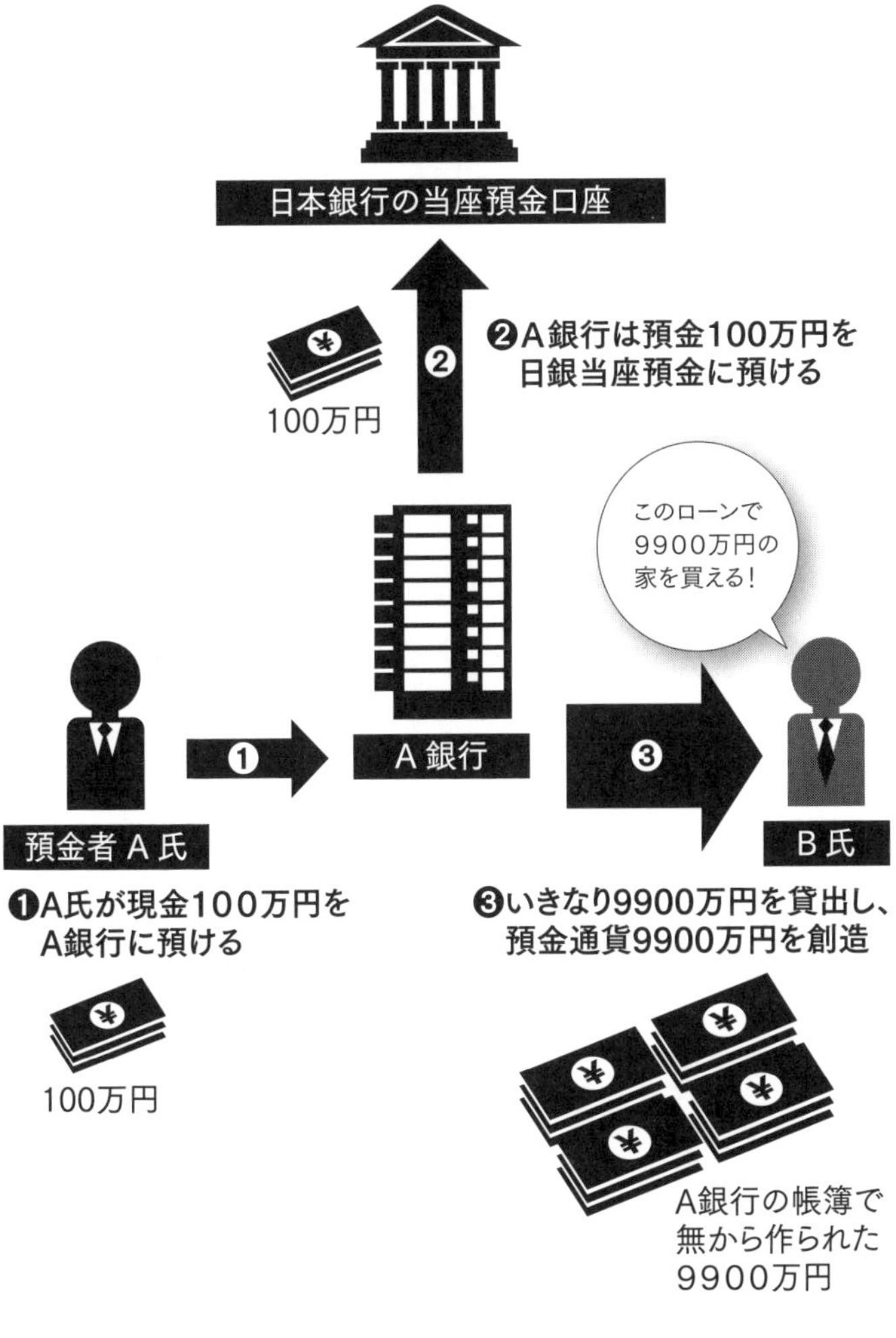
日本銀行の当座預金口座
②
❷A銀行は預金100万円を
日銀当座預金に預ける
100万円
このローンで
9900万円の
家を買える!
預金者A氏
①
A銀行
③
B氏
❶A氏が現金100万円を
A銀行に預ける
100万円
❸いきなり9900万円を貸出し、
預金通貨9900万円を創造
A銀行の帳簿で
無から作られた
9900万円

この説明だけを聞いて、市場の通貨が銀行によって作り出されていることを理解できる人は、そう多くないだろう。

この説明を図にすると図12のようになる。

理解しにくい原因は、いつ、誰が、どのように、通貨を作り出し、そして無くなるのかがぼやかされているのが原因である。例えば、

●預かった金額を貸出しているように理解してしまう。

●なぜ、預かりと貸出しを繰り返し行うことで、預金が何倍にも増えるのかの説明がない。

●預金と貸出しを行うことによって通貨を作り出していくという説明では、いつ預金という通貨が作られるのかが理解しにくい。

●通貨がどのようにすれば無くなるのかが記されていない。そのため、通貨が作られる営みの説明も理解しにくくなっている。

●通貨が貸出しや債券の購入によって作られているため、ほとんどの通貨が借金に基づいており、利子が付いているという現代の通貨の性質について記していない。

●通貨を預かり貸出す行為そのものは、銀行以外にも生命保険会社や年金基金なども行っているが、それらとの相違点が理解しにくい。

図12　分かりにくい教科書の信用創造の説明

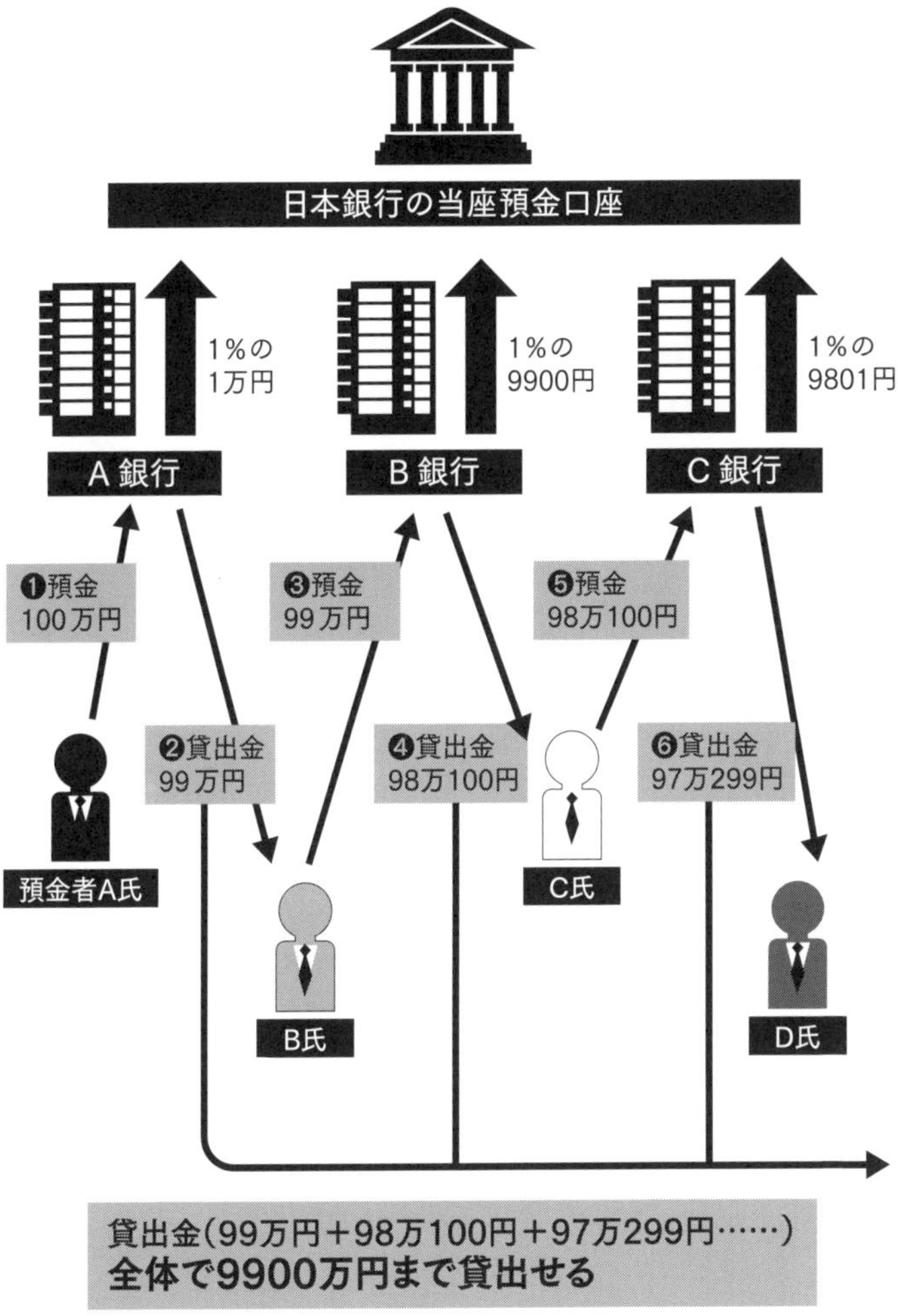

このような説明をしている結果、貸出しによる信用創造の仕組みがぼやかされてしまっている。教科書の説明は嘘ではないが、結果的にほとんどの人に理解させないという説明なのである。義務教育で信用創造の説明を行っているといっても大多数が理解できないなら説明したうちに入らない。

日々マネーを使い、マネーに追われて生きている資本主義経済に住む私たちが、通貨について多くのことを知らないのはこのことが原因なのである。

そこに権力の意図的な作為を感じるのは当然なことだ。

実は、このことは日本だけの問題ではなく、多くの自由民主主義諸国に住む市民に共通している現象なのである。

ところで、銀行がいくらでも預金を創造できるのなら、なぜ銀行は預金をたくさん集めようとするのだろうか？　多くの方が思う疑問である。その主な理由は二つある。

●銀行は預金準備率分の現金を確保しなくてはいけない。
●銀行は国債や社債などの有価証券を購入するときに、資産の現金が必要になる。

以上のようなことが原因で銀行は市場から預金を一生懸命に集めているのである。

「通貨発行権」の記載のない日本国憲法、民間銀行の「通貨創造」の規定がない法律

日本国憲法には通貨発行権の記載が一切ない。

通貨の発行は国家主権の最たるものであり、そのことが憲法に明記されていないことなどありえるのだろうか？　それでは、日本国憲法を最初から最後まで読んでみてほしい。どこにも政府が通貨を発行する権限を持っているとは書かれていない。一方、税金の徴収や予算の作成など国家財政に関わる記述はしっかりと明記されている（第7章「財政」第83～93条）。

このことは、国家の役割という点において通貨発行権が事実上存在しないということだ。憲法には、公務員の人事権は政府が持つと規定されている。しかし、日本銀行の職員は驚くべきことに公務員ではない。国の正式な機関ではなく、日本赤十字社と同じように認可法人なのである。そのため、日本銀行の職員に対する人事権は憲法の規定では行えないことになる。

もちろん、憲法の下部に位置づけられている法律には、日銀法のように、中央銀行である日銀の運営に対する法律は存在する。しかし前述したように総裁の解任権がないなど、日銀は政府の持ち物であるようでいてそうではないのである。

また、民間銀行の通貨の創造にいたっては、憲法はもちろん日銀法や銀行法のような法律にすら明記されていない。

私が金融庁などに問い合わせたところ、「そうなっているからです」ということであった。

つまり民間銀行は会計上の規定で通貨を作り消滅させている。

通貨というのが法律に規定されない存在であることが理解できたであろうか。

銀行が通貨を作り出す営みを「信用創造」というが、この呼び名は現代の通貨の本質を見事に表した言葉である。預金通貨とは法律ではなく、市場の無意識的な「信用」によって創造され取引されているものなのだ。

実は外国の憲法の多くにも通貨発行権の記載は明記されていない。そういう意味では日本国憲法は世界の常識に則っているということもできる。しかしなぜ、日本も含めた諸国家の多くが通貨発行権を政府が行うと明記していないのだろうか？

そこに現在の通貨システムの根深い国際的な問題が孕《はら》んでいるのである。

日本国憲法の前の大日本帝国憲法（明治初期に作成）でも財政と徴兵は明記されているが、通貨発行権は一言も明記されていない。このことは日本が近代国家の建設の見本としたヨーロッパ諸国の通貨発行権の歴史に原因がある。

政府と銀行業の曖昧な関係
――政「金」分離した自由民主主義経済社会

自由民主主義諸国の多くでは、中央銀行総裁の任命権は政府にあるものの、解任権はない。つまり指名する権限はあるが、金融政策に関与することも、罷免することもできないのである。

日本銀行の場合は株式会社（正確には出資証券会社）である。政策の透明性は強調されているが、国が保有する55％以外の株式保有者は非公開であり、極めて透明性に乏しい。これは日本銀行が明治時代に株式会社として発足し、その後、政府の管理下に入った歴史的経緯によっている。

実は中央銀行が民間銀行から発生したのは、金融システムを作り上げた欧米が起源なのである。

実際一九三六年まで、ほとんどすべての中央銀行は各国の主要な民間銀行に所有されていたのである。今日でも、いまだに九つの中央銀行は、民間銀行に所有されている民間企業であり、米連邦準備銀行、スイス国立銀行、イタリア銀行、そして南アフリカ準備銀行などがそうである。

（ベルナルド・リエター著『マネー崩壊』日本経済評論社、P35）

このように政府と中央銀行の関係は、現在も極めて曖昧なままなのである。

一方で、中央銀行はさまざまな金融政策を用いて民間銀行群をコントロールしている。民間銀行は政府の干渉をある程度受けるが、中央銀行のほうがより直接的である。

中央銀行も民間銀行も自立性と政府からの影響に関しては限定的であり、それがマネーと権力の存在をより分かりにくいものにしている。

判別がつきにくくても、結果としては中央銀行が通貨発行権の管理を独占し、民間銀行の操作を直接行っているという事実の下で運営がなされている。政府が通貨を作っていない、まさに、政「金」分離体制なのである。

それではどこが通貨のルールを作り、運営しているのか？
――超国家組織ＢＩＳ（国際決済銀行）

政府が通貨のルールを定めていないのだとしたら、どこが通貨のルールを作成しているのだろうか？

日本の場合、銀行の会計基準は財務会計基準機構の企業会計基準委員会が定めている。財務会計基準機構は、上場している株式会社の連合体が加盟している公益財団法人である。つまり国の機関ではない民間団体がルールを決めている。

国際的な会計基準はＩＦＲＳ財団という国際的な民間団体が作成している。当然、どこかの政府の機関ではない。そして、それらの会計制度を基に銀行業は日々の通貨の増減を会計上で行っている。その銀行業を統括しているのが各国の政府から独立した中央銀行である。さらにその中央銀行を束ねているのがスイスのバーゼルにあるＢＩＳ（国際決済銀行）という超国家機関だ。

ＢＩＳは事実上の通貨のルールを運営する組織である。

ＢＩＳは「中央銀行の中央銀行」と言われており、各国中央銀行間のさまざまな通貨のやり取りや国際協力を推進する国際機関だ。

ＢＩＳは特定の国の機関ではなく、各国中央銀行の集まりによって運営されている。ＢＩＳは中央銀行の組織の特徴であるように、世界各国の中央銀行が出資する法人である。58カ国の中央銀行が株主となっている（２０１１年現在）。ＢＩＳの運営方針の決定などは理事会が行っている。理事会は19名の理事によって構成されており、現在、理事会の議長はフランス中央銀行総裁クリスチャン・ノワイエ、副議長は日銀総裁の白川方明《まさあき》である（２０１２年現在）。各国政府の代表の集まりではなく、各国中央銀行の事務局の集まりであるところが重要なポイントだろう。

ＢＩＳの前身は第一次世界大戦の敗戦国ドイツの賠償を取り立てるためにアメリカのモルガン財閥などによって作られた賠償委員会である。つまり民間の手によって作られたものであり、その後の運営も政府から独立した各国の中央銀行の事務局によってなされている。

その実体は、一〇プラス一の中央銀行が所有、運営する「中央銀行たちのプライベートクラブ」である。「一〇プラス一」とは、一方に設立メンバーたる一〇の中央銀行があり、もう一方にホスト国としてスイスが参加していたことによる。（中略）
ＢＩＳの使命は、自由裁量で（政治的な思惑抜きに）対処することが最も効果的であるあらゆる重要課題を処理することにある。そしてそこには政治家、財務省の高官、大蔵大臣、大統領や首相でさえ招待されることはない。
（前掲書、Ｐ37～38）

ＢＩＳが管理する国際銀行システムは政府の法律を超越した存在であり、その会計の習慣によって世界中の日々の通貨の増減が営まれている。

法律を作る立法府（国会議員）を選ぶプロセスこそが民主主義の基本である。

しかし、国会が作る法律など関係なく、民間の企業の連合体により通貨のレートが作られ、取引されている。通貨の主権が民主的な政府の手を離れていることの証明である。

世界の通貨の権力構造――各国中央銀行の上位にBISの支配者たち

多くの国家で政府と中央銀行が分離しているため、通貨の支配権が政府にはない状況が続いてきた。そのため通貨を増減させる機関は、各国政府とは分離した構造になっている。

米国にはFRBが、欧州にはECB（欧州中央銀行）が、日本には日本銀行が存在している。その上に、BISやIMF（国際通貨基金）のような超国家組織が存在している。

BISは参加する各国の政府から中央銀行を独立させる役割を担っている（図13参照）。BISが国家を超越した銀行組織であることを示す、一つの事例がある。BISは1930年に設立されたが、第二次世界大戦を通じて、ドイツやイギリスやアメリカなどの国家同士が戦争状態にあり凄惨な殺し合いをしていた時に、銀行家たちはBISを通じて、さまざまな取引を行っていた。戦後、その取引により、米英の銀行家がBISを通じてドイツに戦費を融資し、戦争を長引かせようとしたとしてジャーナリストにより告発されている。1944年の連合国44カ国が参加したブレトンウッズ会議においてBISを廃止することが決定されたが、結局廃止されず現在まで生き延びている。この事例は政府の意向など及ばないところで国際的な通貨の取引やシステム運営が行われていることを表している。設立された1930年から現在まで、この国際的に極めて重要な組織の帳簿が公開されたことは一度もない。

ではこのBISという超国家組織を作り、運営しているのはどこなのか？

図13　政「金」分離型民主主義の通貨システム

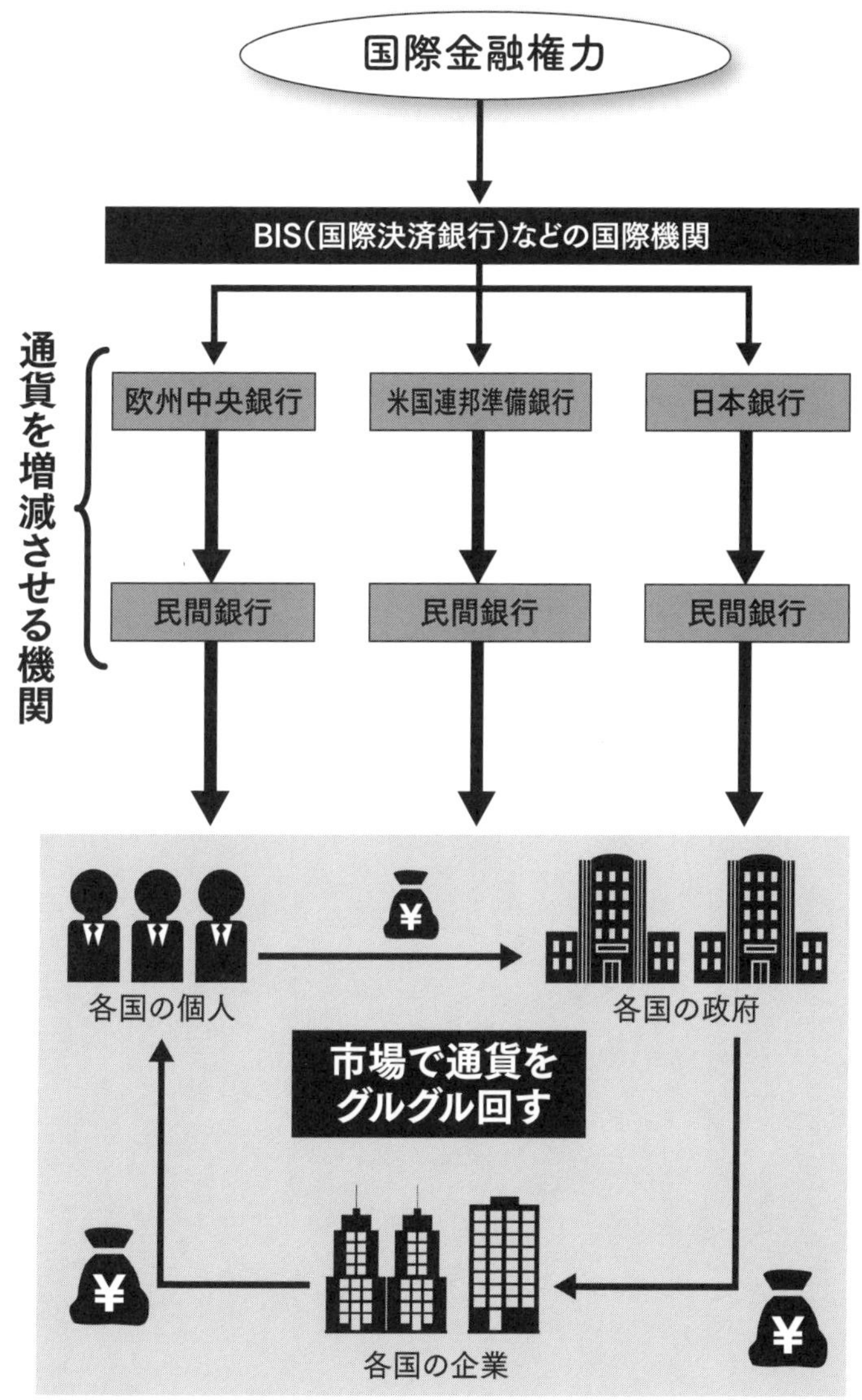

単なる半官半民の職員でしかない中央銀行家たちが、超大国の政府の意向や決議を無視してまで、国際的な取引を行い、帳簿も開示しなくてよい組織を作って運営しているわけがない。その背後には国家をも動かす金融勢力が存在しているのである。

それは「国際銀行家」と言われる勢力である。

国際銀行家の特徴についてジョージタウン大学のキャロル・キグリー教授は著書『悲劇と希望』で以下のように述べている。

彼らは次の点で普通の銀行家とちがう。

(一) 彼らは世界主義かつ国際主義の立場をとる。

(二) 政府と癒着し、政府の負債問題に極めて関心が高い。

(三) 彼らの関心の的は債券であり、実際の商品にはあまり関心を示さない。

(四) したがって彼らは熱烈なデフレ支持者である。

(五) 彼らは徹底的に秘密主義を貫き、政界の裏に財政的影響力を持つ。

こうした銀行家が、「国際銀行家」と呼ばれるに至った。

この当事者は国際銀行家王国の確立を熱望した。そして、少なくとも政治支配者王国並みの成功を収めたといえよう。(中略) こうした王国で最大なのは、もちろん、フランクフルトのマイヤー・アムシェル・ロスチャイルド (一七四三〜一八一二) の末裔である。(中略) こうした〔他の〕銀行一族の名前は誰でも知っているし、もっと身近な存在といえよう。例えば、ベアリング、ラザード、アーランガ、ウォーバーグ（またはワールブルク）、シュロダー、シーリングマン、シュパイヤーズ、ミラボー、マレット、フォールド、前述のロスチャイルド、モルガン。（中略）20世紀の替わり目には、ロックフェラー家が銀行一族の王朝に加わった。

（W・クレオン・スクーセン著『世界の歴史をカネで動かす男たち』成甲書房、P34〜45）

こうした国際銀行家が19世紀から20世紀にかけて欧米の金融権力システムを作り上げてきた。欧州で私的に運営する中央銀行システムを作り上げた国際銀行家は、１９１３年にアメリカにおいて念願の中央銀行、ＦＲＢを創設することに成功した。

キグリー博士はこう言う。「計画の全体的規模をもっとよく知るには、次に述べる銀行家王朝の遠大な目的を理解することだ……」

〈……各国の政治体制と世界全体を支配下におさめることができる民間の力によって、世界的な金融管理制度を創設することに他ならない。この制度は、頻繁な私的協議を重ねて得られる秘かな合意に基づいて世界中の中央銀行が協力し合う、といった封建的な手法を支配原則としていた。この制度の頂点に君臨したのはスイスのバーゼルにある国際決済銀行（ＢＩＳ）であり、民間企業体である世界中の中央銀行がこの民間銀行を協同で所有し、支配していた。〉

（前掲書、P55）

国際銀行家は、莫大な資産（企業、株、不動産、財団、マスコミ）などを所有し、巨大な金融財閥を形成している。中央銀行に影響を及ぼし、ＢＩＳのような各国政府の意向の及ばない国際的な金融システムを作り上げているのはこのような勢力なのである。

〔第2章〕

マネーの管理者に操作される資本主義経済

利子付きの通貨は社会を動かしコントロールするエネルギー

通貨は銀行貸出しによって、国家、企業、個人などに借金をさせることで作る。つまり、通貨には利子が付いている。この利子付き通貨の性質を理解することが、現在の資本主義経済を理解する鍵である。

利子付き通貨は以下のような条件を社会と個人に与える。

❶業種別の消費の増減のコントロールが可能になる。
❷元金と利子を返済しなければならないノルマが社会全体に発生する。
❸時間と規律の概念が発展する。

まず、❶の消費の増減であるが、前述したように銀行が貸出すと貸出額と同額の通貨が世の中に創造される。と同時に、創造された利子付き通貨は直ちに消費に向かう。

例えばあなたが建設業の社長なら、銀行から1億円の融資を受けた場合、即座にその1億円の通貨を借金をした目的のために使うだろう。なぜなら、その借金には利子が付いているからだ。寝かせておけば日に日に借金は増えていく。そして建設業の社長であるあなたが借金までして使う1億円は、ほとんどの場合、建設に関わることだろう。ここで重要なのは、融資によって通貨は世の中に増加し、その増加した金額分が即、消費にまわることである。

それは、建設業に融資を増やせば建設業界の消費が増えることを意味する。このような現象は、銀行以外の他の金融機関では発生しない。例えば、年金基金や保険会社などの貸出しでは、他の部門から通貨を減少させて、貸出す部門に通貨を割り当てる。不動産業種から1億円を減少させて、建設業に1億円を増やすといった感じである。建設業では1億円消費が増えるが、不動産業では1億円の消費が減ることになる。有るところから無いところに通貨を移動させただけで市場全体の通貨も取引も増加しない。

ところが、銀行業が融資を行うと純粋に通貨を創造し、逆に返済を受けると純粋に通貨が減少する。そのため他の部門に影響を与えることなく、特定の分野の消費を増減させることが可能になる。

この銀行業の特質は支配者の立場から見れば、社会コントロールに極めて便利なシステムである。銀行貸出しというツールを使えば、どの業種の取引を増やし発展させるか、逆に減らし衰退させるか、バブルを起こすか、暴落させるかは銀行業の支配者が社会条件に合わせてコントロールできるからだ。

次に❷の社会全体のノルマについて――。

通貨に利子が付いているということは、社会全体が借金をしているのと同じということだ。社会全体にローン返済のプレッシャーがかかる。そのため、毎年、社会全体にのしかかっている平均利子分の利益を達成しないと利子が支払えない。社会全体に売り上げ利益の拡大を強制するので、生産力の拡大が必要になり社会は一生懸命に働くようになる。

それでは、売り上げ利益が伸びず、借金の返済ができなかったらどうなるのか？

その企業は破産をしなければならない。個人の場合も同じである。

政府の場合は、国家が破産するか、そうならないようにするためには増税もしくは新たな国債の発行を政府が行い、財政赤字を拡大させる。

どちらにせよ大変なことである。

資本主義社会は借金によって通貨が作られるので、国も企業も個人も借金の返済に追われる日々を過ごすことになる。この借金経済システムは、借金をし続けることによって消費と生産力を拡大させ続けるようになったため、経済成長という副産物を与えた。なぜなら、社会が借金の返済を行うには、今ある通貨だけでは足りないからである。

通貨は融資した分しか創造されない。利子では通貨は増えないのである。

例えばあなたが銀行から3000万円の融資を1年ローン、金利2パーセントで受けたとしよう。あなたは来年には3060万円にして銀行に返さなければならない。ところが、銀行の融資によって作られた通貨は3000万円のみ。残りの利子である60万円は、市場には存在しない。この60万円の返済を行うには、あなたか誰かが60万円を新たに銀行から借りるしかない。そうでなければ支払う通貨がないのだから返済できずに破産せざるを得ない。

借金経済システムは銀行からの借金の無限ループである。これこそが、社会全体で借金を増やし続けている理由である。

つまり借金の利子付き通貨は、商品と交換ができるという特徴を持つとともに、利子分の返済というノルマを与えるために、社会全体を売り上げ利益の拡大にいざなう「経済成長強制システム」なのだ。

これがどの資本主義国も経済成長を続けている理由である（ここ10年あまりの日本は別だが）。

❸の時間と規律の概念の発展について――。

あなたが住宅ローンを組んでおり、来月分のローンの支払いができなければ家を追い出されると想像してみよう。

何が何でも来月分の支払い額を準備しようとするだろう。そのために日々働き、売り上げ、収益を上げるためにあくせくすることになる。借金の返済は待ってくれない。

こうして借金に追われることになる借金経済システムは、契約時期までに必ず元利を支払うようにさせる強制力を社会に与えている。このような社会では、人々を勤勉にさせると同時に時間と規律の概念が発達する。ローン返済の期日までに返済金を用意しなければならないのだから当然である。

それでは利子のない社会の場合はどうなるのだろうか？　社会主義経済であった旧ソ連は、政府が通貨を作り出した。銀行が貸出して通貨を作り出す借金経済システムではなかった。そのため通貨に利子が付いていなかった。

利子が付けばこそ時間が正確に計算できるようになる。しかし、ソ連では、利子なんて資本主義の悪い習慣だとして全廃してしまったのです。これが、ソ連経済からますます時間の観念を失わせることになった。ソ連の企業は、物を作るための何か資材を入手するや、なるべく長く自分の処に保存しておくことにする。ソ連では流通がうまくゆかず、貴重な資材は容易に入手できないからです。資本主義ではそんなことはしない。利子がかさむから、なるべき短期に使ってしまおうとする。それこそ合理的な資源の配分法であるわけです。ソ連では利子がないから、どの企業も、この合理的配分を行わないことになる。

（小室直樹著『論理の方法』東洋経済新報社、P16）

利子付き通貨の存在こそ資本主義経済の特徴の一つと言える。

銀行貸出しによって通貨を作り出すシステムは、社会をコントロールする国際銀行家の側から見れば、計画的に業種別の消費の増減のコントロールを可能にさせる。一般の返済側から見れば、借金の返済期限という時間に対するプレッシャーと、利子の支払いのために売り上げを増加させなければならないという労働に対するプレッシャーを社会全体に与える。

利子付きの通貨がそれだけで社会を動かすツールであり、根本的なエネルギーを持っているということをご理解いただけたであろうか？

住宅ローンなどの超長期のローンは利子の圧力を軽減する

意外なことに、長期のローンを組むと、この社会全体にノルマとして課せられている利子の圧力が減少する。

例えば、

❶30年物の住宅ローン５０００万円を３％で借り入れる。

❷１年物の事業ローン５０００万円を３％で借り入れる。

❶と❷、どちらも銀行の帳簿上に５０００万円の通貨が創造される。この５０００万円で住宅を購入することができるし事業資金にすることもできる。

住宅ローンの場合は、最初の１年で返済する金額（元利均等返済額）は、約２５３万円である。一方事業用ローンの場合は、１年後に返済する金額は、５１５０万円である。

どちらも市場には５０００万円創造されているのだが、住宅ローンの場合は、たとえ融資を返済したとしても、４７４７万円以上の通貨が一般市場に残ることになる。一方で、事業用ローンの場合は１年後に５１５０万円を返済しなければならないので、５０００万円創造された通貨にプラス１５０万円を市場から集めて返さなくてはならない。

30年物の住宅ローンでは４７４７万円以上の通貨が残り、１年物の事業用ローンでは１５０万円の通貨の減少が起こる。

市場に対する利子の圧力は、１年物の事業用ローンの方が大きいことは一目瞭然だろう。このように、長期のローンは社会に対する利子の圧力を軽減させる効果があるのである。

通貨発行権が最大の力を獲得する経済システム
——資本主義という経済体制

国際金融権力は通貨発行権に支配的な影響力を行使することによって社会をコントロールしてきた。そのために重要なのは以下の二点である。

❶通貨発行権の影響力が最大化する経済システムを構築すること。
❷通貨発行権の下部構造として強力に機能し発展する経済体制を作ること。

❶の理由は、通貨発行権の力を最大化することで、社会全体の支配を強化することができるようにするためだ。他の者が保有しておらず、自らが保有する独占的な武器の影響力を強力にすることで、権力の拡大は成し遂げられる。

❷の理由は、通貨発行権が力を持つ社会が、他の社会よりも強力でなくてはならないためである。ライバルとなる他の経済システムよりも経済成長が高く、豊かになる社会であればこそ、合意に基づきながら支配システムを世界に拡大させることができる。

この二つの条件を満たすものとして構築されたのが、資本主義の自由市場経済システムである。

このシステムの優秀な点は、

⇩私有財産と企業活動の自由を認めている。
⇩通貨が借金によって創られる。

この二つの特徴を見事に組み合わせたことである。

私有財産制の下で借金により作られる利子付き通貨というエネルギーを注入されると、企業も個人も借金の返済と利益の追求のためにがむしゃらに働くようになる。企業は売り上げを伸ばすために他者よりも質の高い商品やサービスを提供しようと努力する。個人は、借金の返済のために働いて賃金を得なければならない。その結果、市場で勝利した企業が生き残り、敗者は淘汰されるという経済の自動調整システムが働く。

利子による経済成長の圧力を社会システムに取り込み、競争によって社会の生産性と効率を高めることを資本主義経済は可能にした。

この借金経済システムと結びついた自由市場経済が経済力を拡大させ、資本主義は他のシステムを圧倒していくのである。

経済はたった二つの公式が分かれば理解できる
――資本主義の単純化モデル

それでは資本主義経済の仕組みを、単純化したモデルを用いて説明しよう。

経済やそのシステムを説明する経済学と聞くと、難解な専門用語や数式のオンパレードで、理解するのは難しいと思っている方も多いだろう。だが基本的な経済現象を理解するには、たった二つの公式の関係を理解するだけでその多くを説明できてしまう。

二つの式とは、一定期間内に「通貨で買った取引総額の式」と「商品を売った取引総額の式」である（図14参照）。

この二つの公式だけは面倒くさがらずに理解していただきたい。経済現象のほとんどは、買う側と売る側の二つの関係のバランスの変化で発生するものなのだ。そしてこの二つの公式を理解することによって、現在の経済が抱えているさまざまな問題の原因として、通貨の支配者の影響力も見えてくるだろう。

買う側に必要な通貨を作るところと、売る側に必要な商品を作るところは明確に分かれている。

⇩買う側が使う「通貨」は、銀行業のみが作り出す。

⇩売る側が使う「商品やサービス」は、国家全体（政府や企業や個人）で作り出す。

次の二つの公式は「買う側」と「売る側」の取引総額である。

図14 式❶ 通貨で買った取引総額＝通貨量×通貨の流通速度

図14 式❷ 商品を売った取引総額＝商品の取引量（生産量）×商品価格

図14	経済の基本――二つの公式の略図

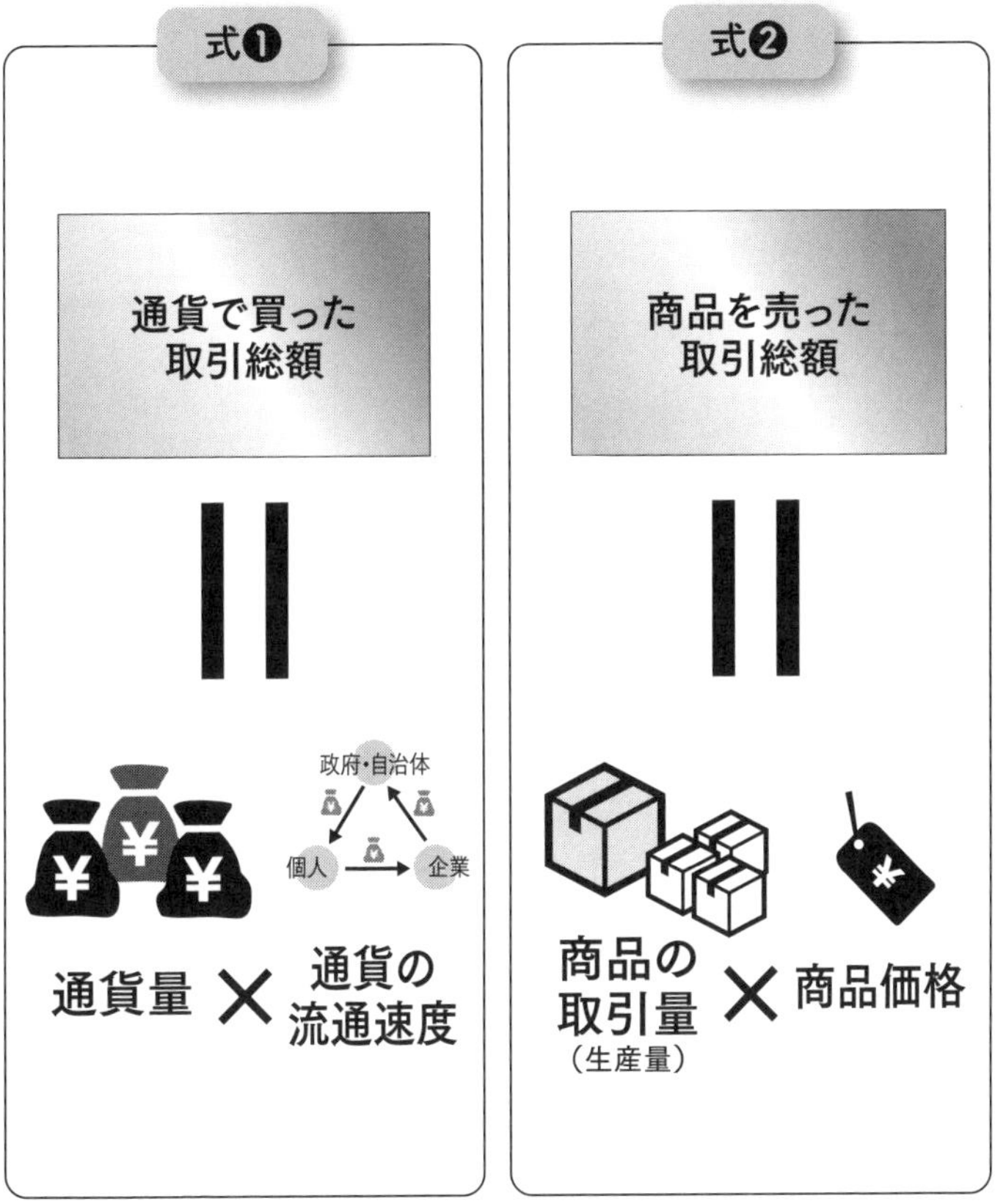

式❶、買う側の取引総額は、通貨量を、その期間（例えば1年間）の流通速度で乗じた式である。「通貨の流通速度」とは、ある1万円札が1年間に何回の取引に使われたかの回転数を示すものだ。1枚の1万円札は1回だけの取引のみに使われるわけではない。ある取引で誰かが使い、それを受け取った誰かが、また別のところで使う。そうした取引が繰り返された結果、この社会で1年間に1億円の取引があったと仮定する。取引に使われた通貨量が1000万円とすると、1枚の1万円札は平均して1年間で10回使われたことになる。つまり流通速度は10になる。この例で前述した「通貨で買った取引総額」の式に当てはめると、「通貨で買った取引総額1億円＝通貨量1000万円×流通速度10」となる。

この式はその社会における通貨を使う側、つまり「買う側」から見た取引の規模を表している。

一方、式❶は「商品を売った取引総額」は、ある期間（例えば1年間）に取引された商品の合計量を、商品価格で乗じた式である。この式はその社会における商品を販売する側、つまり「売る側」から見た取引の規模を表している。

例えば、パンの取引しかない社会を想定してみる。その社会で1年間に100万個のパンが作られ、1個あたり100円で取引されたとする。前述した「商品を売った取引総額」の式に当てはめると、「商品を売った取引総額1億円＝商品の取引量パン100万個×商品価格100円」となる。

この二つの公式はともにその社会における取引総額を「買う側」の側面と、「売る側」の側面から計算したものだ。買う側が通貨を支払った額、売る側が通貨を受け取った額となる。そのため同じ社会では二つの公式とも同じ数字になるので次の方程式となる。

式❶ 通貨で買った取引総額「通貨量×通貨の流通速度」

＝

式❷ 商品を売った取引総額「商品の取引量（生産量）×商品価格」

この方程式の４つの各項目が増減しバランスが崩れることで、経済規模の増減、インフレ／デフレ、好景気／不景気、バブルや暴落といったさまざまな現象が作り出されている。

利子付き通貨の性質とともに、この方程式を理解することが経済を理解する基本となる（図15参照）。

さらに取引総額は二つに分解――実体経済と金融経済

さらに、この買う側と売る側の取引総額は、それぞれ二つの分野に分解することができる。製造業などが作る実物を介して行われる実体経済向けの取引総額と、証券取引や不動産取引など実物を創造していない金融経済向けの取引総額である。この二つの経済は同じ社会で取引されているが、経済の統計的な分類も、社会に与える経済現象も異なっている。

⇩ 実体経済→経済規模の増減、インフレ・デフレなどの物価変動、輸出や輸入など

⇩ 金融経済→金融取引規模の増減、資産価格の変動、為替の変動など

図15　実体経済（経済規模）に算入されない金融経済

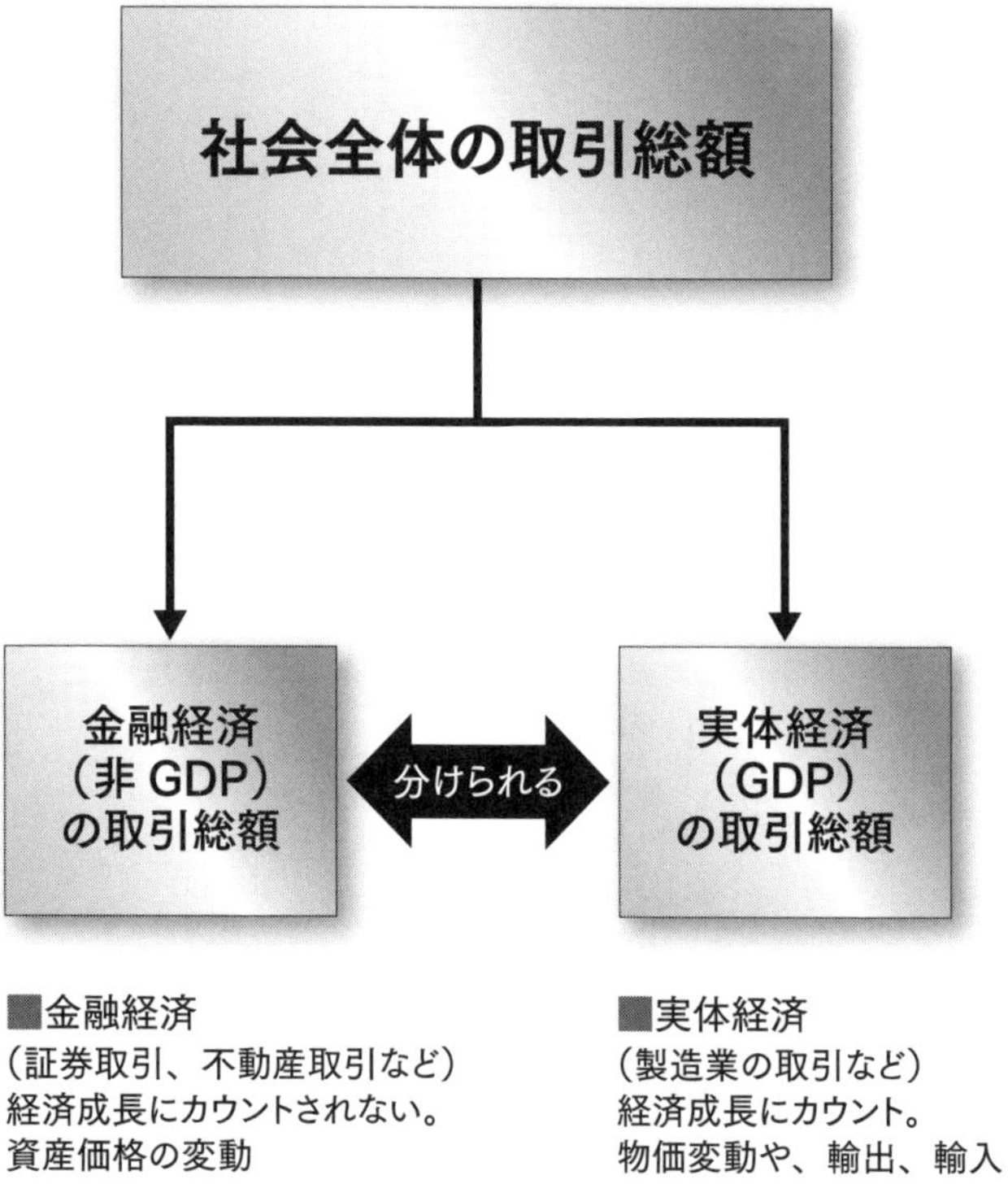

それではその違いを説明していく。まずは経済規模が増減する理由について見てみよう。

国家の経済規模とは、1年間で実物の商品の取引がどれくらい行われているかを数字で表したものである。いわゆるＧＤＰ（国内総生産）と呼ばれるもので、ＧＤＰの増減を示すのが経済成長率である。

しかし、国内市場の取引の全てがＧＤＰの数字に含まれるわけではない。前述したように、市場の取引は大きく二つに分けられる。一つは、ＧＤＰ取引にカウントされる実物の商品を介した「実体経済」と呼ばれる取引である。もう一つは、ＧＤＰ取引にはカウントされない証券や不動産などの「**金融経済**」と呼ばれる取引である。

金融経済が国力を測る指標であるＧＤＰ取引に含まれないのは、ＦＸ（為替証拠金取引）を見れば理解できるだろう。毎日、投資家が何十回も為替取引で円とドルの取引を行ったところで、新しい富を世の中に作り出すわけではない。

⇩経済成長率がプラスになるとは、「実体経済の取引総額」が前年に比べて大きくなること。

⇩経済成長率がマイナスになるとは、「実体経済の取引総額」が前年に比べて少なくなること。

経済成長率をプラスにして国を豊かにしたいならば、実体経済向けの取引総額を拡大する必要がある。金融経済向けの取引を拡大させても国家の富はそれだけでは増大しない。

実体経済と経済成長

では実体経済がどのように拡大するのかを「買う側」から説明する（図16参照）。

前述したように、「通貨で買った取引総額」は、「通貨量×通貨の流通速度」である。二つの項目のうち「通貨量」に影響を与えるのは通貨を増減できる銀行業である。一方、もう一つの項目である「通貨の流通速度」は社会全体で使った回転数である。ここで重要なのは、実体経済の通貨の流通速度は毎年ほぼ一定であるということだ。

これは、生命保険の計算などでよく使われる「大数《たいすう》の法則」による。

例えば、サイコロを6回振った場合、6分の1の確率でそれぞれの桝目が出るわけではないが、サイコロを振る数を何万回、何十万回と増やしていくと、各桝目が出る確率は6分の1に限りなく近づいていく。数字を増やせば増やすほど安定した確率で出てくる法則である。毎年、日本全体としてみた場合、個人的な問題で起こるはずの自殺や交通事故、ガンなどの病気になる数字が一定の数字として出てくるのは、この大数の法則で説明できる。

日本という巨大な社会全体で見れば、経済取引における確率の法則によると、実体経済の取引に使われる通貨の流通速度はほぼ一定である。前年と今年の日本人の消費性向はほぼ同じなのだ。経済学者で英サウザンプトン大学教授のリチャード・ヴェルナーは、実体経済の通貨の流通速度がほぼ一定であることを、実体経済と金融経済の取引に分けることによって明らかにした。

買う側の公式の二つの項目のうち、「流通速度」がほぼ一定ならば、もう一つの項目である「通

図16　経済の基本――買った総額＝売った総額

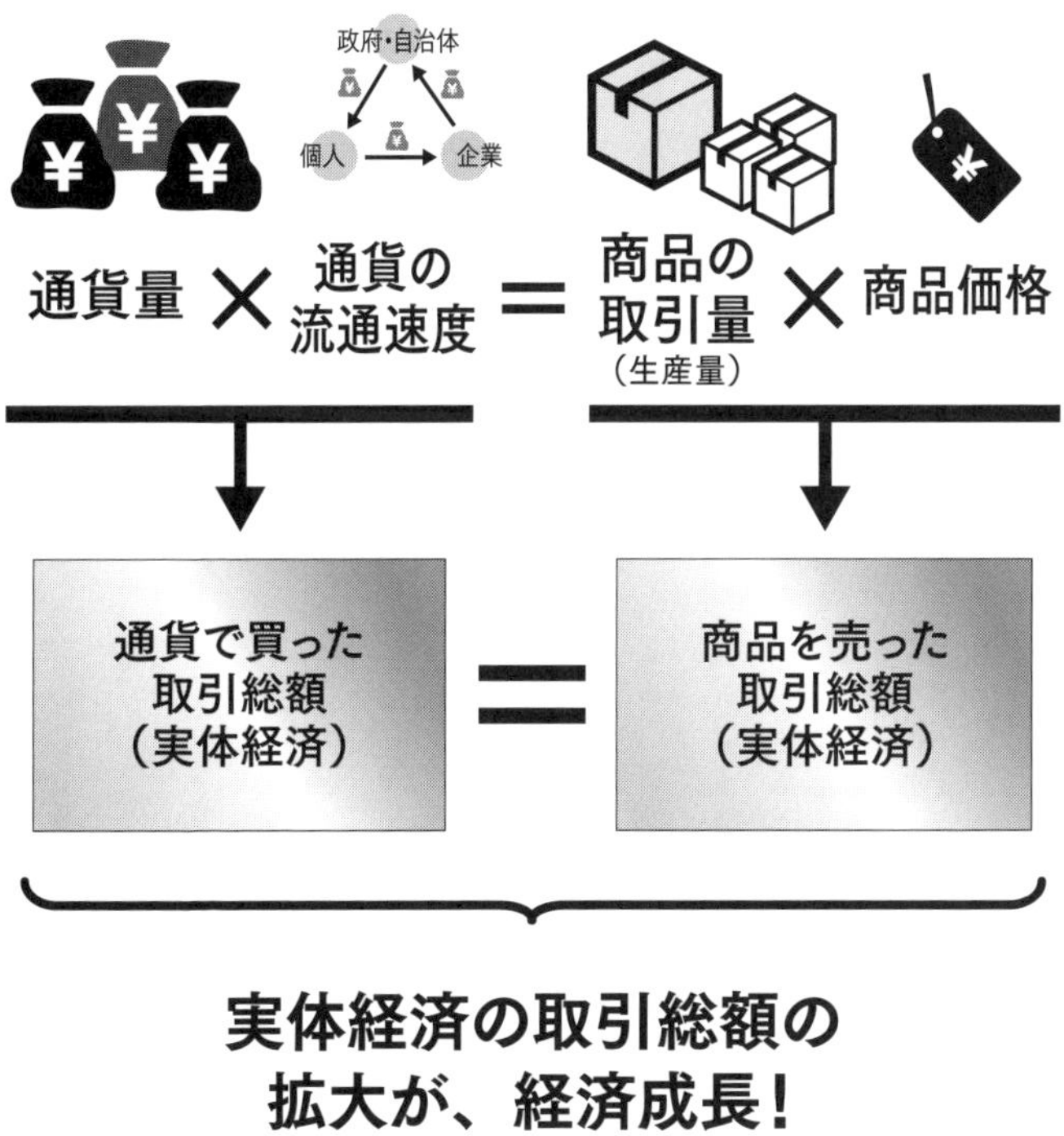

貨量」を増加させれば、買う側の取引総額は拡大する。通貨を作り出せる銀行業のみがその役割を担える。逆に銀行業が通貨量を増加させなければ取引総額は拡大しにくいということだ。つまり消費の増減は銀行業が握っている。

次に経済が拡大する現象を「売る側」の観点から説明する（図17参照）。商品を売った取引総額は、「商品の取引量（生産量）×商品価格」である。経済成長とは、この二つの項目のうちの「商品の取引量（生産量）」が実体経済の面から増加することである。増加分だけ社会に商品が増え、豊かになったことになるのだ。

そうなるには、商品の生産量の拡大が必要になる。当たり前のことだが、商品を取引するには、通貨と商品の両方が必要である。通貨の量だけが増えても、商品の生産量が拡大しなければ、売る側の公式のもう一つの項目である「商品価格」がはね上がるだけだ。実質的な経済規模は拡大しない。商品の生産量の拡大が伴うことで商品の取引量は拡大する。

そのため、商品の取引量の拡大とは、商品の生産量の拡大であるとも言える（売れ残った在庫は、将来に備えた投資として取引量に加算される）。

つまり、商品の生産量＝商品の取引量、である。そのため「商品取引量（生産量）」となる。商品の生産量を担うのは、国家や自治体などの公共事業と、さまざまな企業や個人の生産活動である。国家全体で商品を生産し、取引しているのである。実体経済の商品を売った側の取引総額を拡大させるには、商品の生産量が増加するように、国の公共事業や企業の設備投資を行えばよい。

こうして銀行業が作り出す通貨量と、国家全体で作り出す商品量が〝同時に〟拡大し、取引が増

図17	実体経済――銀行が作り出す通貨、国家全体が作り出す商品

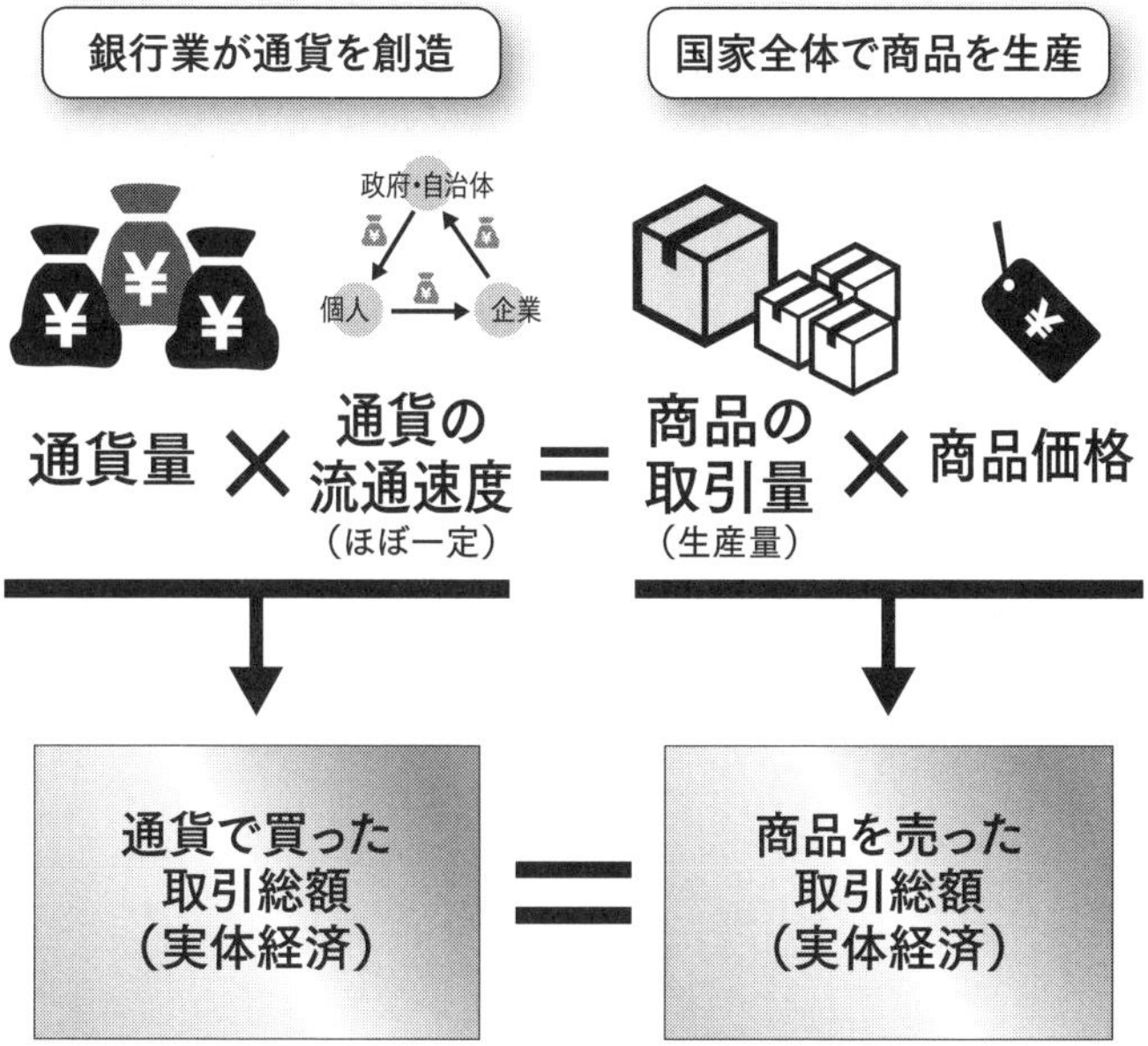

加すれば経済成長は実現する（国内で購入されなくても、海外へ輸出することによって経済規模に加算される。逆に、商品を輸入した金額は経済規模から差し引く。ここでは話を単純化するために輸出、輸入の話は省く）。

それでは次に、経済成長をする具体的な例を見てみよう。

ある国家が現在に比べて1年後にどれくらい商品の生産量を拡大することが可能なのかを表した指標を「潜在成長率」という。

例えるなら、潜在成長率とは子供の身長の伸びのようなものだ。十分な栄養が取れていれば、来年は最大5センチ身長が伸びそうだ、という目安である。しかし十分な栄養が取れなければ、1センチの伸びにとどまるかもしれない。この場合、商品の生産量（取引量）の伸びが身長だとすれば、栄養は消費（通貨で買った取引総額）である。

生産量の増加に見合う消費の増加が起きれば、物価は安定したまま経済成長を達成することができる。

例えば図18のように「売る側」が5％商品生産量を増加させ、「買う側」も銀行業の融資による通貨量の増加によって5％の取引総額を増加させたとする。買う側も売る側も取引総額は5％拡大する。そうなると「商品価格」に変動がないまま5％の経済成長を達成したことになる。これが多くの国が目標としている「経済成長をさせながら物価安定をしている経済状態」である。

他方、売る側と買う側のどちらかが10％増加しても、どちらかが5％しか増加しなければ、その5％のギャップは、主に商品価格の変動に反映される。つまりインフレ、デフレという物価変動で

図18　実体経済——通貨量の適切な増加率と経済成長・物価安定

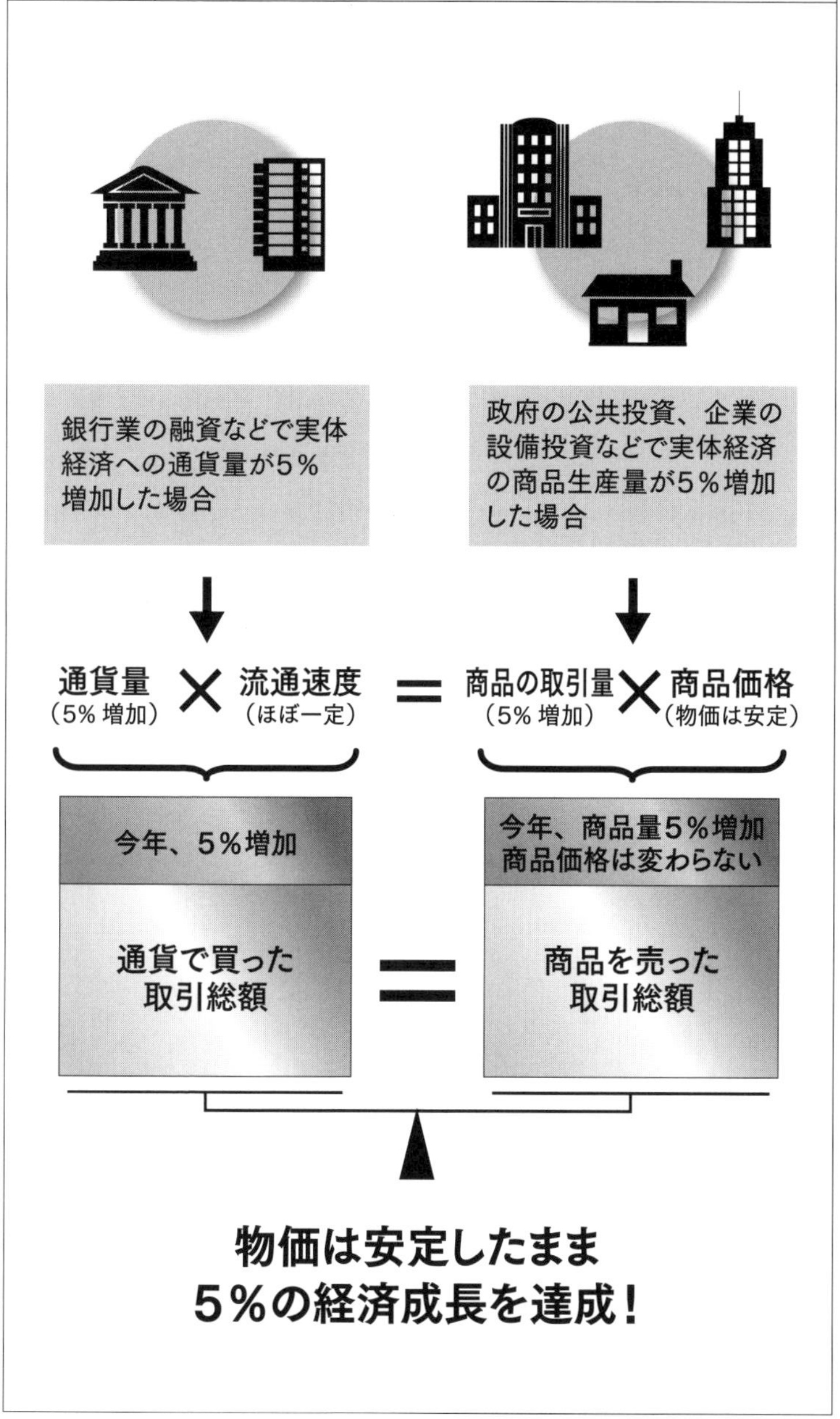

ある。

実体経済と物価変動

それでは、インフレ、デフレという物価変動が起きるメカニズムを見てみよう。物価変動とは、商品と通貨のバランスが崩れるために起きる現象である。インフレは商品価格が上昇し、通貨の価値が下落する状態をいう。

例えば図19のように銀行業の融資により通貨量の増加が起こり、9%増えたとする。一方、商品の生産量はその社会の潜在成長率分の5%分の増加だった。そうなると商品量の増加率よりも通貨量の増加率のほうが高くなり、商品が良く売れるようになる。その結果、商品価格が3・8%上昇する（インフレ率3・8%）。

これが、インフレの典型的な一つのパターンである。インフレが起きると、さまざまな経済現象が起きる。例えば、年金生活者の給付金や労働者の賃金が上昇するよりも前に、商品価格が上昇してしまう傾向がある。そうなると収入の価値が下がり、生活苦や経済混乱が起こるのである。逆に固定金利型のローンを組んでいる企業や個人にとってインフレは有利である。通貨価値の減少は借金の価値を減少させてくれるためだ。

インフレの正反対の現象がデフレである。デフレとは商品価格が下落し、通貨の価値が上昇する状態をいう。

例えば、図20のように、5%の潜在成長力を持つ国で、銀行の融資の伸びが少なく、通貨で買っ

図19　実体経済——通貨量の高い増加率とインフレ

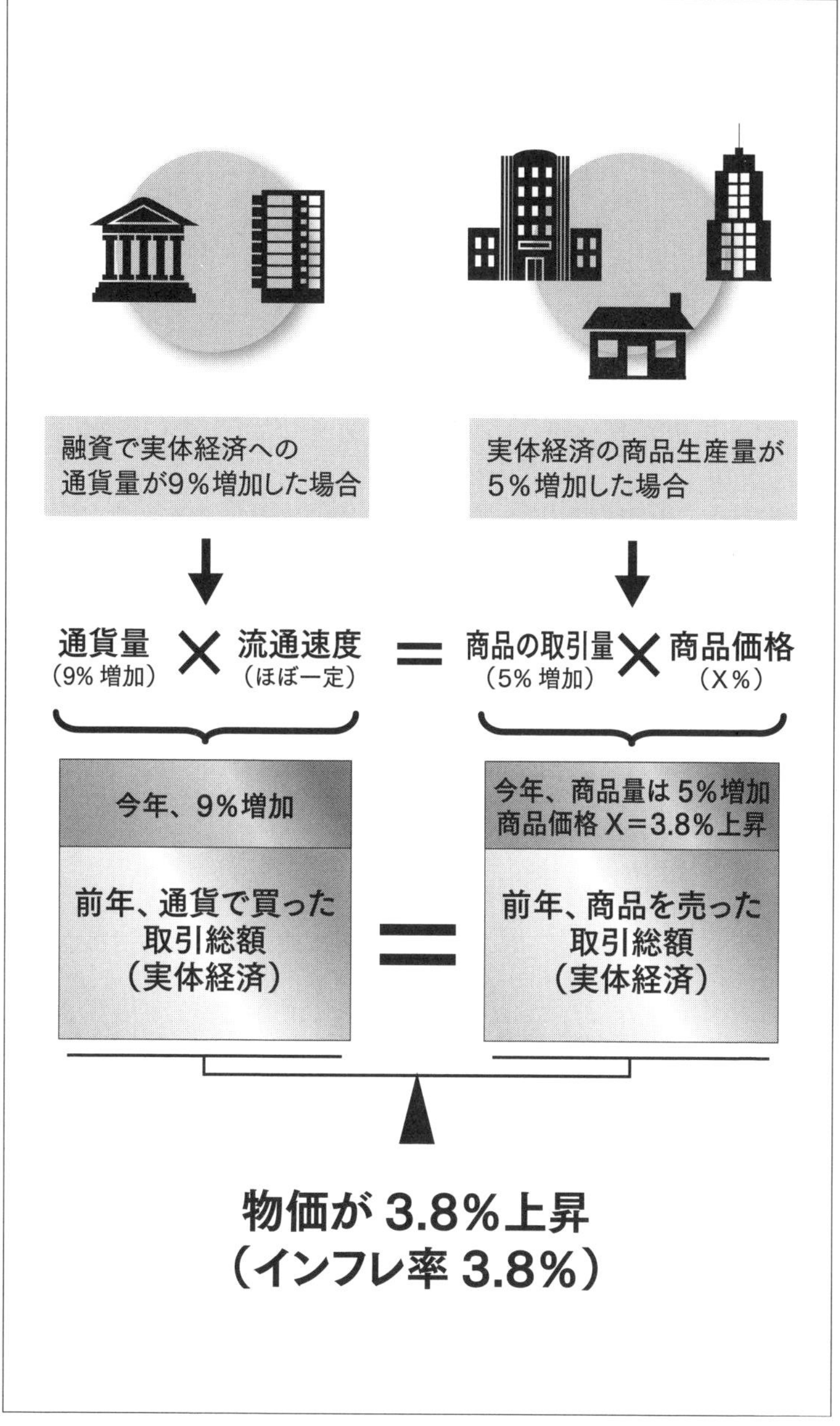

た取引総額が1％しか増加しなかった。企業が設備をフル回転して商品を新たに5％増加させた場合、商品が売れ残るので値下げをして販売することになる。そうすると商品価格が3・8％下落する（デフレ率3・8％）。

デフレに陥ると恐ろしいのは、通貨という栄養が少ないために消費が伸びず、作った商品が売れ残るので、値段を下げて売るようになる。そうなると売り上げが減少する。新たに商品を作っても売り上げが伸びないどころか、原材料の仕入れ額さえ達成できず、赤字になりかねない。企業は設備投資を行わなくなり、従業員をリストラし失業率が上昇する。失業率が上昇すると収入が減るので、さらに消費が減り、売り上げが減少する。

十分な売り上げが確保できないので、借金をしている側にとっては返済に困るようになる。売り上げは減っても借金の額は減らないので、実質的な借金の価値が上昇してしまうからだ。借金の返済ができなければ破産するしかない。不況期に倒産や自己破産が増えるのはこのためだ。デフレスパイラルといわれる資本主義の不況の典型的なパターンである。

個別に見れば、借金をしていない年金生活者や公務員には短期的には有利に働く。商品の値段が下がってくれる一方で、年金の給付金や公務員の給料の減額は商品の値下がりよりも遅れて反映されるからだ。

インフレもデフレもともに経済全体で見れば混乱をもたらすので、物価を安定させたまま経済成長させることが望まれている。その物価安定の役割を担っているのが中央銀行だ。なぜ、中央銀行がその役割を課せられているのかというと次の理由からである。

図20　実体経済――通貨量の低い増加率とデフレ

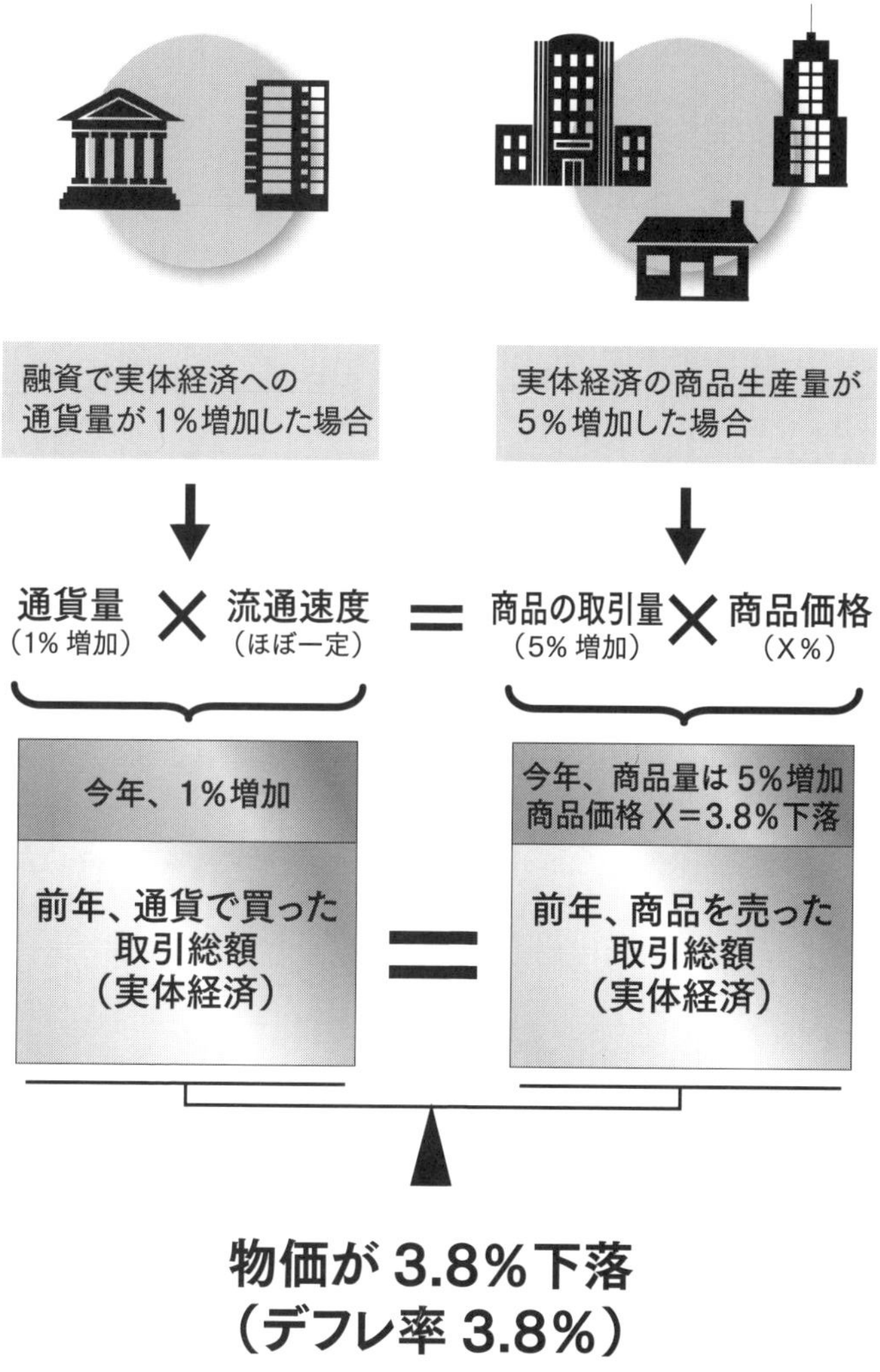

経済成長の二つの公式のうち、売る側の商品の生産力と、買う側の通貨量の伸びのどちらをコントロールしやすいかは明らかである。通貨量の伸びだ。

商品は社会全体で作り出すが、通貨は銀行業のみが作り出す。社会全体の商品生産力をコントロールするのは容易ではないが、通貨量の伸びは銀行業のみを操作すればよい。そのため、通貨を作り出す銀行業を統括する立場にある中央銀行には、物価安定の義務が課せられている。

経済規模にカウントされない金融経済

次に、もう一つの取引である「金融経済」について説明する。

金融経済は、株式市場や不動産市場などでの取引であり、国家の経済規模にはカウントされない。しかし、金融経済の変動も実体経済と原理は同じである。

例えば不動産市場で、新しく売り出されている不動産物件よりも購入希望者が多ければ不動産の価格は上昇する。これが「資産インフレ」である。資産価格の上昇が過剰になると「資産バブル」になる。

その反対に、新しく売りに出されている不動産物件よりも購入希望者が少なければ、不動産の価格は下落する。これが「資産デフレ」である。資産価格の下落が行き過ぎると「暴落（資産バブル崩壊）」になる。

資産インフレの例は図21の通りである。流通速度がほぼ一定とした場合、銀行業による不動産業への融資の増加によって不動産市場の通貨で買った取引総額が9％増加したとする。一方、売る側の不動産物件の増加率は5％だとする。買う側の増加率に対して、売る側の増加率が少ないので、不動産の価格は3・8％上昇する。不動産価格の上昇は、不動産を持っている人にとっては有利な出来事である。一方で、これから購入する人にとっては不利に働く。

資産デフレの具体的な例は図22の通りである。銀行業による不動産業への融資によって不動産市場の通貨で買った取引総額が1％増加したとする。一方、不動産物件の増加率が5％だとすると、買う側の増加率に対して、売る側の増加率が多いので商品余りの状態になる。その結果、不動産の価格は3・8％下落する。不動産価格の下落は、不動産を売ろうとしている人にとっては不利な出来事である。一方で、これから購入する人にとっては有利となる。

このように、市場で起きる経済現象は買う側と売る側の二つの公式と、実体経済と金融経済の分離を理解してしまえば、基本的なことの多くは説明できる。

資本主義経済を操作する方法――通貨発行権の独占と通貨の量の操作

買う側と売る側という二つの市場の法則を利用して、金融権力は市場経済を操作する。

実は、市場経済を動かすには、この二つの式の4つの項目のうち、たった一つだけ操作できればよい。なぜなら、他の項目はその一つの項目の変動に影響を受け、自動的に変化するためである。この4つの項目のうち主に「通貨量」を変化させることで金融権力は市場経済を操作してきた。

なぜ、通貨量の操作なのか？

その理由は、通貨量をコントロールできる通貨発行権は、銀行業を牛耳《ぎゅうじ》る金融権力の独占物だか

図21　金融経済――通貨量の高い増加率と資産価格の上昇

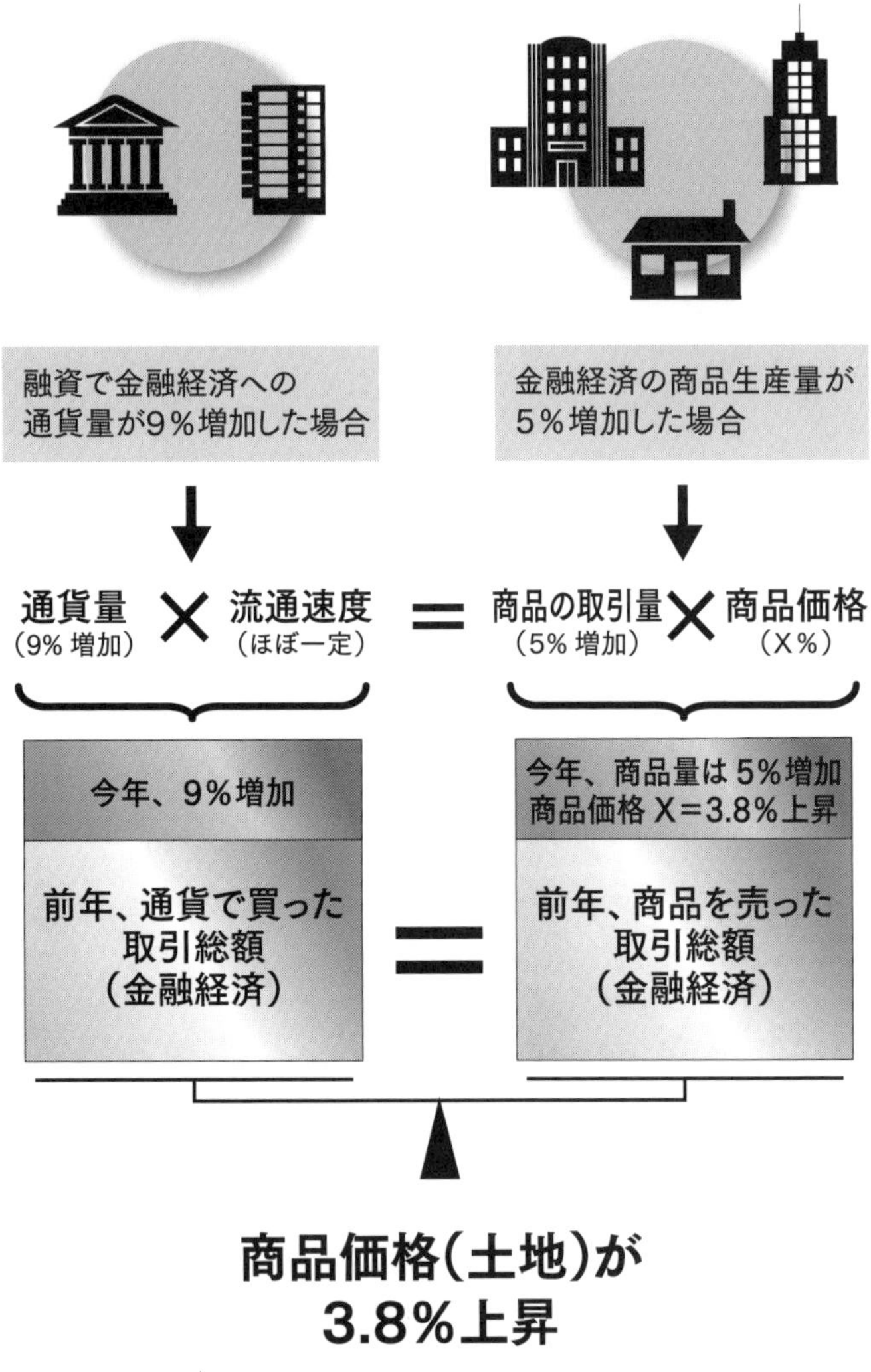

図22 金融経済——通貨量の低い増加率と資産価格の下落

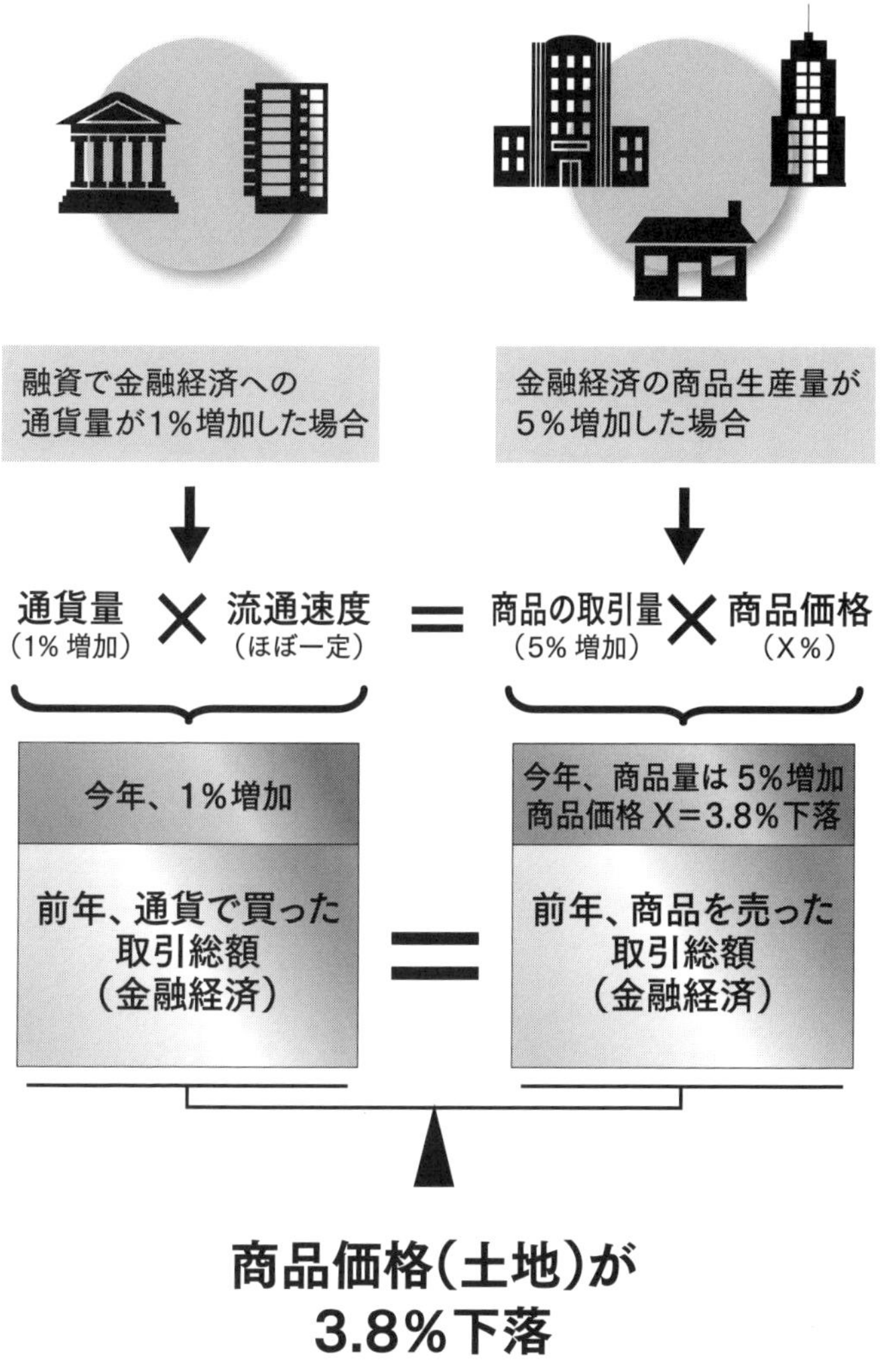

らである。他の3つの項目は、直接コントロールするのは難しいし効果的でない（図23参照）。

例えば、通貨の流通速度だが、これを直接コントロールしようとしても人々の消費行動を増減させるのは難しいし、どれだけ増減するかの予測は困難である。住宅優遇税制のように特定分野の消費の増加を税金面からある程度コントロールすることは可能だろう。しかし、税金をどれだけ優遇すればどれだけ消費が増えるのかを、さまざまな業種に適用させるのは難しい。税金の優遇や産業政策だけでは通貨量が増えないため、ある分野の消費が増えれば、別の分野の消費が減ることを意味している。さまざまな分野の優遇措置を行った結果、どこの産業の回転数が増減するのかなど予測することは困難である。流通速度をコントロールするよりも、生活などに関わる実体経済の流通速度は大数の法則によりほぼ一定であるという市場の原理を利用したほうがよい。

また、他の二つの項目である「商品量」と「商品価格」を直接コントロールするのも特定の分野なら可能だが、すべての分野になるとこれは旧ソ連などの社会主義経済になってしまう。旧ソ連はすべての商品生産をコントロールしようとして非効率になり経済成長に失敗した。

現在は1台の自動車を作るのにも何万個もの部品が必要な時代である。一つ一つの商品価格を決め、どれだけ生産するかを管理するなど、国家を完全に掌握していた社会主義国家でさえ難しかった。

一方、通貨の量を操作するのは簡単である。銀行業を掌握し通貨発行権を独占して、通貨量を増減させて操作を行う。経済が大混乱していない平時には、大数の法則により通貨の流通速度はほぼ一定だから、残りの二つの項目である「商品価格」や「商品量」の操作が可能になる。

図23　金融権力により操作される資本主義経済

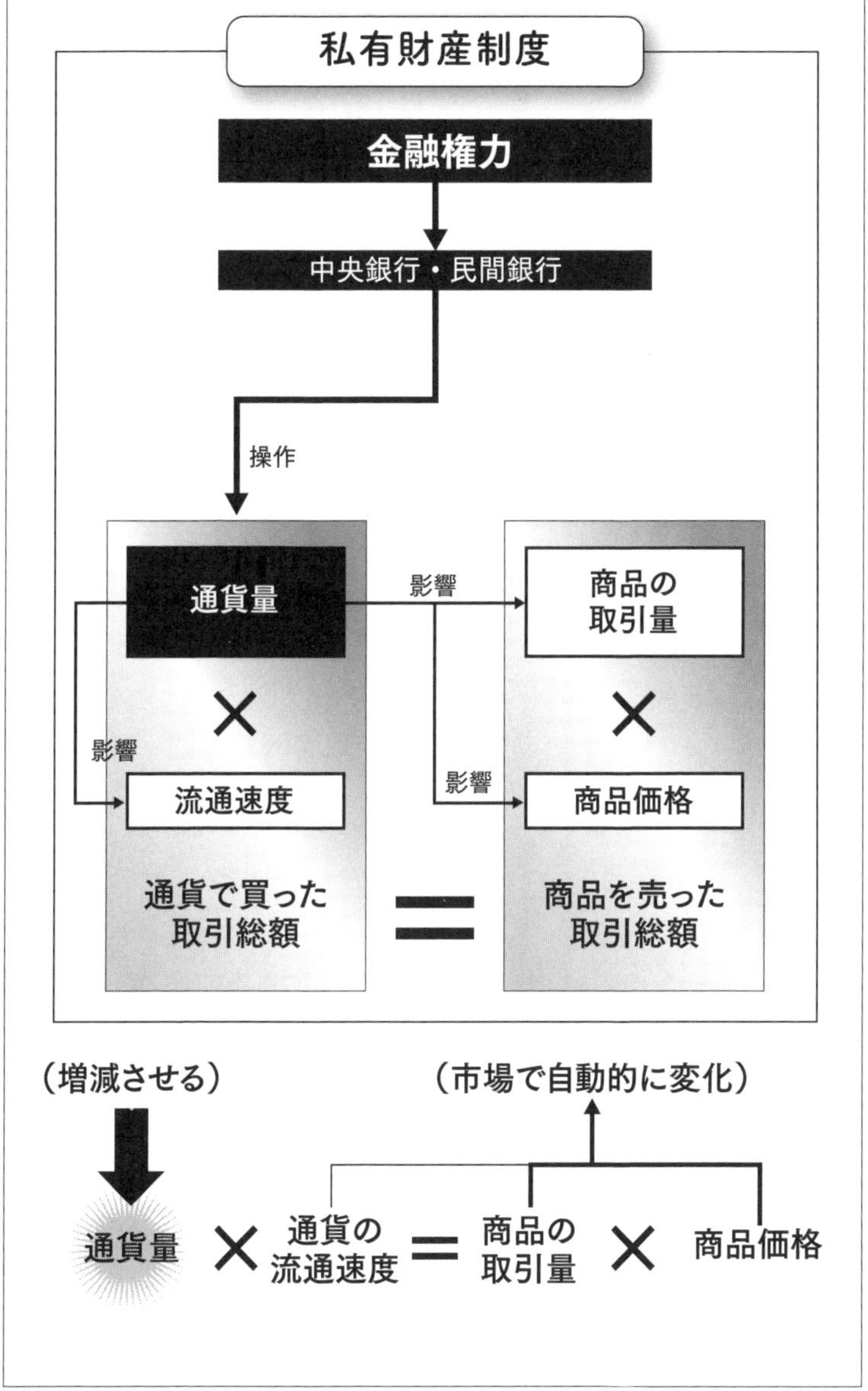

銀行の融資により増加する通貨は、生産量に直接的な影響を与えることができる。例えば、建設会社に100億円の融資を行えば、建設業関連の消費が100億円増加するのがほぼ確実に予測できる。この時、他の業種の通貨は減少しないのが銀行融資の特徴である。

しかも、通貨量の操作により商品価格も操作できる。いわゆるインフレ・デフレである。また、融資が増えて実体経済の商品取引が増加すれば、その社会は経済成長をしたことになる。逆に減少すれば経済収縮をしたことになる。その貸出しが、株式市場や不動産取引用に金融経済に向かえば、取引が増加し資産価格が上昇する。逆ならば取引量が減少し、資産価格が下落する。増減が行き過ぎればバブルと暴落が起こる。

このように金融権力が通貨発行権という武器を持つことにより、通貨量を操作することによって、資本主義経済の市場の法則を利用しながら操作できるようになっている（図24参照）。

資本主義経済を支配するための株式会社・財団・法人

私有銀行がアメリカ合衆国の通貨の発行権を握ったならば、彼らはまずインフレを作り出し、それから一変してデフレにすることで、国民の財産を奪うだろう。ある朝、子供たちは目を覚ますと、自分たちの家やかつて父親たちが開拓してやっと手に入れた土地がなくなってしまったことを思い知るのだ。

（第三代アメリカ大統領トーマス・ジェファーソン）

通貨発行権を独占する金融権力にとって資本主義における競争は、水を得た魚のごとき勢いを得て圧倒的に有利に展開する。景気を操作する最大のツールである利子付き通貨をコントロールできるからだ。

どこの分野にどれだけ通貨を創造すれば、景気が変動するか事前に知ることができるのだから笑いが止まらないだろう。景気や株価、不動産価格などを操作できる立場にあるから、通貨発行権そのものが経済全体のインサイダーのようなものだ。市場という賭博の胴元同然の立場であり、いくらでも金を稼げる。

通貨発行権を独占する勢力が存在する限り、「資本主義の公正な自由競争」なる言葉はまやかしに過ぎない。

通貨発行権で得た莫大な資金を元手にして、企業の所有者になるための制度が作られてきた。株主が企業を支配する株主制度と、大企業の株の取引を自由に行える証券市場の整備である。

お金さえ持っていれば、証券市場を通じて巨大な工場や土地などの社会資本を保有する大企業の所有者になることができるようになった。また中小の未上場の株式会社は、そのシステムの中に組み込まれることにより、会社は株主のものであるという理論付けの正当性を与えた。

無数の株式会社の存在は、資本主義システムでは多様性を与えこそすれ、巨大資本を持つ金融権力の脅威にはならない。なぜなら、中小の株式会社は、未上場だから、証券市場で莫大な資金を集めることが難しい。そのため、金融権力の影響下にある銀行の融資に頼る割合が大きくなるからである。上場を行えば巨大な資本を集めやすくなる代わりに、金融財閥が主要株主になりやすくなり経営を支配されやすくなる。結局、中小の株式会社は、金融権力に脅威を与えない範囲で自由経済

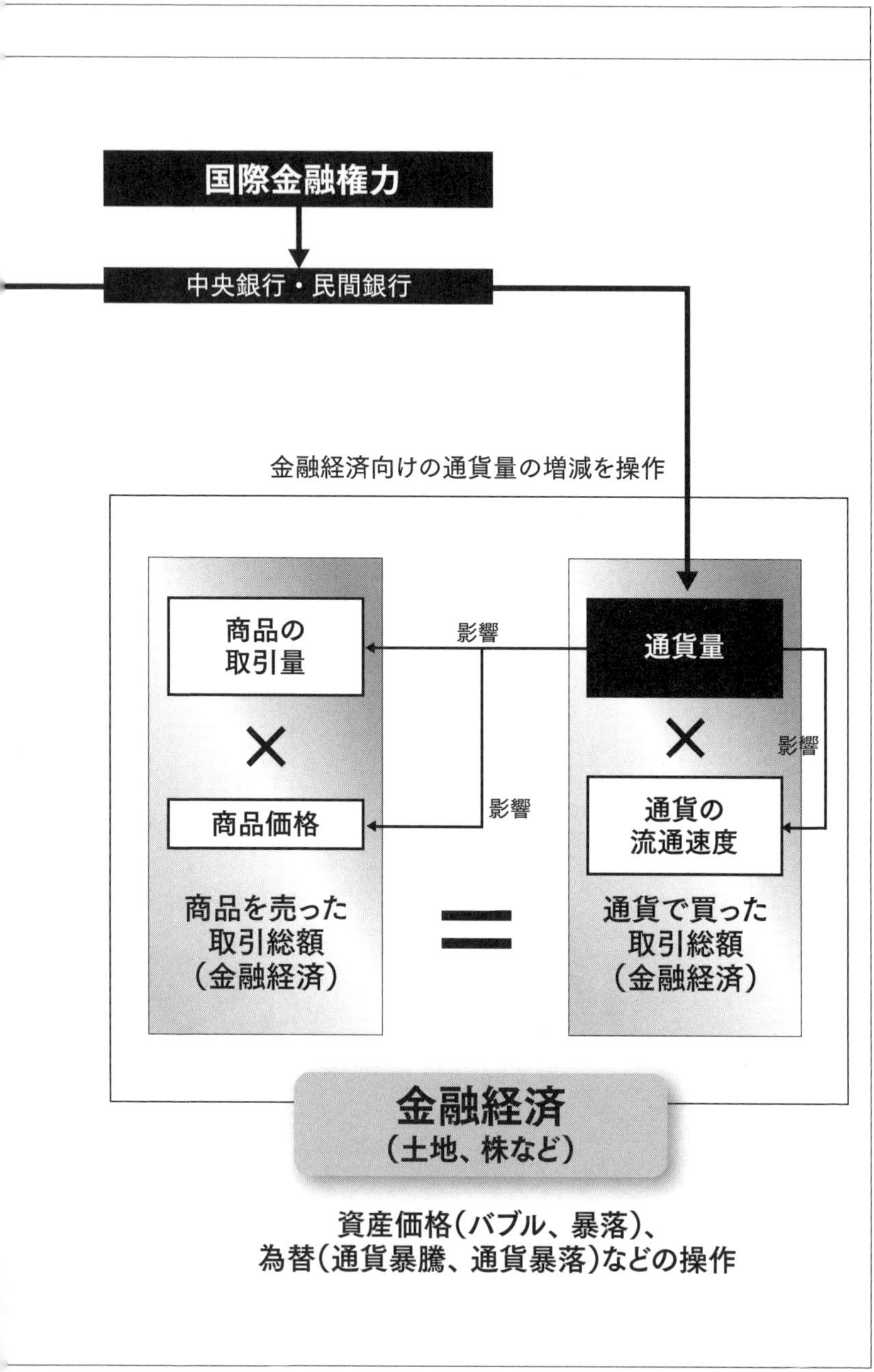
国際金融権力
中央銀行・民間銀行
金融経済向けの通貨量の増減を操作
商品の
取引量
影響
通貨量
×
×
影響
影響
商品価格
通貨の
流通速度
商品を売った
取引総額
（金融経済）
＝
通貨で買った
取引総額
（金融経済）
金融経済
（土地、株など）
資産価格（バブル、暴落）、
為替（通貨暴騰、通貨暴落）などの操作

図24　銀行業の作り出す通貨量（信用創造量）で実体経済と金融経済を操作

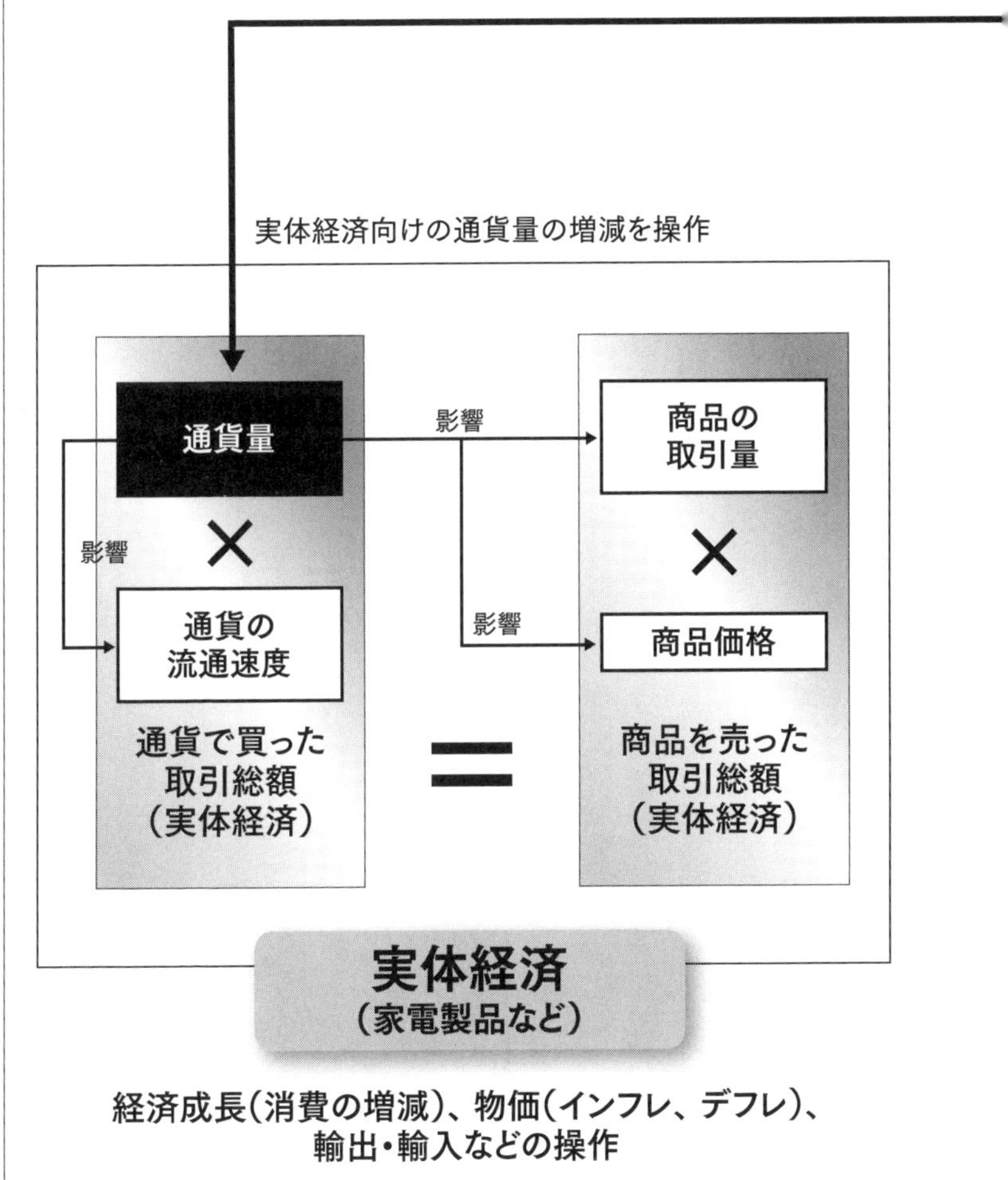

を構成する重要な要素として認められているのである。

株主資本主義を核とする資本主義経済は、通貨発行権を持つ金融権力の支配体制を強化拡大させるシステムとして構築されてきた。

この株主資本主義連合が大成功を収めたのは、歴史が証明しているとおりである。

一方、特定の財閥が大企業の独占的な株主になることに対する批判が起こり、独占禁止法が作られた。また財閥にとって一番頭を悩ませるのは相続対策である。相続でそれまで蓄えていた富が国に接収されてしまってはたまらない。

それに対処する新たな抜け穴が財団である。例えば、FRBの大株主といわれているロックフェラー財閥は石油産業を独占していると議会や世論から激しく非難された。その後、運営の主力を財団に切り替えた。目くらましとしての財団も株式会社とは違った新たなる投資先に過ぎない。また宗教法人なども同じである。結局、通貨発行権を握っている金融権力にとっては、世間の目をごまかしながら、あの手この手を用いて支配体制を維持しているのである。

〔第3章〕

通貨発行権の無い政「金」分離型民主主義

通貨発行権が最大の力を発揮する政治システム
――政「金」分離型民主主義

民主制度は、封建的専制に対抗するために生まれた集中的な防御の仕組みであり、その設計と構築、そして実践は大きな成果を上げた。しかし、民主制度は、金銭が生み出した新種の権力であるウイルスに対しては、信頼できるほどの抵抗力をもっていなかったのだ。この新しい体制である民主制は、「通貨発行権を牛耳ることによって国を支配する」戦略をとってきた国際銀行家の戦略に対して、対応策と防御の面で大きな欠陥があった。

（宋鴻兵著『ロスチャイルド、通貨強奪の歴史とそのシナリオ』武田ランダムハウスジャパン、P52）

国際金融権力にとって資本主義経済の他にもう一つ、核となる体制がある。それが民主主義である。多くの人は意外に思うかもしれないが、民主主義は国際金融権力にとって相性の良いシステムなのだ。そして通貨発行権を持つ国際金融権力が自らの影響力を最大限発揮できるような民主主義を作り出してきたとも言える。ちなみに資本主義＝民主主義ではない。資本主義だが民主主義でない国はたくさんある。かつてのドイツ帝国やナチスドイツ、現在の中国（事実上の資本主義経済）やシンガポールなどだ。金融権力が民主主義を取り入れてきたのは、さまざまな面で好都合な体制だったからだ。

民主主義と金融権力の相性の良さの理由は以下のとおりである。

❶金融権力が大きな力を持てる株主資本主義と相性が良い。
❷市民が通貨発行権の問題さえ気付かなければ、民主主義を行いながら継続的な支配を行うことが可能である。
❸近代的な民主主義の基本理念となっている自由・平等・友愛などが、人類にとって普遍的な魅力を持っており、この政治システムは世界化するのに好都合である。

❶の株主資本主義との相性であるが、多くの民主主義において経済システムは資本主義であり、企業活動の自由や財産権など私有財産を持つことが認められている。そのため、株主となり大企業群を支配し巨大な財閥を作ることができる。その資本の影響力でマスメディアをコントロールしながら世論形成を行える民主主義は、金融権力にとって、政治権力が圧倒的な力を持つ独裁制のような政治体制よりも都合が良い。

❷の市民が通貨発行権の問題に気付かないことであるが、理論構築と研究を行う企業のシンクタンクの創設、大学への利益供与により学問の分野に影響を与え、情報発信力に優れたマスメディアなどを利用しながら宣伝を行えば、通貨発行権の問題から多くの市民の目を逸らさせることが可能になる。そして政治と銀行業を分離させる政「金」分離のシステムを正当化させれば、金融権力は政府に対して経済の支配権において上位に立つことができる。

ここでは、民主主義で選ばれる政府から通貨発行権が分離している体制を、政「金」分離型民主主義と定義する。

前述したように、政府が通貨を発行することができず、銀行業だけが通貨を発行していれば、中央銀行を通じて通貨量の操作を行うことで、意図的な景気変動を引き起こすことが可能である。

一方、政府は民主主義の性質上、個人や法人の税金を上昇させにくいので必要な予算作成のために国債の発行に頼るようになる。多くの国債を購入するのは通貨発行権に影響を与える金融権力である。その国債の元利金を支払うために政府は増税を行わざるを得なくなる。結局、国民は、当初は拒否していた増税という形で支払わなくてはならなくなる。

こうして通貨発行権の無い民主主義の政府はマネーの借り手になり、貸し手となる金融権力の力は拡大していく。力をつけた金融権力は、三権分立の民主主義（行政、立法、司法）に政策の面からも、意思決定の面からも影響を与えていく。マネーの力によって選挙活動の資金援助、天下りの確保、癒着《ゆちゃく》、マスメディアの情報操作などを行い支配していく。

これらのマネーの力の根源は、政府に通貨発行権を持たせない政「金」分離の民主主義というシステムにある。

❸の金融権力にとって民主主義が都合の良い体制である理由は、民主主義の基本理念が人類にとって普遍的な魅力を持っており、世界支配に好都合だということだ。実際、近代欧米で発祥した政治体制としての民主主義は21世紀の今も世界中に広まり続けている。

民主主義は4つの理念（真理・自由・平等・友愛）が分かれば理解できる
――民主主義の単純化モデル

「フランス共和国憲法　前文」

これらの諸原理および諸人民の自由な決定の原理に従い、共和国は、共和国に結合する意思を表明する海外領土に対し、自由、平等、友愛の共通の理想を基礎とし、かつ、その民主的進展を目指して構想される新たな諸制度を提供する。

（阿部照哉・畑博行編『世界の憲法集』有信堂、P395）


ここで民主主義とは何か？　について簡単な定義をしてみよう。

哲学者の西田幾多郎は「民主主義の基本は、自由・平等・博愛である。しかし、自由の裏には責任があり、平等の裏には区別がある。また博愛の裏には厳罰がある」と述べている。

ここで述べられている博愛は一般的にフランス革命のスローガンであった自由・平等・博愛（友愛）からきている（博愛よりも「友愛」と訳すのが一般的なので以後は博愛を友愛とする）。

この3つの言葉の定義は次の通りである。

自由⇩本人が行いたいことをする営み。

平等⇩他者と同じであること。

友愛⇩同胞愛、連帯、思いやり。

世の中にはさまざまな民主主義体制があるが、なぜ、民主主義という政治体制が自由・平等・友愛を基本にしているのだろうか。

その理由は形式論的観点と生成論的観点の二つから説明できる。民主主義の形式論的観点について、政治学者のフランシス・フクヤマは次のように述べている。

ある国家が民主主義的であるかどうかを判断するには、民主主義の極めて形式的な定義を用いるのがよい。国民が、成人の平等な普通参政権に基づき、複数政党制の定期的な無記名投票を通じて自分たちの政府を選ぶ権利を認められているなら、その国は民主主義である。

(『歴史の終わり(上)』P94)

形式的な民主主義の特徴を見ると、まず、成人の一人一票という「平等」な普通参政権に基づいている。どの市民にも平等に社会のルールを決める権限を与えていることを理念としている。次に複数政党制の定期的な無記名投票を通じて自分たちの政府を選ぶ権利が認められているという「自由な決定」の理念に基づいている。

また、その国家に所属する成人に普通選挙権を与えているという「同胞愛(友愛)」によって選挙権の範囲が形成されている。

つまり、民主主義の基本である普通選挙制度という政治体制そのものが、自由・平等・友愛の理念に基づいているということだ。

さらに民主主義というものを理解するにはこの基本理念に「真理」を付け足すべきだろう。真理について『広辞苑』には〈ほんとうのこと。まことの道理〉とある。事の善し悪しを判断する時に、真理という理念がなくては成り立たない。自由・平等・友愛とともに「真理」は、形式的な民主主義を構成する基本理念である。選挙制度には、事実と善悪を判断できる成人が投票を行うことが前提条件なのだ。真偽も善悪も未熟なため判断できないという理由で子供には選挙権が認められていない。成人が選挙という形で「真理」を考え判断する形式が民主主義の制度には必然的に含まれているのである。

また民主主義は情報が市民に十分に公開されていることを前提としている。選挙は「公正な選挙」という概念で営まれている。さまざまな不正が行われる選挙でさえも、事前に「不公正で情報統制を行っています」と公言した選挙など聞いたことがない。情報が共有されていないことを前提にした民主主義が理念上成り立たないのは、他の理念である自由・平等・友愛と抵触してしまうためである。その面からも「公正な普通選挙」を前提にしている民主主義を分析するには、自由・平等・友愛に真理を付け足す必要がある。

もう一つは、生成論から見た民主主義論である。つまり欧米において民主主義が発生していく過程で自由・平等・友愛・真理の理念が原理原則になっていった。

まず民主主義への流れは、封建社会のさまざまな商人たちの経済活動の自由を求める活動から始まった。

近代憲法の成立期において、封建的な経済システムは経済活動の自由にとって大きな足かせであった。商人たちにとっては封建体制の経済的不自由の解消への欲求が、市民革命の主要な原動力の一つとなった。

近代的民主主義の発祥の地であるイギリスとアメリカにおいて自由は平等に先行していた。封建的な束縛から逃れようとして経済的自由を求める商人たちの戦いが、封建領主たちの権限を排除するために身分制打倒のスローガンとしての「平等」の理念へと向かった。その自由と平等を求める連帯の中で、民主主義の「友愛」の理念が生まれた。

そしてアメリカ独立革命によって市民に選挙権が与えられる民主主義が作られると、選挙における自己決定権に必要なものとして「真理」が社会的理念として発生した。

当初は富裕層・白人・男性に限定されていた制限選挙だったが、その後、所得・人種・性別の差別はなくなっていき、成人した国民皆に選挙権が与えられるようになった。

普通選挙権という民主主義の形態が社会に実現していく過程の中で、自由・平等・友愛・真理が生成され発展してきたのである（図25参照）。基本的人権やさまざまな社会権などもこのような一連の歴史的な流れの中で作られてきており、現在の民主主義諸国の法律の土台となっている。

現在の日本国憲法は、自由・平等・友愛・真理の理念を基に形成されている。

⇩自由＝思想・良心の自由、集会・結社・表現の自由、生命・身体の自由

⇩平等＝法の下の平等、教育を受ける権利、両性の平等、労働の権利

図25	民主主義政治の４つの基本理念

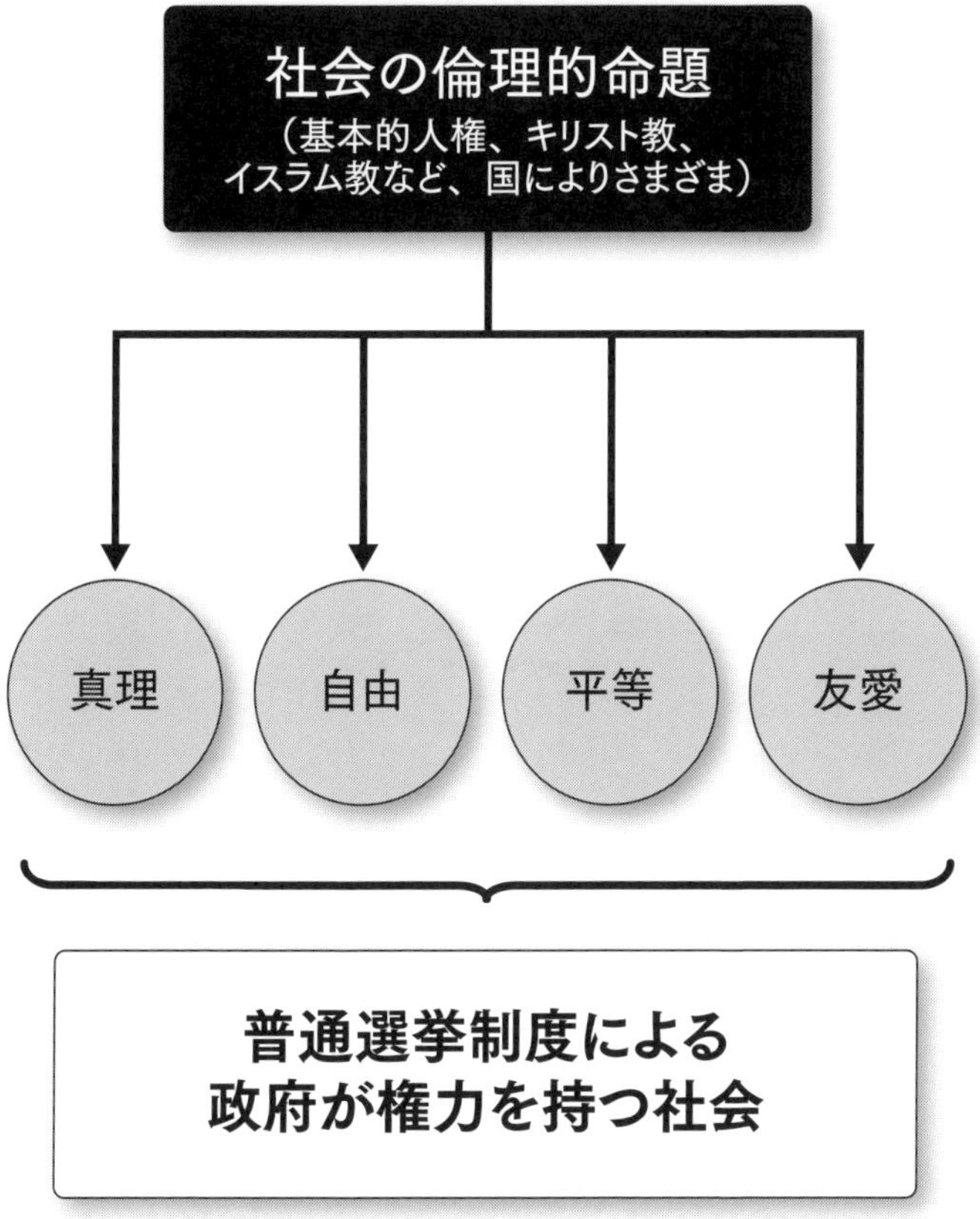

⇩友愛＝国民主権、平和主義、公共の福祉、生存権、地方自治
⇩真理＝学問の自由、表現の自由、検閲の禁止

その国の歴史と倫理的命題の違いによる多様な民主主義

もちろんここまで述べてきたのはあくまでも欧米型民主主義の生成過程である。世界には、実に多様な民主主義が存在する。イラン・イスラム共和国などに典型的に見られるように、普通選挙を行っており形式的民主主義の特徴を備えていても、欧米型民主主義とは違う性質の民主主義もある。これは、その社会の歴史と倫理的命題が違うためだ。

倫理的命題とは、「〜すべし」という価値の断定である。

倫理というのは、「なぜそうなのか？」という問いを繰り返していくと最終的に断定で終わるものだ。

例えば、「なぜ、人を殺してはいけないのですか？」という問いが以前に物議をかもしたことがあった。なぜ問題になったかというと、その問いへの答えに多くの人が戸惑《とまど》ったからだ。この戸惑いは、日本社会が極めて非宗教的になっている証拠である。宗教的価値観が強い社会なら「聖典の教えに反するからだ！」と断定できただろう。「〜すべし」という断定は、それぞれの信念に基づいており、それは最終的に個々人が最上としている価値観の問題なのである。

社会にもルール、つまり法が必要なので、倫理的命題が必要になる。

その社会が最上の価値として定義している「神聖にして犯すべからず」という理念が何か？　そ

れが社会的な倫理的命題である。この倫理的命題を犯した場合は、法律によって罰せられるのだ。倫理的命題は普通選挙を行う民主主義を取り入れていても各国によって全く違ってくる。

明治憲法（大日本帝国憲法）の日本では、天皇中心主義であり、国家は天皇が主権者であり、国民は臣民という立場であった。その中で、選挙が行われ、天皇主義と抵触しない限定的な民主主義が行われていた。天皇に対して批判を行えば不敬罪という罪で罰せられた。

戦後の日本国憲法では天皇の人間宣言によって天皇主権は廃止され、国民主権となり、国民の権利、つまり基本的人権こそ永久不可侵のものと定義され、最上の価値となった。

日本国憲法では天皇制への批判は倫理的命題に抵触しないので罪にならなくなった。

イラン・イスラム共和国のような民主主義国では、イスラム教が倫理的命題の立場を占めており、イスラム教に基づく民主主義が行われている。例えば、イスラムの教えに対する誹謗中傷を行ったと判断されれば法律で罰せられる。「イスラムの教えは正しい」という倫理的命題と抵触するからである。シャー（王）の専制支配を打倒したイラン・イスラム共和国の民主主義の生成過程については次のような経緯があった。

シャーの為政のもとで、いちじるしい人権侵害を体験していた民衆は、いかにそれを回復するか真剣に模索した。西欧流の自由、平等、博愛の精神はそれ自体でもちろん優れたものであり、学びとるべき点は多々あった。それはいかにして実現可能であろうか。不幸にして彼らは、民主主義を説く西欧から民主的な待遇を受けたことは一度もなかった。また西欧主義を標榜する為政者がもたらしたものは、結局のところ圧政にすぎなかった。このような歴史が民衆に、イスラーム再評価の機縁を与えるのである。（中略）イラン民衆は、このような経緯をへて、自由、平等、博愛の精神の確立のためにイスラームを選びとった。

（黒田壽郎著『イスラームの心』中公新書、P189）

多様な民主主義が存在するが、民主主義の条件が普通選挙制を基にした政治体制である以上、その社会の倫理的命題を基に自由・平等・友愛・真理で構成されているという共通性がある。

なぜ民主主義は最強の政治体制になっているのか？ 人間の魂が生み出す社会的矛盾を融和させる体制

じつにさまざまな地域と、じつにさまざまな国民のあいだで民主主義は勝利を収めてきた。その事実からもわかるように、自由と平等の原則は偶然や自民族中心主義という偏見の産物ではなく、まさに本来の人間性に根ざしたものである。

（『歴史の終わり（上）』P105）

1776年7月4日にアメリカ独立宣言がなされ、近代的な民主主義国家が誕生して以降、全世界に民主主義が拡大し続けている。ひとたび民主主義が確立された社会は、クーデターなどの暴力的手段を除けば、封建主義や全体主義のように別の体制に移行するという事態はほとんど起きていない。

また、民主主義の手続きを経て独裁国家に変わったナチスのような例が稀に発生することはあるが、そのドイツでも再び民主主義は復活しており、ナチス流の一党独裁体制を肯定する意見はほとんど支持されていない。

これは実に驚くべき事態である。普通選挙に基づく民主主義という政治体制は、民族のように自然に出来上がったものではなく、徹頭徹尾人工的に作られたものである。その人工物の象徴が憲法であり法律である。

この人工物である民主主義という政治体制がなぜ、世界中の人々の心を捉え、２００年以上にわたって、人種も宗教も超えて拡大し続けているのだろうか？

それは、人類という種族の社会的な欲求を満たすからである。

民主主義の拡大の理由を探るには歴史の流れを見るのが一番である。

数千年前のマネーの創造によってそれまでとは全く違った社会ができた。物と物の交換を可能にするマネーの出現によって多様な職業が生まれ、社会は巨大化した。文明の誕生である。

社会構造が発展していない、マネーの無い社会は原始共産制であった。

マネーという、物と交換する媒体がないため、生産性や物の取捨選択が限られていた。富の蓄積がほとんど不可能であったため、皆で物品を等しく分け合う社会であった。〔平等原理〕

その後、生産力が拡大しマネーが生まれることで、さまざまな物との交換が可能になり、取引の選択ができるようになった。つまり選択の自由を人類は得たのである。また、富の蓄積が可能にな

った。この時に社会的な自由が発生した。〔社会的な自由原理の発生〕

またマネーがない社会では、極めて少数の部族単位の生活を人間は行っていた。〔友愛の限定〕

マネーの登場により発生した社会の発展と複雑化は、さまざまな団体や組織、集団を作り出した。国家、宗教、企業、学校、家族、ファンクラブなど。〔さまざまな種類の同胞愛の発生〕

マネーによって社会が生まれると、人間が持つ社会的な欲求の衝突が起こるようになった。

マネーの誕生は、それまで原始共産制で平等であった人間社会に、多様な自由を与えたためさまざまな軋轢《あつれき》を引き起こしていくことになる。文明の成立により、持つ者と持たざる者の関係が生まれ、それまでの人類にはなかった複雑な主従関係が発生したためだ。これは文明社会では普遍的な現象であり、奴隷制や封建制といった体制が世界中で作られた。

そのため平等を求める心（対等願望）と自由を求める心（優越願望）の対立が発生する。

「優越願望」は、向上心や自己実現、より良いことを求める心である。一方で他人よりも上になりたいという欲求にもなる。

「対等願望」は、平等や公正を求める心である。一方で他人を同じにさせないと気がすまない欲求にもなる。

「連帯願望」は、同胞愛や公共心を求める心である。一方で他の集団を排除し、攻撃したりする欲求にもなる。

三つとも複雑な文明社会が拡大させた認知の欲求である。

政治学者のフランシス・フクヤマは人間の「社会的」な欲求を、「優越願望」と「対等願望」とに大別し、その確執が人間社会を動かす原動力であると分析した。そして、優越願望と対等願望を最大多数の人に最大限与えることができる社会が民主主義であるとした。

文明の誕生によって生まれたさまざまな集団における連帯願望の中で、優越願望と対等願望の対立が起こり、社会的、経済的な「矛盾」が発生する。社会的な矛盾とは、社会システム全体の崩壊を引き起こすに足る、根本的な社会不満の源である。

社会的、経済的矛盾の源はさまざまな社会集団（奴隷主と奴隷、王侯貴族と農工商民、資本家と労働者など）の連帯願望の中で生じる優越願望と対等願望の対立にあり、その矛盾の拡大により歴代のさまざまな政治体制は、内部および外部からの圧力により崩壊してきたのである（図26参照）。

その矛盾を解消するために優越願望を主に「自由」の領域に、対等願望を主に「平等」の領域に、連帯願望を主に「友愛」の領域に定義し、各理念がバランスする体制として民主主義が作られた。

そして民主主義の確立によって自己決定権を得た市民は、正しい価値判断を行う欲望、つまり認識願望（真理）を社会的な欲求に拡大させる。こうして民主主義を構成する自由・平等・友愛・真理が発生した。

アメリカ独立革命から発生した近代の民主主義システムは多くの人類の共感と正統性を獲得しており、現在の世界で最強の政治体制になった。

主従関係がはらむ内部的な「矛盾」は、主君の道徳性と奴隷の道徳性がうまく統合された国家のなかで解決された。主君と奴隷のあからさまな区別は消し去られ、かつての奴隷は新しい

図26　さまざまな団体の発生と矛盾・対立の激化

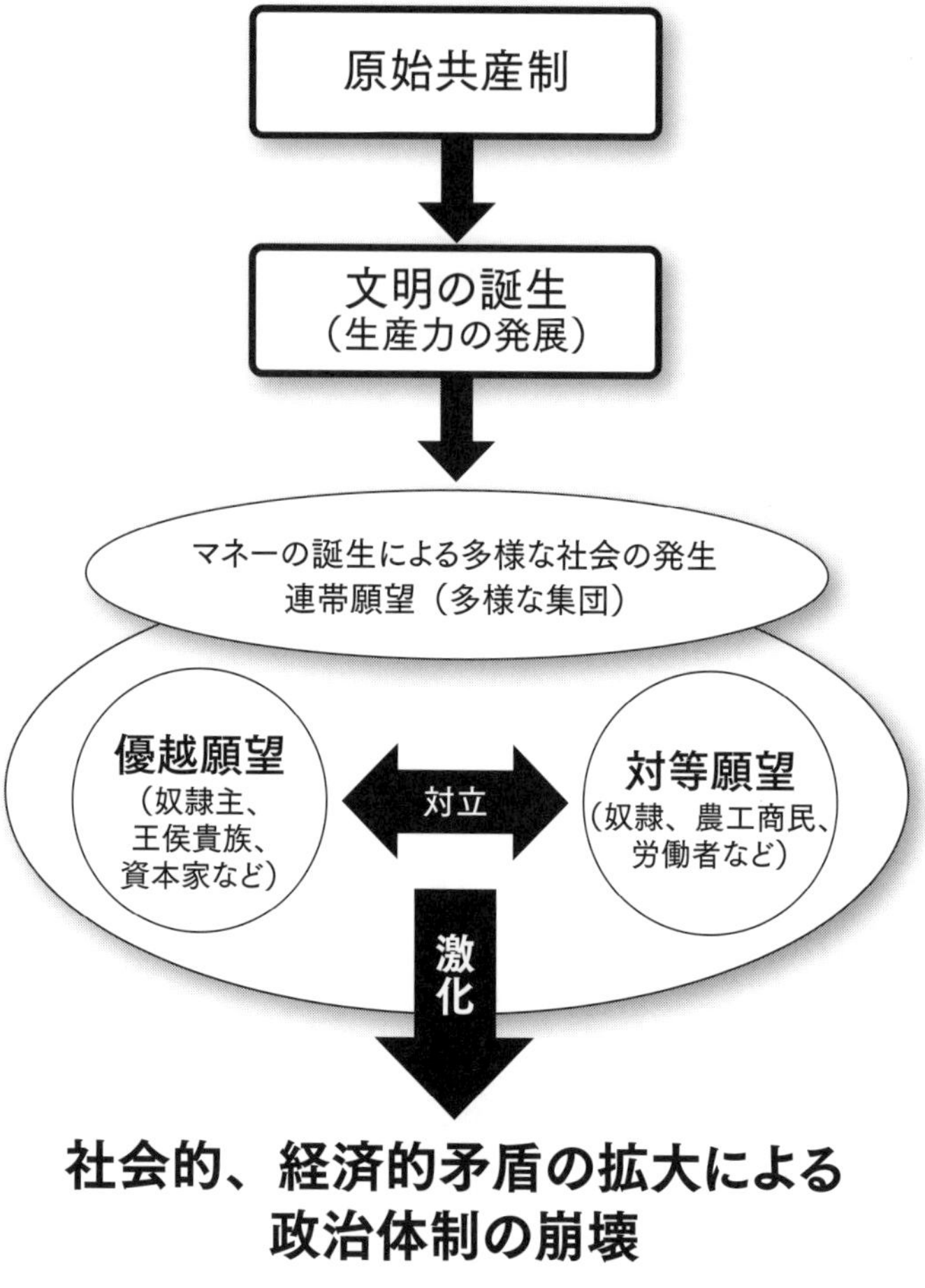

主君――他の奴隷の主君にではなく自分自身の主君に――になった。これが「一七七六年（アメリカ独立宣言）の精神」のもつ意味である。つまりそこでは、再び新たな主君が勝利したのではなく、新たな奴隷の意識が生まれたものでもなく、民主政体という形で人間の自己支配が達成されたのだ。

（『歴史の終わり（下）』P58）

民主主義という政治形態が拡大し続ける理由は、人間の持つ優越願望、対等願望、連帯願望などをどの政治体制よりも包括的に満たすことができるからなのだろう。

最大多数の人間が優越願望を満たすには「自由」が適している。

最大多数の人間が対等願望を満たすには「平等」が適している。

最大多数の人間が連帯願望を満たすには「友愛」が適している。

こうして最大多数の欲求を満たす、自由、平等、友愛の原理に基づいた普通選挙制度を持つ民主主義が世界に普及していった（図27参照）。

フランス人権宣言も世界人権宣言も、このような人間の社会的欲求を犯すべからずと宣言した。人種も文化も宗教も超えて民主主義への移行が拡大している背景には、当然ながら、その拡大を推し進める勢力が存在する。その主要なプレーヤーが市民とともに金融権力なのであるが、魅力的でなければ民主主義は受け入れられない。たとえ軍事的な侵略を伴う征服であっても、民主主義は多くの国で受け入れられているのを見ると人間の社会的本能に適っているようだ。

金融権力が政「金」分離体制を維持したまま、民主主義をコントロールすることができるならば、民主主義の理念を輸出して世界を民主化することは、金融権力の世界支配を実現させる強力な武器になるのである。

以上のような理由から政「金」分離した金融権力上位の民主主義は、彼らにとって極めて都合の良い政治システムなのだ。問題は、自由・平等・友愛を実現するはずの民主主義が通貨を創造する権力者によって操作されていることである。それは、民主主義の不可欠な理念である「真理」を操作することによって可能となる。

どのように民主主義をコントロールするか――操作される真理

人類に絶大な人気を誇る民主主義という政治体制であるが、残念ながら市民主権というにはほど遠い状況である。それは日本に限らず、ヨーロッパもアメリカもそうだ。

その理由は、市民が主権者であるはずの民主主義の多くが、マネーに関しては支配権を持っていないことにある。マネーの支配権を握っているのは、市民が選ぶ政府ではなく、政府から独立した中央銀行なのだ。このマネーの支配権を基に金融権力は民主主義を操作することができる。

このような民主主義の状況は実に根の深い問題で、ちょっとした政治献金を行うとか、マスメディアの報道などの印象操作、というレベルのものではない。もちろんそれは日常的に行われていることで大きな問題なのだが、それよりももっと根源的なところで操作される仕組みは作られている。

それが、前述したように各国の憲法に通貨発行権が記載されていないということだ。

ここに民主主義の大きな落とし穴がある。

図27　最大多数の社会的願望を満たす民主主義の4つの理念

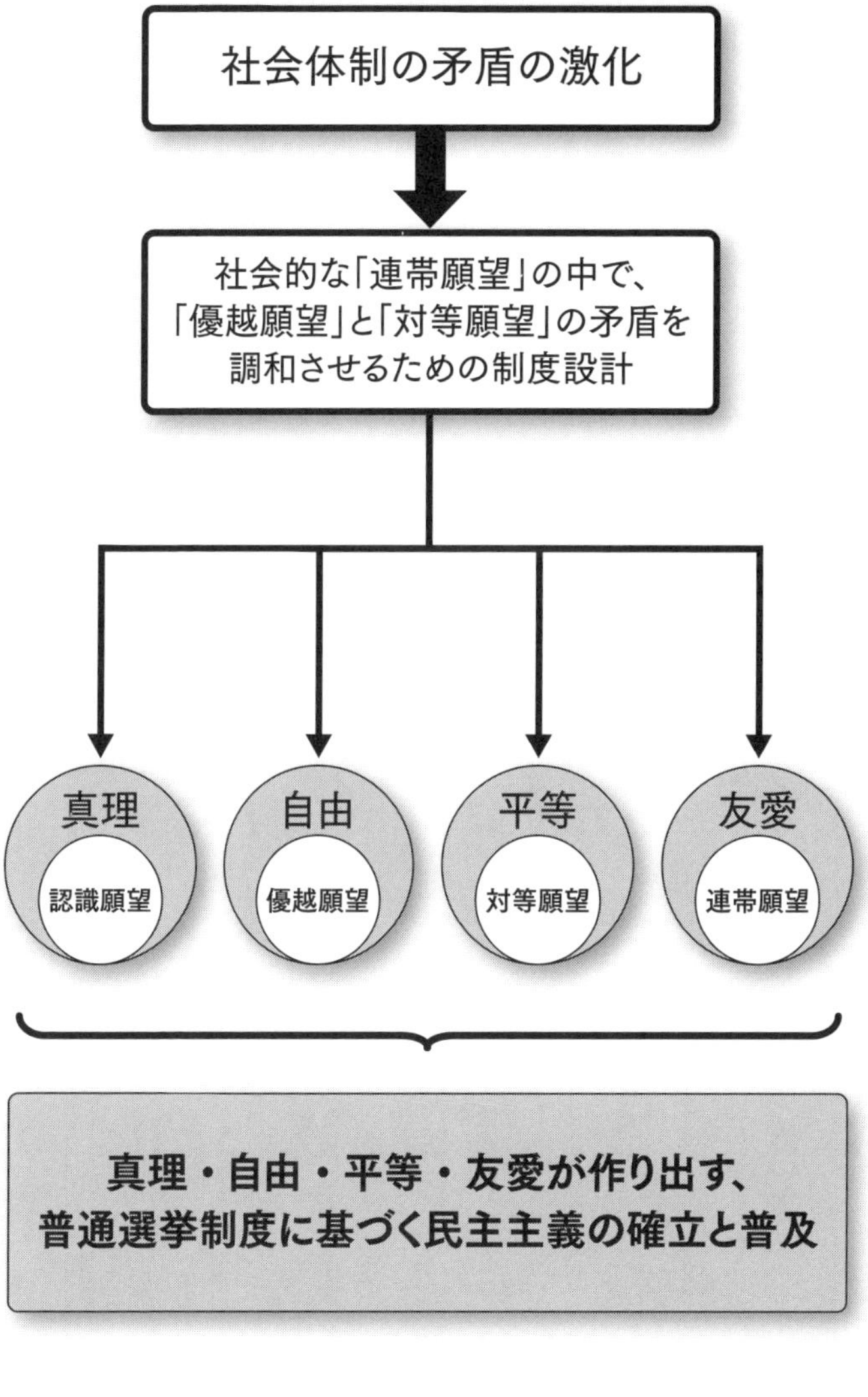

例えば日本国憲法を読めば分かるように、まさに民主主義の自由・平等・友愛の理念が強調された条文が書かれている。

基本的人権を永久不可侵のものとして倫理的命題に設定し、国民のさまざまな権利が明記された憲法である。

しかし、主権の最たるものである通貨を作る権限については一言も触れられていない。

アメリカでは、建国の父たちが通貨発行権を銀行家に独占されないように、憲法に明記したにもかかわらず、私立の中央銀行であるＦＲＢ（連邦準備銀行）が通貨発行権を独占している。もはや憲法さえ意味をなしていない状況だ。

現在の民主主義は、自由・平等・友愛を強調するが、真理は強調しない。

真理は意識化されずに「無意識化」されている。

権力の影響下にあるマスコミや学者が与える情報を基に、イエスかノーかを考えればよい。事の真偽について論じる必要はないということだ。

マネーの支配者は通貨発行権の真理を基に、民主主義を操作している。それを可能にするのが、マネーがどう作られ無くなっているのかを市民に意識化させない徹底的なマネーの「無意識化」である。マネーを意識的に排除してきた経済学などはその典型だ。

法律ではさまざまな権利と義務が明記されており、市民は実行される権利と義務に満足する。民主主義の下で、市民は満足できる社会が作られていると思い、マネーの力が作り出すさまざまな現象を自然災害のように必然的なもの、仕方のないものとして受け入れていく。金融権力はマネーの真理を独占することで、さまざまな分野の真理を操作することが可能になり、その影響が市民の自由・平等・友愛・真理の「誤作動」を引き起こし誘導される。

これが、現在の民主主義の最大の問題点なのである（図28参照）。

マネーの支配者の「ステルス（隠密）性」

マネーの支配者がさまざまな政治システムの中で、自由・平等・友愛を原理にした民主主義を自らの支配システムとして採用し、世界化させたのには理由がある。

その理由は、通貨の支配者の「ステルス（隠密）性」にある。

王や独裁者が支配するシステムでは、支配者が国民から目立ちすぎる。誰が支配者なのかが一目瞭然だと、人間の持つ社会的欲求である対等願望や優越願望や連帯願望などと抵触しやすい。

市民は支配者を見て、こう思うだろう。

対等願望の場合：支配者も我々も同じ人間であり平等なはずだ。なぜ、支配者には大きな権限が与えられているのに我々には与えられていないのか？
優越願望の場合：支配者よりも私のほうが能力が優れている。なぜ、私ではなく支配者に大きな権限が与えられているのか？
連帯願望の場合：支配者の権力基盤である組織はろくでもない奴らの集まりである。なぜ、このような組織が大きな顔をして支配しているのか？

図28　金融権力によって操作される民主主義

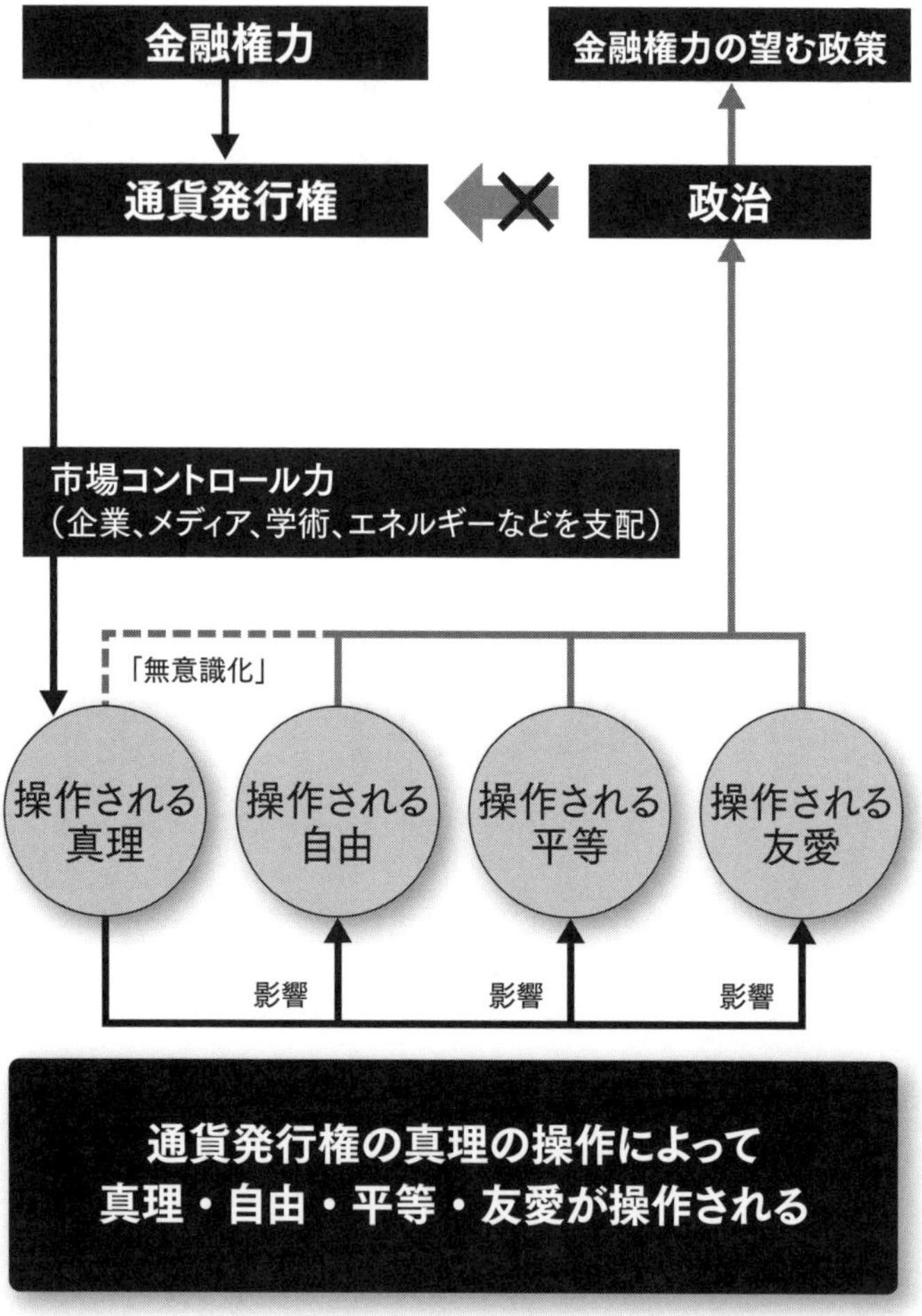

支配者が目に見えやすい以上、人間の持つこのような感情は常に存在する。社会的な矛盾が大きくなった時にその不満は一気に噴出し、政権は崩壊する。

ところが政治権力のように支配していることがあからさまでないマネーの支配者は、このような人間が持つ社会的願望と抵触しにくい。記号としての通貨は音も聞こえず形も見えない。法律のように言葉で規定する必要もない。それでいて、社会全般を動かすことができるツールなのだ。この通貨のステルス性のおかげでマネーの支配者は、民主主義の背後にひっそりと隠れることができる。国民のさまざまな不満は表に出ている政治家にぶつけられる。自らの長所であるステルス性という武器を思う存分発揮できる都合の良い体制として、マネーの支配者は政「金」分離の民主主義を構築してきた（図29参照）。

政「金」分離による自由・平等・友愛・真理の操作

マネーの支配者は、通貨のステルス性を用いることで真理を操作し、民主主義の基本理念である、自由・平等・友愛に影響を与え、自らの望む方向性に誘導する。

自由の操作の典型は、現在のアメリカに見られる自由主義の暴走である。その結果は富の格差社会をもたらす。

経済的自由の拡大は、マネーの支配者にとって自らの権力を拡大させる基盤となる。

平等の操作の典型は、関税の撤廃や移民を推奨し、民族自決の理念を破壊させる平等主義の暴走である。その結果は、民族文化や固有の秩序の破壊である。国境を超え、世界管理を目指す国際銀行家にとって、民族共同体や固有の秩序は邪魔な対象でしかない。固有の文化の破壊は、グローバリゼーションを拡大させる基盤となる。

友愛の操作の典型は、国家や団体への偏重した連帯を通じて行われる、差別主義の暴走である。その結果は、その社会におけるマジョリティー（多数派集団）とマイノリティー（少数派集団）の対立の激化となる。古今東西、被支配者は「分断して統治せよ」が支配者の政策の典型だ。マイノリティーを優遇し、マジョリティーの不満をぶつけさせる。被支配者が分裂していれば、「ステルス性」の支配者は安泰である。

このような体制では人々は社会的欲求を操作され、民主主義の下で自然の成り行きのように事態の推移を見守るしかない。

国は借金漬け、マネーの力で三権分立の民主主義を管理

マネーの支配者は通貨発行権を基に、国や企業などのご主人となる。

企業、財団、不動産、天然資源など、社会の主要な富を産み出す分野を特定の金融財閥が支配している社会を「金融寡頭《かとう》制」という。

それを取り締まる側の国（行政）はというと、これも金融権力の強い影響下に置かれている。通貨発行権を行使できない政「金」分離の民主主義では、税収が足りなければ、借金をして予算を編成しなくてはならない。借金漬けになった政府は、さらなる利子の支払いに追われ、さらに限られ

図29　金融権力のステルス（隠密）性

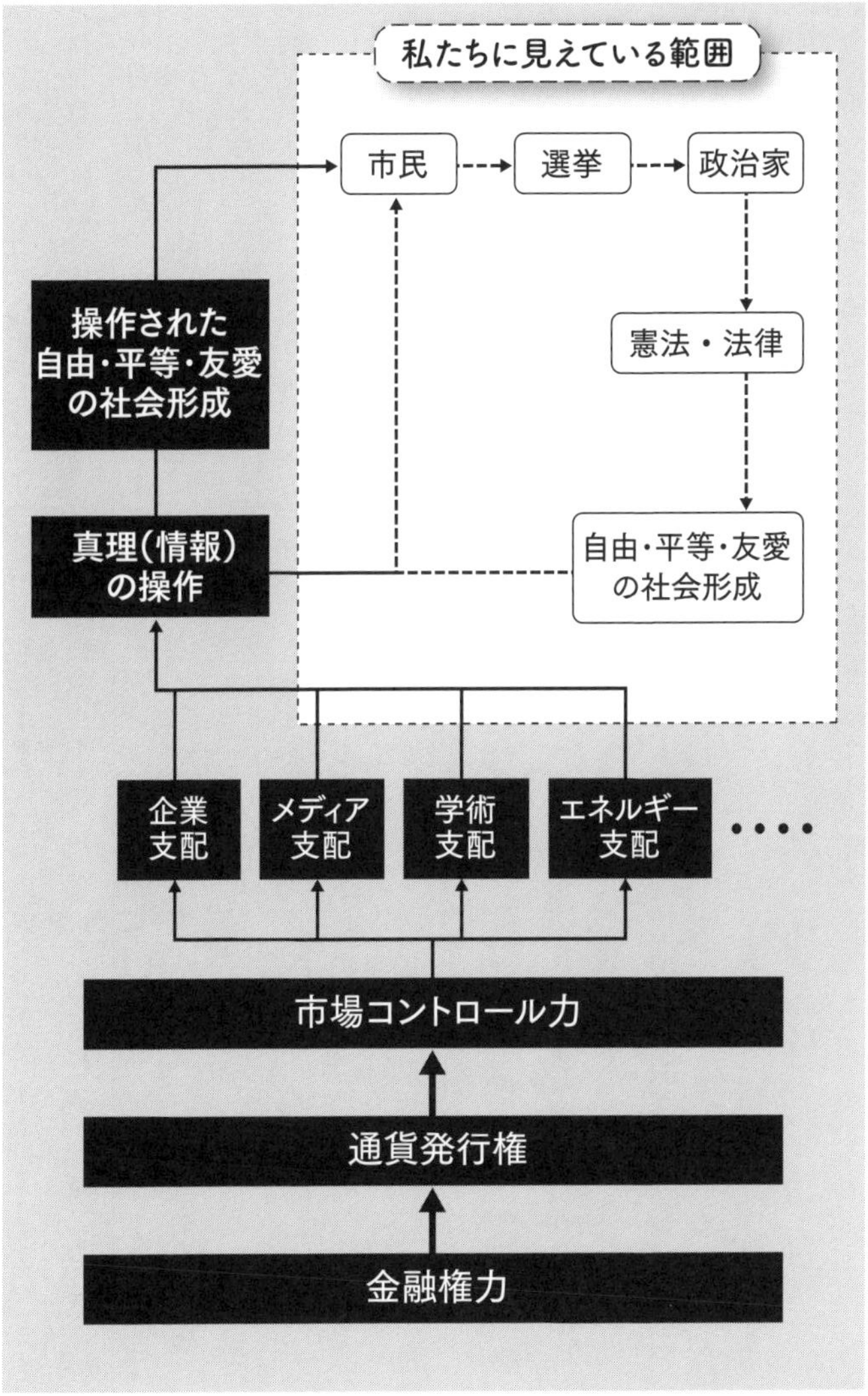

た予算のなかで政策を行わなければならない。これでは片手をもぎとられたのも同じ状況である。

三権分立の残りの二つの機関である立法も司法もマネーの権力に大きな影響を受けている。

立法とは法律を作成する国会であり、議員の集まりである。議員になるには選挙に勝たなくてはいけない。選挙に勝つには莫大な資金が必要になる。その資金援助にマネーの支配者が大きな影響力を持っている。直接的な資金援助や、マスメディアを総動員したイメージ戦略など自由自在だ。マスメディアに取り上げられるだけで一気に知名度が上がる。敵対勢力は無視するか、イメージダウンの情報を流す。こうしてマネー権力は立法に大きな影響を与えていくのである。

それでは、もう一つの司法はどうか？　司法の最高権力である最高裁判所長官と最高裁判事を決めるのは政府（内閣）である。政府は、司法に大きな権限がある。その政府がマネーの支配に雁字《がんじ》搦《がら》めにされているのである。当然、人選にはマネーの支配者の影響力が反映されたものになるだろう。司法は国民の審査を受けるが、ほとんど形式だけのものだ。最高裁判事が罷免された例など戦後ないのだから、事実上、民主主義は機能していない。一方で、司法も出世競争や天下りのために、マネーの支配者の影響を受けている。

こうして金融寡頭制が国家の富から、権力から影響を与え、事実上支配する仕組みになっているのである。

「資本主義」と「民主主義」を用いて社会を巧みにコントロール

資本主義と民主主義を、金融権力は二人三脚にして発展させてきた。

金融権力が社会をコントロールするためには、この二つを組み合わせた自由民主主義経済社会が最も有効だったからである。

権力が崩壊する多くの例は、「被支配者」のコントロールができなくなった時に起きる。中国の歴代王朝や、旧ソ連などのさまざまな権力は「被支配者」が言うことを聞かなくなり、抑えつけることができなくなった時に崩壊している。

権力のコントロールが利かなくなる原因は主に次のような場合である。

⇩権力を維持している武器が有効でなくなった（かつてのモンゴル帝国などの騎馬による軍事力は、銃火器の登場によって支配力を失った）。

⇩社会問題、経済問題などの矛盾が大きくなりすぎ、人心が離れていった。

人間の欲求や感情を無視しても支配システムはうまくいかない。

それを回避するためには金融権力の武器としてのマネーが有効な社会であり、なおかつ人心が離れないようにしなくてはならない。

この両方を解決するために作られてきたのが資本主義と民主主義である。

資本主義は企業間の競争と利子付きマネーにより経済成長が促進される。商品や労働市場などの需要と供給の柔軟な自動調整システムが機能することで市場でのさまざまな問題は解決されていく。歪みが発生すれば、政治に介入させ微調整を行えばよい。マネー支配が最大限機能しながら自動調整が働く資本主義経済は好都合である。

民主主義は、さまざまな社会で起きる問題を議会という場で解決できる。最大多数の意思決定なので、多くの人の意思が反映され不満が発生しにくい。社会問題を解決する柔軟な自動調整システムである（図30参照）。

その一方で通貨発行については分かりにくくし、一般人に理解できないようにさせる。通貨発行権を民主政治から分離させれば、マネーの力によりマスコミなどを通じて真理を操作し、自由・平等・友愛・真理をコントロールできる。

さらに資本主義と民主主義は相互作用をもたらし、お互いの生成を行っていく。ともに、さまざまな社会現象を解決するのに優れた自動調整システムが働くので、マネーの権力の機能不全が回避される。

民主主義と資本主義から発生してくるさまざまな現象は、マネーの支配者にフィードバックとして与えられ、それを基にして新たな社会設計を行っていく。

市場との対話であり、政治との対話である。

金融権力の驚くべき長期にわたる権力の維持と、体制の世界的な発展が可能だったのは、柔軟な自動調整システムを持つ資本主義と民主主義を支配原理にして発展させてきたせいである。

人類の社会的欲求を満足させるこの体制は、世界を統一するための最強の政治経済システムだったと言えるだろう。

図30　政治経済の自動調整システム

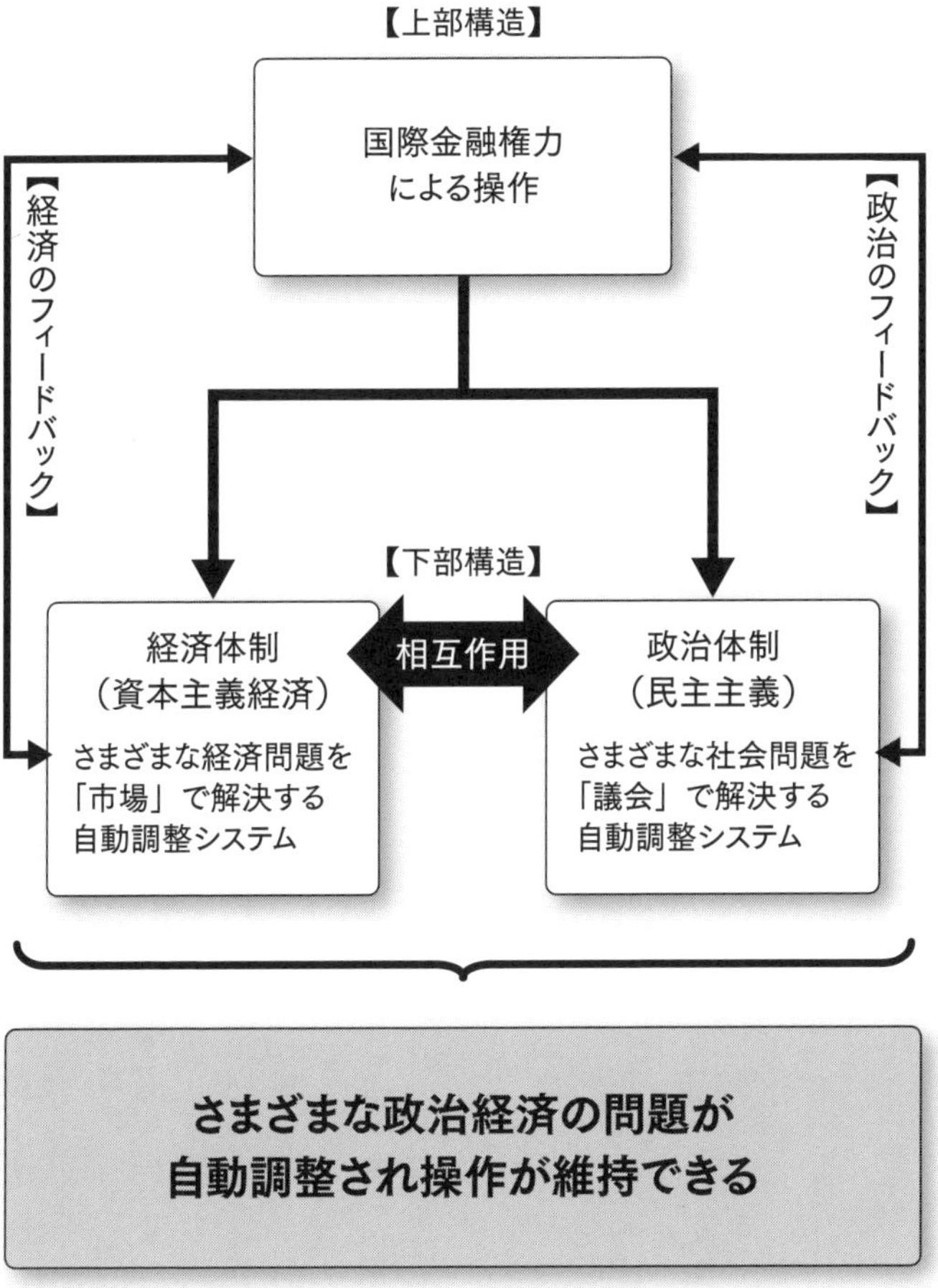

なぜ経済予測は当たらないのか?
――金融の原理と政治の動向は別に動く

ここまで、お読みいただければ、現在の政「金」分離した自由民主主義経済社会の発展と仕組みがお分かりになったと思う。

その仕組みが分かりづらいのは、主権者であるはずの国民が金融権力のマネーの詐術にひっかかってしまっているからだ。

その結果、政治と金融がマネーの権力によって分離させられており、政府は通貨を作れないため、経済政策として行えることが限られる。中央銀行も、行える政策は金融政策のみであるため、経済政策として行うことが限られる。財政政策も金融政策も両方に影響を与えることができるのは、政治にも金融にも影響力のある金融権力だけだ。

こうして不合理な政治経済システムで運営されているのが、現在の政「金」分離した自由民主主義経済社会なのだ(図31参照)。合理的な政治政策も、経済政策も行えないのだから、社会動向の予測が難しいのは当然である。

多くのエコノミストたちの「合理的」な予測が当たりにくい理由である。

図31　自由民主主義経済社会の政治と金融の動向

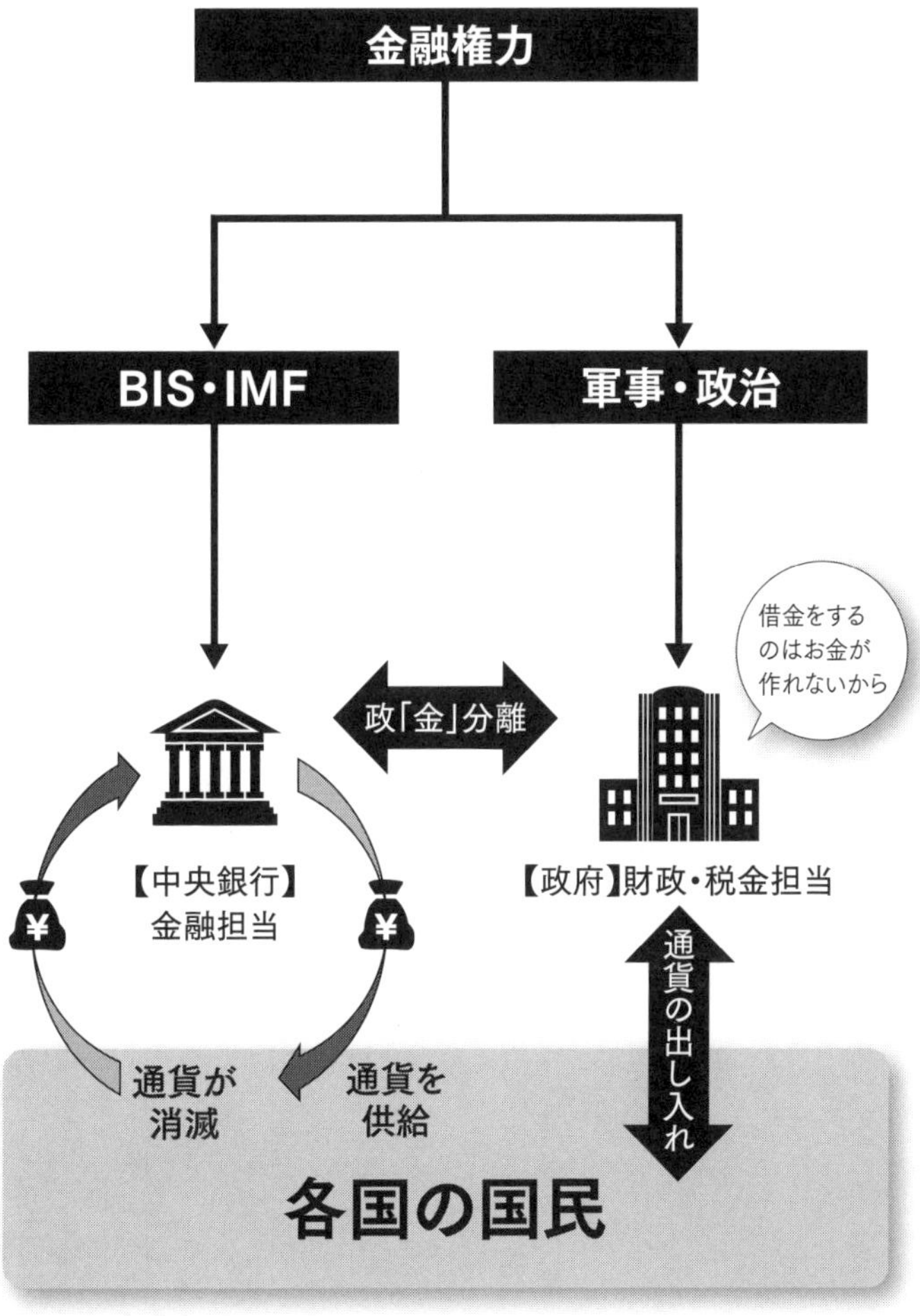

なぜ国民のための政策を行えないのか？ それは「偽りの原理」が無くならないため

日本を始めとした民主主義諸国において国民の政治不信は非常に深刻な状況である。政治家はダメな人間ばかりで、我々国民に真に有益な政策を行ってくれない、と。

なぜ政府は国民のための政策を行えないのか？

その原因はさまざまあるが、根本的な原因は、法律上の主権が国民にあっても、事実上の主権は金融権力にあるということだ（図32参照）。

政府が国民のための政策を行おうとすると、金融権力と対立しない政策なら行わせてもらえるが、対立した場合は、金融権力に譲歩しなければならない。

そうなると社会の根本的な矛盾を解決できないため、改めて政治家に対する不信が高まり新たな政府が任命される。しかし新しい政府や政治家への期待は高まっても、権力構造が変わらないため、核となる部分に切り込めない。それが新たな政治不信につながる。

日本の総理大臣の支持率やアメリカ大統領の支持率の流れを見るとほぼ一貫した法則があることが分かる。就任当初は、社会的矛盾を解決してくれると期待して支持率は高くなる。しかしその後は矛盾を解決する有効な政策が行えないため、どんどん支持率を下げていく。そしてまたリコールだ。

政「金」分離型民主主義の矛盾は、政治が通貨発行権を行使できないという根本的なシステムの問題である。それが解消されなくてはこの不合理な状況はいつまでも続く。

これが国民主権の権利を得ているのに、国民のための政策ができない最大の原因なのである（図33参照）。

このような矛盾について、今までの民主主義の歴史ではほとんど話題にすらならなかった（最近、ようやく話題に上ることもあるが）。それはなぜなのか？

そこには通貨発行権にまつわる「偽りの原理」が通貨発生のごく初期の段階から働いていたからである。あまりにも長期にわたって「偽りの原理」が続いてしまったために、世界中が欺かれてしまった。その歴史を次に見ていこう。

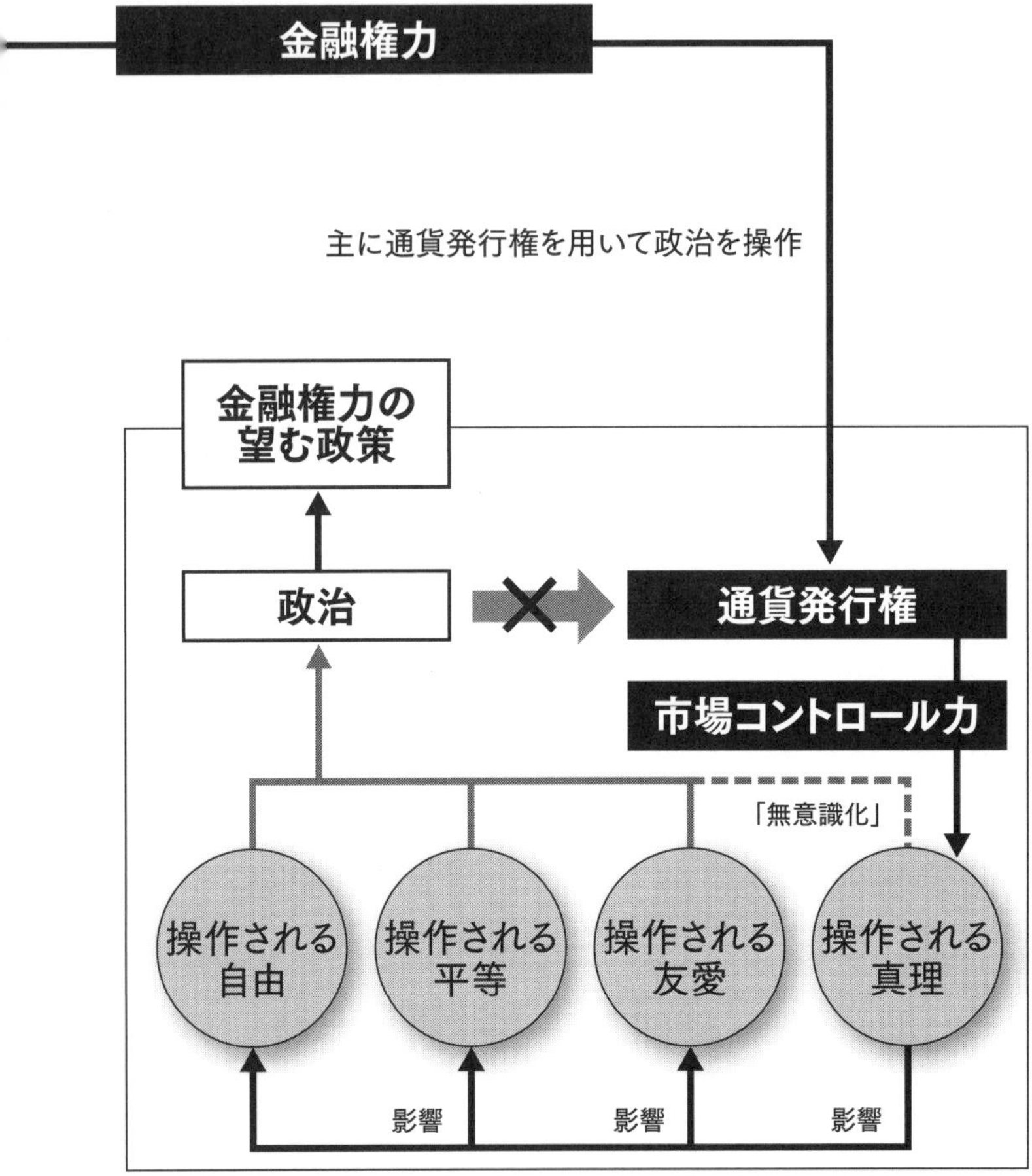

操作される民主主義政治の単純化モデル

図32　金融権力のマネーの詐術により操作される

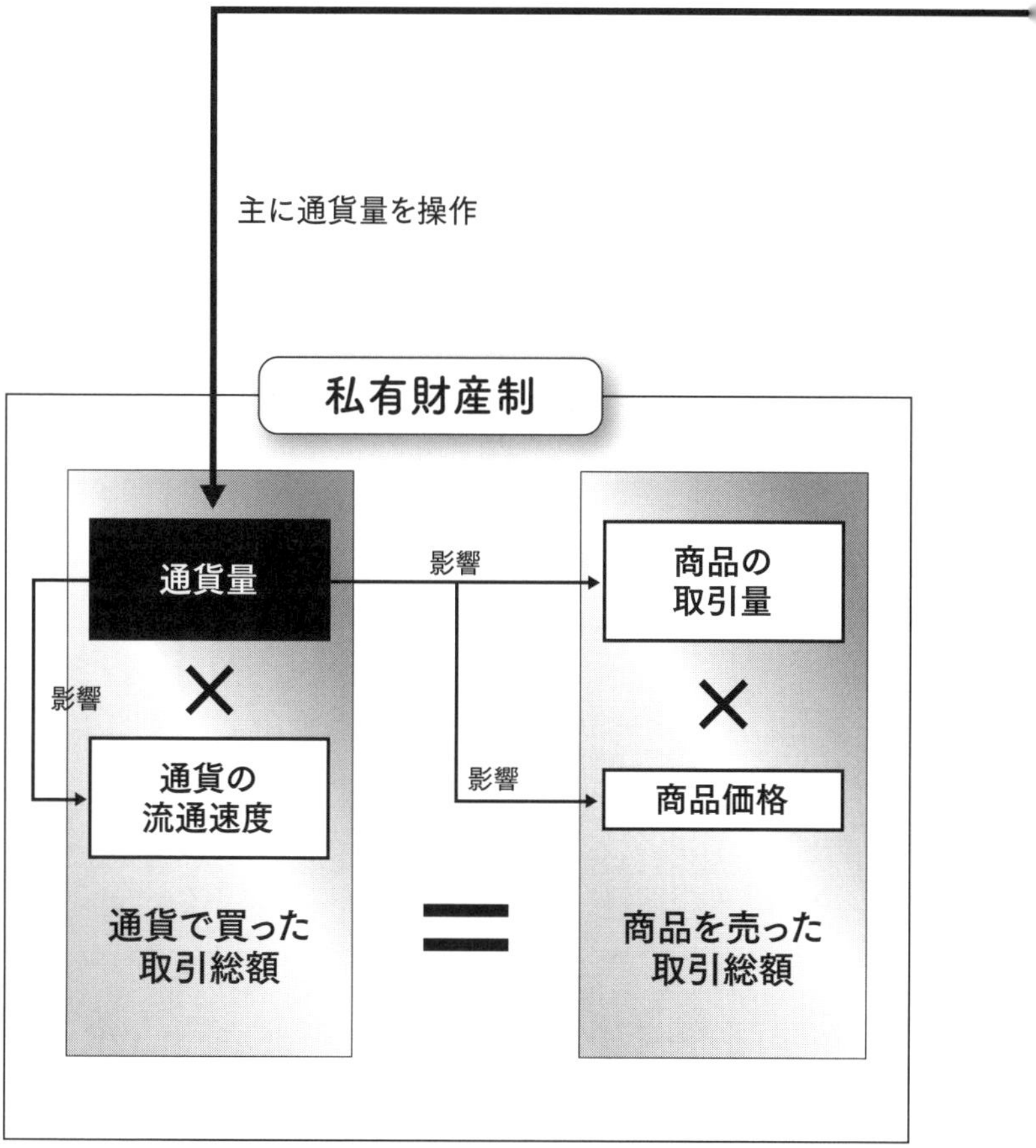

操作される資本主義経済の
単純化モデル

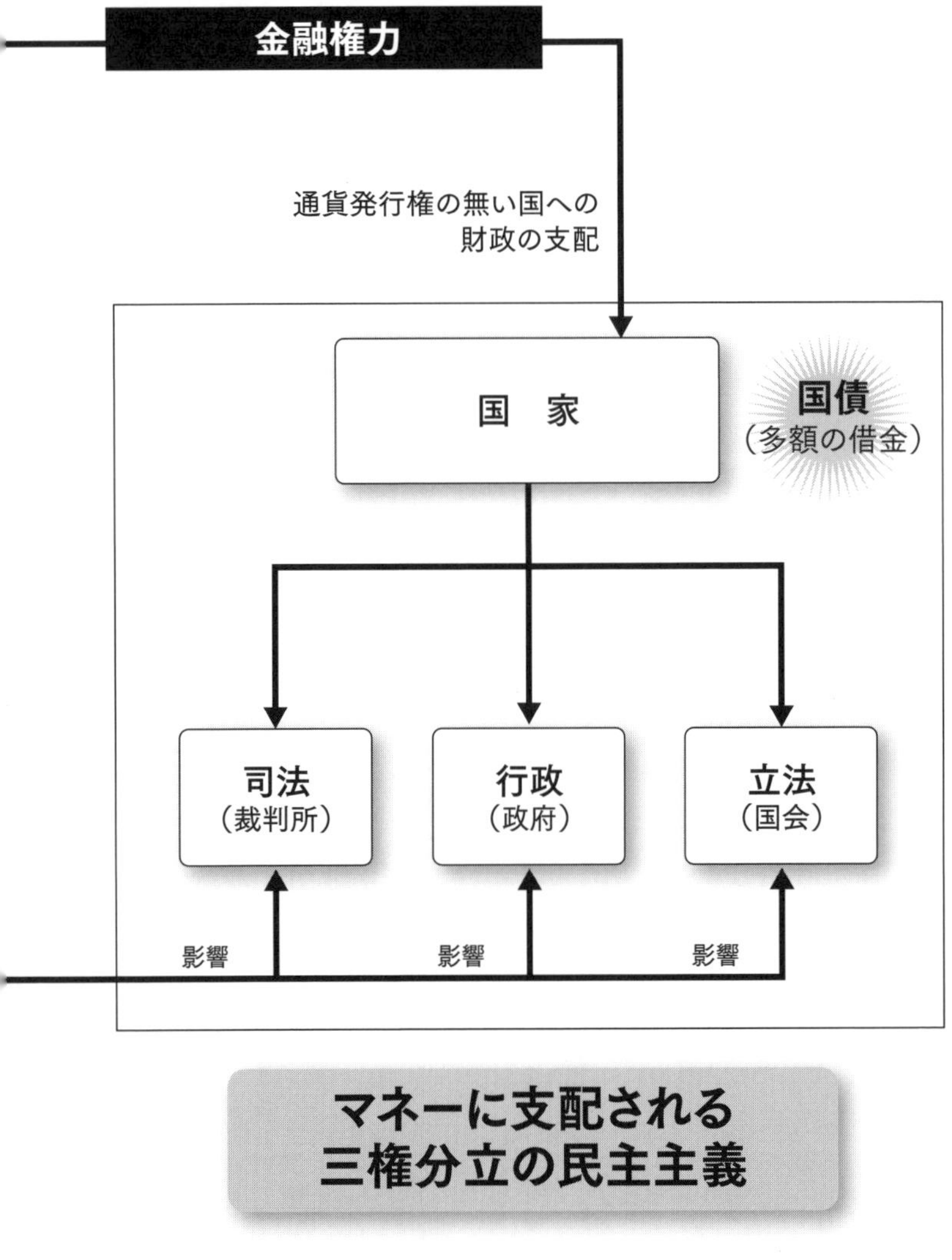
金融権力
通貨発行権の無い国への
財政の支配
国　家
国債
（多額の借金）
司法
（裁判所）
行政
（政府）
立法
（国会）
影響
影響
影響
マネーに支配される
三権分立の民主主義

図33　金融権力の政「金」分離型自由民主主義経済社会の支配システム

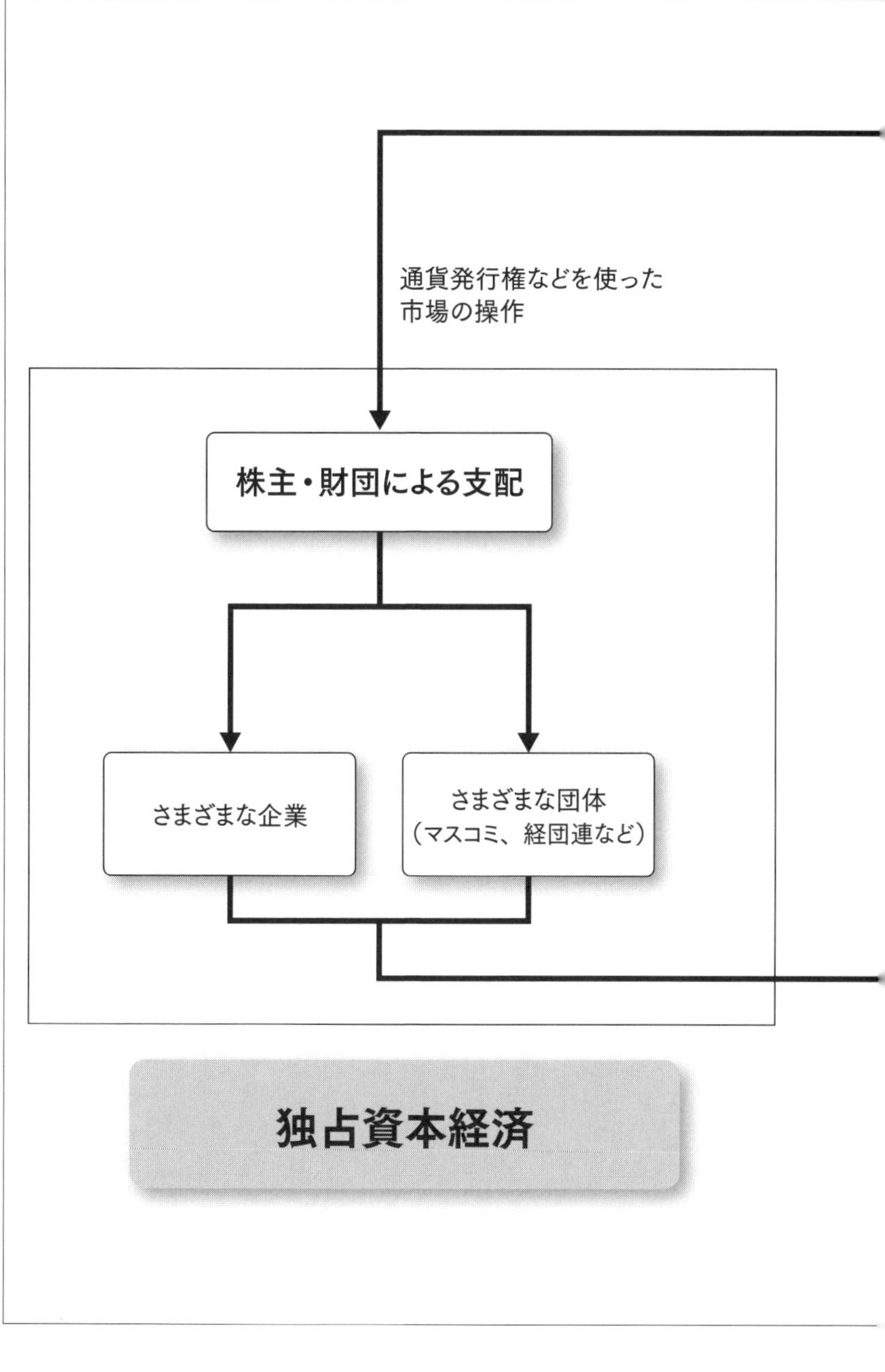

［第４章］

偽りのマネー帝国は一日にして成らず

どのようにして金融システムが形成されたのか――その歴史的過程

現在の金融権力が支配する資本主義の政治経済システムが構築されたのは、長い歴史的な経緯の結果である。決して一朝一夕で作り上げられたわけではない。

それでは、その歴史過程を見ていこう。

世界中のどの地域においても生産力が発展し人間が文明を作る中で、物の取引が多様化すれば、物々交換では確実に不便を強いられる。その代替物としてマネーは世界中の文明で作られてきた。太古のメソポタミアでは穀物がマネーの機能を果たしていた。その後、金属を用いたマネーが作られるようになった。金や銀は穀物とはちがって腐らない。融《と》かして固められるので、形状をいくらでも変化させることができる。多くの芸術作品に金や銀が使われたように、美的にも価値がある。

こういった理由から金や銀がマネーとしての有効性を認められ、世界中で商品と交換できる通貨の地位を確立した。大抵の場合、金や銀は権力者が鋳造《ちゅうぞう》し、臣下や国民に分配した。まだこの時点では利子付き通貨という現在の金融システムの元祖は現れていない。

それが現れるのは、民間の金細工師が金を預かり始めてからである。

民間の金細工師が預り証（紙幣）という通貨を発明

中世の欧州では他の諸文明と同じように金や銀が通貨だった。金銀を大量に保管しておくと危険なので安全な保管所が必要になる。そこで日頃から金銀を取り扱っている金細工師に多くの人が預けるようになった。

金細工師は金銀を預かると預り証を発行して、その証書を持ってくればいつでも金銀と交換することを約束した。これで人々は安心して金銀を預けることができるようになった。

そして、ここである一つの大きな現象が発生した。金細工師が振り出した預り証がいつでも金銀と交換できることから、市場の販売物と交換されるようになった。つまり預り証は金銀と同じ機能を持つようになったのである。金銀と交換できるという市場からの「信用」によって預り証という通貨が登場した。この預り証が現在の紙幣と呼ばれる通貨の原型である。ここで重要なのは預り証という紙幣を作り出したのは国王でも貴族でも聖職者でもなく、民間の金細工師だったということだ。

マネーの詐術の始まり――金細工師の詐欺が新たなる購買力を創造

金細工師は預り証という通貨を創造した。しかし市場の購買力はこの時点では変化していない。市場に存在していた金銀の量が金細工師に移動し、金細工師が振り出した預り証が通貨として市場で交換されているだけだからだ。通貨量はプラスマイナスゼロである。

金細工師が真の意味での通貨（購買力）を作り出したのは、預かった金銀を預金者には気付かれないように内緒で人に貸付けた時だった。

多数の人間から金銀を預かっている金細工師の金庫には、莫大な金銀が保管されている。どれくらいの金銀を預かっているかは金細工師にしか分からない。また、金銀を預けた側が一斉に預り証を持ってくることが滅多にないのは経験上分かっている。市場には膨大な通貨（金銀）に対するニーズがあるにもかかわらず、莫大な金銀を保管しておくのは宝の持ち腐れである。そこで、金細工師はこっそりと金銀を、通貨を求めている側に貸付けることを思いついた。これは金銀を保管してくれていることを前提に預けている預金者への契約違反であった。

つまり詐欺である（図34参照）。

この金細工師の行為が歴史を変える結果を生み出した。保管するべき金銀をこっそり貸出したり使用することで、市場における通貨の量が増加したのである。この時、金細工師は「新たなる購買力」を市場に対して作り出した。

こうして金細工師は、通貨を創造する銀行家になった。これが現在の銀行システムの起源であり、通貨の詐術の始まりである。

マネーの詐術の発展──預り証を作り出し、さらなる購買力を創造

金細工師の段階の詐欺はより大掛かりなものになっていく。銀行家は預り証が市場で通貨として取引されていることに気付くと、貴重な金銀の貸付けをやめて、預り証そのものを貸付けるようになった。金銀は自ら作ることはできないが、預り証は紙とペンだけで自らがいくらでも作れる。こうして預り証という紙幣通貨の大量発行が始まった。金銀と交換できるという預り証の「信用」が通貨を作り出すことを可能にした。本格的な信用創造の始まりである。

紙幣を貸付ければ貸付けるほど、市場に新たな購買力が創造された。結果は、消費の増大か、物

図34　購買力を創造した金細工師

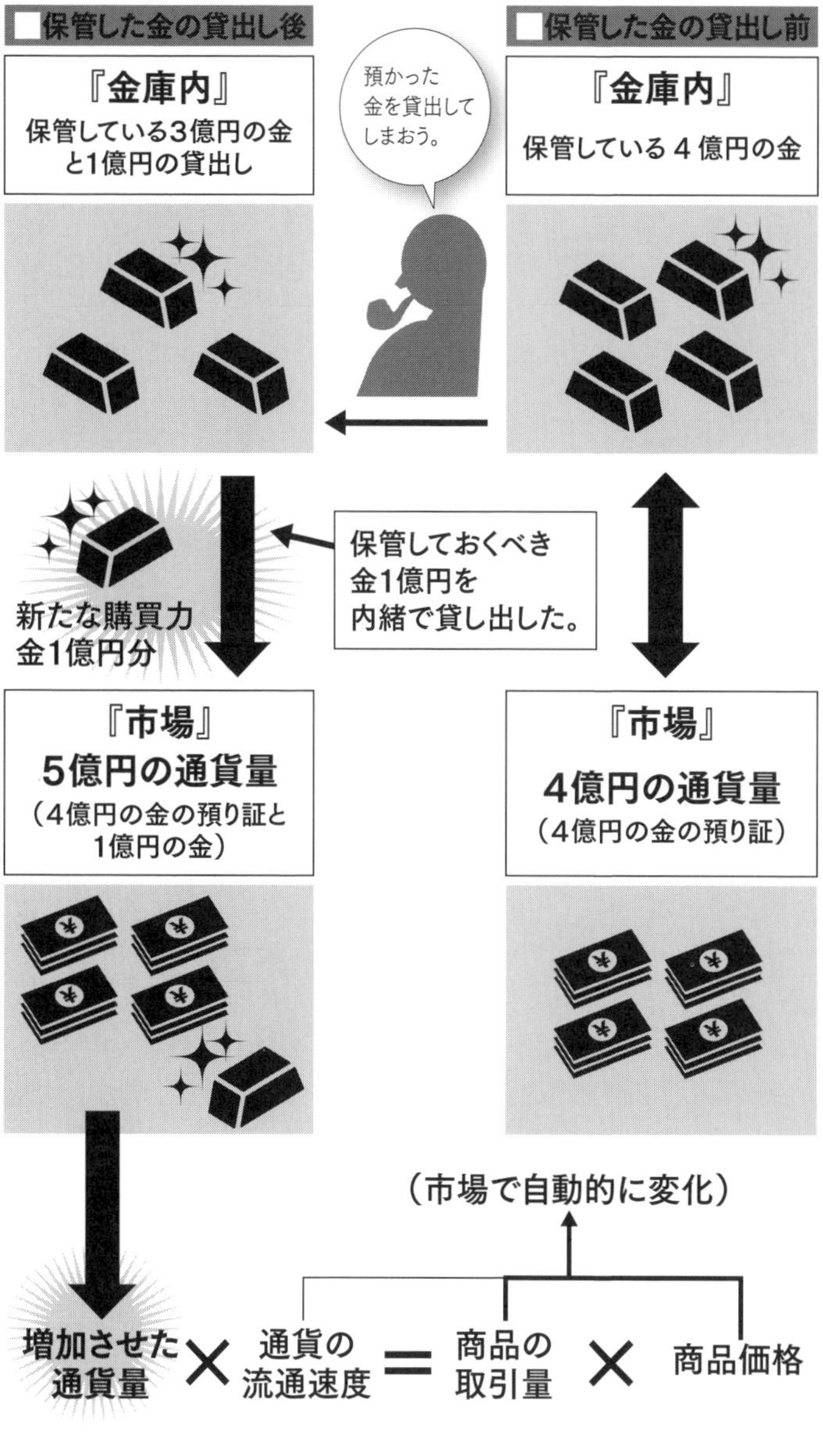

保管した金の貸出し後
『金庫内』
保管している3億円の金と1億円の貸出し
預かった金を貸出してしまおう。
保管した金の貸出し前
『金庫内』
保管している４億円の金
新たな購買力
金1億円分
保管しておくべき金1億円を内緒で貸し出した。
『市場』
5億円の通貨量
（４億円の金の預り証と1億円の金）
『市場』
4億円の通貨量
（4億円の金の預り証）
（市場で自動的に変化）
増加させた通貨量
×
通貨の流通速度
＝
商品の取引量
×
商品価格

価の高騰（通貨価値の下落）である。18世紀のイングランドでは銀行が発行した紙幣の総額が金属通貨を上回った（図35参照）。借金の返済ができない者からは担保の家などをいただけばよい。通貨の創造は、最大の利権となっていく。

銀行家が一番恐れるのは、預り証の持ち主たちが一斉に金銀との交換を行うことだ。金銀を保管している以上に預り証を振り出しているので、金庫には十分な金銀がなく詐欺がばれてしまう。そこで詐欺がばれないように金細工師たちは職業組合を通じてネットワークを作った。例えば、ある銀行家で取り付け騒ぎが起きたとする。自分の金庫に金銀が足りなくても複数の銀行家から金を集めることができれば返済することが可能になる。もちろん預り証を無限に振り出すようなことをしてはいけない。そんなことをすれば複数の銀行から金を集めても取り付け騒ぎに対処できなくなってしまう。預り証は預かっている金銀の何倍まで、というようなルールが作られるだろう。これは市場とは隔絶した現在の銀行間市場と同じである。

詐術で作られた通貨は、こうした「偽りの原理」を基に発展していき、やがて世界を飲み込んでいく。

現在でも銀行の帳簿に購買力創造の流れが残っている

実は現在の民間銀行の帳簿にも、金細工師が通貨を預かり、創造し、貸付ける詐術の流れが、通貨が創造される仕組みとして残っている（図36、図37参照）。

例えば、民間銀行が個人A氏から現金2000万円を預かると、資産の側に現金2000万円、

図35　金細工師から銀行家へ

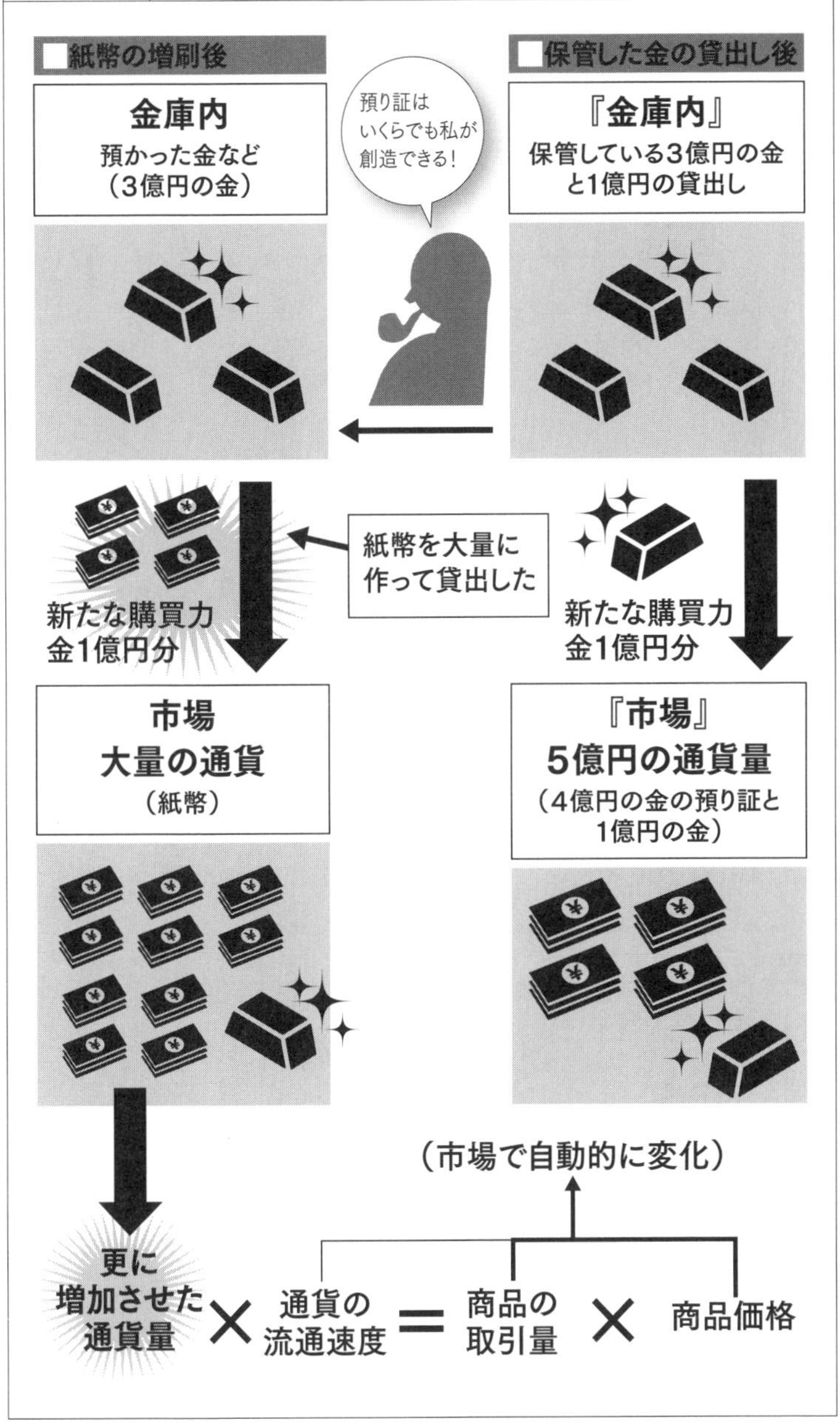

紙幣の増刷後
金庫内
預かった金など
（3億円の金）
預り証は
いくらでも私が
創造できる！
保管した金の貸出し後
『金庫内』
保管している3億円の金
と1億円の貸出し
紙幣を大量に
作って貸出した
新たな購買力
金1億円分
新たな購買力
金1億円分
市場
大量の通貨
（紙幣）
『市場』
5億円の通貨量
（4億円の金の預り証と
1億円の金）
（市場で自動的に変化）
更に
増加させた
通貨量
×
通貨の
流通速度
＝
商品の
取引量
×
商品価格

図36　今も昔も変わらない銀行の通貨を創造する方法《過去》

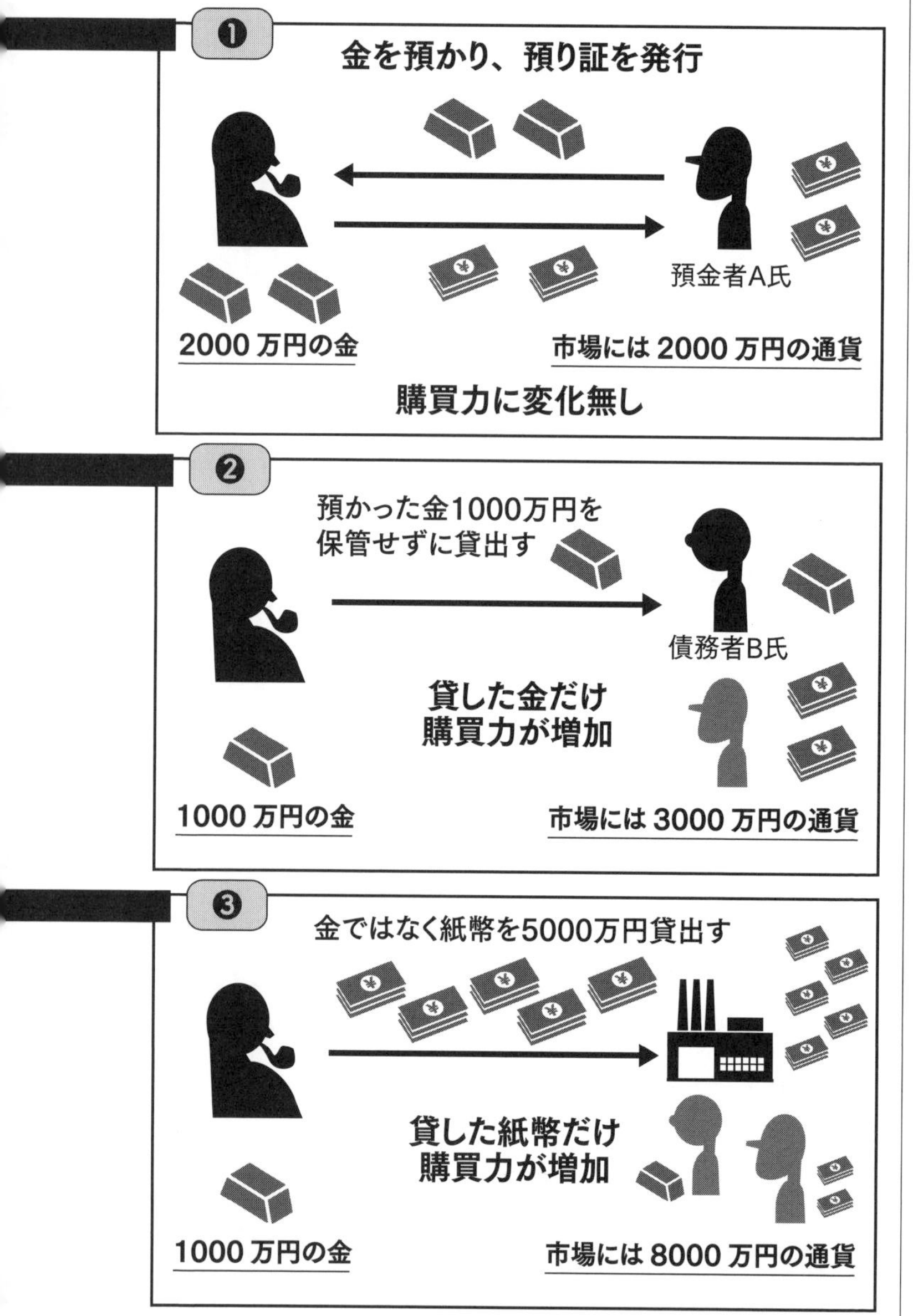

図37　今も昔も変わらない銀行の通貨を創造する方法《現在》

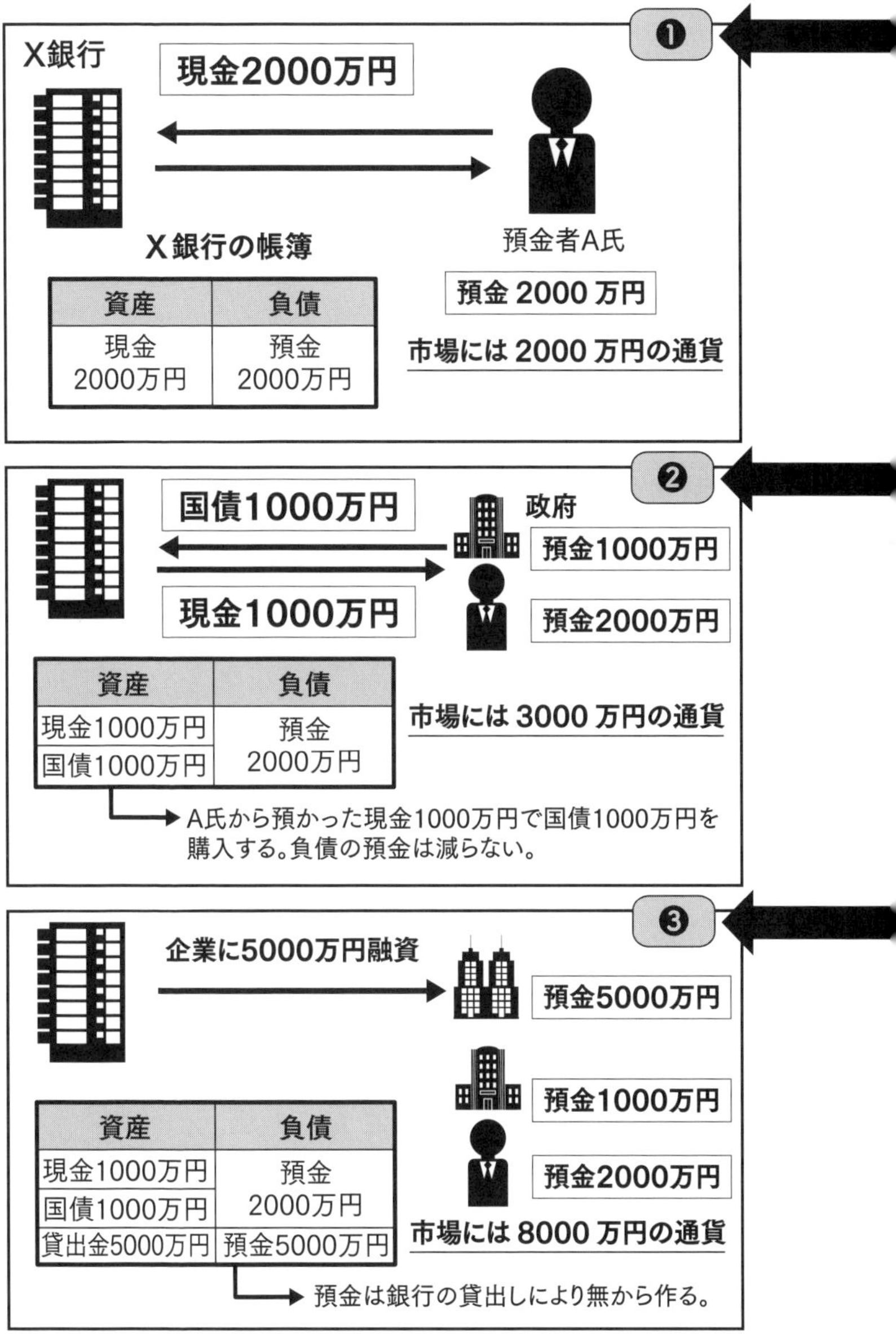

資産	負債
現金 2000万円	預金 2000万円

資産	負債
現金1000万円	預金 2000万円
国債1000万円	

資産	負債
現金1000万円	預金 2000万円
国債1000万円	
貸出金5000万円	預金5000万円

負債の側に預金2000万円が発生する（図37の❶参照）。預金者が現金を預け、代わりに預金を受け取ったということだ。この時点で預金という通貨が創造されたが、現金という通貨は市場から減少した。つまり新しい購買力は創造していない。

当初、金細工師が金銀を預かった時、預り証を振り出した時と全く同じ流れである（図36の❶参照）。

次に銀行が国債1000万円を購入する場合、この預かった現金2000万円のうちの1000万円を元にして購入する（図37の❷参照）。そうすると、現金1000万円が政府に渡り、公共事業や社会保障で市場に1000万円の通貨が供給され、新しい購買力を作り出す。これは、金細工師が預かった金銀を保管せずに、勝手に使用したことで新たな購買力を作り出したのと同じ原理である（図36の❷参照）。

民間銀行のもう一つの通貨の創造方法として銀行貸出しがある。銀行は企業や個人への融資を行う時に無から通貨を作り出す。

例えば、5000万円を融資する場合、銀行の帳簿上で資産側に貸出金5000万円、負債側に預金5000万円と記入する（図37の❸参照）。この5000万円はどこから出てきた通貨なのか？どこからでもない。銀行が帳簿上で無から作り出したものだ。この貸出しによる通貨の創造は、金細工師が自ら紙幣を作成し、無からの貸出しをしたのと同じである（図36の❸参照）。このように民間銀行の帳簿は、金細工師が行った信用創造の流れを現在でも帳簿上でしっかりと継承しているのである。

銀行は預かったお金を貸付けているわけではない

図37の❷に見るように、銀行は預金者から通貨を預かった時に発生する資産の側の現金を、国債などを購入して運用することはできるが、預かった時に発生する負債の側の預金を貸付けているわけではない。融資をする時の貸出金は無から帳簿で作り出す（図37の❸参照）。この時に銀行は貸付けると同時に預かることになるので預金が無から発生する。このような構造のために、銀行は預かって貸付けているような錯覚を与えている。

通貨を作らないため欧州各国の政府が増税と借金漬けに

政府が通貨を作らないということはどういうことだろうか？

行政を行う機能が極めて制限されるということだ。

なぜなら、政府の最大の役割は予算の作成であり、社会のどの部分にどれくらいの資金を割り当てるか決めることで運営されているからだ。

通貨の発行権が無いなら、税収以上に予算が必要になった場合、増税するか、国債等を発行して借金するしかない。

増税にはいつでも国民の大きな反発を招くし、増税の規模にも限度がある。こうして政府が増税しにくい場合に予算を拡大するには市場から借金をするようになった。

その時の資金の調達先は、自らが金という通貨を管理し、紙幣という通貨も作れる最大の金持ちである銀行家であった。

借り手は貸し手の僕《しもべ》になっていく。欧州の国家は銀行家の僕になっていった。これが現在の国家債務の原型である。

なぜ欧州では政府が紙幣の発行権を獲得できなかったのか？

今まで見てきたように、欧州では紙幣という通貨は民間銀行が作り出した。そのため紙幣は「銀行券」とも呼ばれている。ではなぜ、欧州の各国政府は紙幣を作らなかったのだろうか？

答えは欧州に強大な政治権力が存在しなかったからである。

例えば、アジアの諸王朝は強大な専制君主権力を持つことが多く、通貨も君主が管理していた。世界で最初に紙幣が作られた国は中国の宋王朝であった。次に国家の正式な通貨として大規模に取り入れたのが13世紀のモンゴル帝国の元王朝である。元では、君主の許可の下に金銀との交換をする必要のない紙幣が発行されて取引に用いられていた。現代的な表現を用いると政府紙幣が実現していた。

皇帝は自由に臣下への給料や国家の政策に通貨を割り振ることができた。国家が通貨発行権を持っていたのは、君主の国家に対する政治権力がそれだけ強力だったということだ。ロシア帝国なども君主の政治権力が強力だったために、国家が紙幣発行のイニシアチブを握っていた。

一方、欧州の場合はどうか。ローマ帝国崩壊以後の欧州では、権力がどこまでも細分化され君主権力がばらばらになった。封建制社会の到来である。

君主といえども貴族や都市の市民や聖職者に対して絶大な権力を振るえたわけではなかった。当初は貴族と聖職者が国王のライバルであった。その後、商業の発展とともに都市の市民が力を持つようになった。その中で金融権力は力を蓄えていき、政治権力が紙幣発行権を獲得するのをさまざまな手段を用いて防いできた。強力な政治権力が登場すれば、自らの通貨発行権が奪われる可能性がある。

分割して統治せよ、という言葉がある。分裂していた欧州では政治権力が紙幣発行権を獲得することができなかった。

強力な政治権力の存在を嫌うのは古今東西にかかわらず金融権力の特性といえよう。

イングランド銀行の創設——中央銀行システムが形成される

民間の銀行家が紙幣を作り出して信用創造していたが、17世紀末にイングランド（現在のイギリス）で大きな金融革命が起きる。イングランド銀行の創設である。このイングランド銀行が現在の中央銀行の元祖と言われている。

イングランド銀行の創設には戦争が深く関わっていた。当時、イングランドとフランスは戦争を行っていた。戦争は相手を倒すために極限まで財政を逼迫《ひっぱく》させる。

なんとしても戦争に勝たなければならないイングランド国王に対して、銀行家は交渉を持ちかけた。

「戦争に勝ちたいならお金を貸してあげましょう。しかし、条件があります。私の銀行を国家の正式な紙幣発行銀行として認めてください」

この条件をイングランド国王は飲むことになった。ここに現在の中央銀行の元祖としてのイングランド銀行が創設される。

もちろん民間の中央銀行であった。国家はイングランド銀行の経営には参加できなかった。

イングランド銀行の創設により、イングランド政府は、永久国債の発行によりイングランド銀行が発行した紙幣を受け取るようになった。当然、国債には利子が付くわけである。その利子の返済の通貨は市場に存在しないため、さらに政府は国債を発行して紙幣を受け取らなければならない。

実際、政府の借金は、１６８５年から１７００年までの間に80万ポンドから１３８０万ポンドに膨らみ、一挙に17倍以上に増加していた。これらの金利の支払いは国民の税金でまかなわれるのである。

永久の雪だるま式借金経済システムの本格的な始まりである。

イングランド銀行の創設以来、イギリス政府は一度も債務を完全に返済したことはない。

こうして民間が所有する中央銀行が創設され、以後の金融システムを作り上げていくのである。

戦争が銀行家に大きな力を与える

イングランド銀行の創設の件で分かるように、戦争は多くの利益を銀行家に与える。

敵対相手に勝たなければならない戦争では、財政が極限まで肥大化する。戦争ほど金のかかるものはない。その時に国家の通貨に対する需要は最も大きくなる。銀行家はその状況を利用し、国家と有利な条件で交渉し、通貨を貸付ける。

銀行家にとって戦争は長引いてもらったほうがいい。長引けば長引くほど国家財政は逼迫するからだ。そのため戦争を起こすように誘導し、長引かせるために銀行家は戦争の当事者双方に資金を貸付ける。通貨を発行していない国は借金まみれになり、銀行家は莫大な収入を得ることができるというわけだ。

多くの戦争の背後には銀行家の存在が見え隠れしている。

オランダ、イギリスの発展――ユダヤ人とプロテスタント

欧州の銀行家は当初、商業の発展していたイタリアを中心に活動していた。その後、大航海時代が始まり、大西洋側の諸国が発展し始めると、そちらに本拠地を移していく。特に宗教的な束縛の少なかったオランダが活動の中心になった。銀行家は異教徒であるキリスト教徒には利子を付けて貸出すことが認められていたユダヤ系が多かった（キリスト教徒の銀行家も存在した）。16世紀以降、ユダヤ教を迫害したスペインなどではさまざまな意味で銀行の活動がしにくかった。

オランダはスペインで迫害されたユダヤ人を受け入れたことも手伝って金融と商業の中心地になっていく。１６０９年には世界初の公立銀行としてアムステルダム銀行が設立されている。

オランダは銀行の貸付によって購買力を拡大させていき、圧倒的な海軍力と貿易力を作り出していく。その後、イギリスで清教徒革命が起き、ユダヤ系の入国の自由が確立されると、イギリスでも銀行業を始めとした金融業が活発になっていく。その結果、イギリスが発展をしていく。

借金経済システムによるヨーロッパの大発展――資本主義の形成

オランダ・イギリスのようにマネーを貸す銀行業が盛んなところが、経済を発展させていく。これは偶然ではない。

なぜなら、銀行の融資によって創造される利子付き通貨は、経済を発展させる原動力になるためである。

借金に基づき通貨が創造される経済システムは、個人も企業も利子以上の売り上げを追求するため、社会全体を勤勉にさせた。それまでの社会よりも厳格な時間と資源の効率化という概念を作り出した。利子以下の成長なら、誰かが破綻するのだ。だから誰もが一生懸命に働く。人々の富への欲求と、銀行業の融資による信用創造を制度化した経済システムは、ヨーロッパに継続的な経済成長を実現させた。現在の資本主義の誕生である。

清教徒革命、名誉革命で議会制の原理が確立

借金経済システムの発展により資本主義が発達する一方、ほぼ同時に起きたのが民主主義の確立である。オランダとイギリス、およびその植民地で起きた民主主義の流れは、神の前に人間（キリスト教徒）は皆平等であるという聖書原理主義のプロテスタントの精神が大きく関係している。

聖書原理主義のプロテスタントはそれまで神聖不可侵なものとして考えられていた王の権威を認めなかった。その結果、プロテスタントが中心となって起こした清教徒革命は王様の首をちょんぎ

って1649年に共和国を成立させた。

革命運動の指導者クロムウェルの死去後、イギリスでは再び王政が復活する。しかし、プロテスタントからカトリックに改宗していたジェームズ2世はプロテスタントを冷遇する。そこで再びプロテスタント主導の革命が起きる。ジェームズ2世は追放され、オランダ共和国から迎え入れられたウィリアム3世とメアリー2世が即位した。

1688年に起きた名誉革命である。そして法令としての「権利の章典」が公布され、王政の専制権が否定され、「君臨すれども統治せず」という議会主導の立憲君主制が確立される。

プロテスタントが主導した民主主義の流れの一方で、一連の革命の背後に銀行家の関与も指摘されている。

銀行家は欧州の封建制社会では、忌み嫌われていた職業であった。シェイクスピアの作品『ヴェニスの商人』に見られるように、金貸しは卑しい職業として軽視されていた。そのような銀行家や大商人たちが自らの身分を解放するために革命運動をさまざまな形で支援した。

その結果、銀行家や商人たちは身分制から解放され、逆に支配層として君臨していくことになる。民主主義とは聖書原理主義のプロテスタントと銀行家や商人たちが連合で起こした革命の結果作られたシステムなのである。

フランス革命による人権宣言の発令、高利貸しの合法化

フランス共和国憲法・第一章第二条4　共和国の標語は《自由、平等、友愛》である。

（『世界の憲法集』Ｐ３９５）

民主主義はより大きな流れになって発展していく。１７８９年にフランス革命が起きる。フランス革命の特徴はキリスト教色の強かったそれまでの市民革命とは違った革命であった。逆にキリスト教は否定され、理性に基づく人権宣言がなされた。フランスではローマカソリック教会が王政と結びついていたので革命勢力に敵視されていたからである。

アメリカ独立革命と同じくフランス革命でも、一般大衆の他にフリーメーソンが活躍した。そしてフリーメーソンや啓蒙思想の理念である自由・平等・友愛がフランス革命のスローガンとなった。その理念の基本原則として、１７８９年にフランス人権宣言が採択される。それまでの革命がキリスト教の神によって与えられた人権であったのに対し、フランスではキリスト教の神とは違った「最高存在」という言葉によって人権を定義している。特定の宗教とは切り離した近代的人権が生まれ、より普遍的な自由・平等・友愛の概念が成立した。これが20世紀の世界人権宣言へとつながっていく（図38参照）。

現在でもフランスの国家のスローガンは「自由・平等・友愛」である。

フランス革命とその後のナポレオンの活躍により、欧州大陸全体にフランス的民主主義の理念が普及し始める。一方、王朝とキリスト教を敵視する民主主義の普及は、国際金融権力にとって好都合な環境が整備されていった。すでに革命初期の１７８９年10月にローマカソリックが制定した高金利貸付禁止令が廃止され、銀行家による高利貸しが合法になった。

図38	フランス革命と国家の理念「自由・平等・友愛」

【1789年に公布されたフランス人権宣言】

【(左)フランスの国旗、三色旗／(右)フランスのスローガン 自由・平等・友愛】

市民も騙し続けた結果、操作される民主主義の原型に

フランス革命によって権力を得た市民は自分たちが最高権力者だと思っていた。しかし通貨発行権を得ることはなかった。

金融権力は市民とともに革命を起こし、封建制の身分制から解放されたが、通貨の持つ権力については一般市民には公表しなかった。王侯貴族を騙《だま》し、自分たちしか知らないツールを一般人に教える必要があるだろうか。

市民には自由・平等・友愛の諸権利、議会には法律の立法権限があるが、通貨発行権を与えるつもりはなかった。それどころか目の上のたんこぶであった王侯貴族の権力が失墜したのである。銀行家にとってはさらなる権力を拡大するチャンスが到来した。

こうして銀行家の詐術は革命以降も続いていくことになる。政治と金融が分離する政「金」分離の民主主義が金融権力主導の下に発展していく。さらに権力と富を得た銀行家はあろうことか、落ちぶれた王侯貴族たちと財力にものを言わせて婚姻し、新たな「富と血統に基づく貴族階級」を形成していく。革命が起きたにもかかわらず現在の欧州が根深い階級社会なのは、銀行家勢力と王侯貴族の結託が背景にあるのである。

もう一つの民主主義――アメリカ政府と国際銀行家の通貨戦争

民主主義制政体が人類史のなかでかなり特異な存在であったのはたしかである。なにしろ1

７７６年（アメリカ独立）以前の世界には民主主義国が一つもなかったのだ。
（『歴史の終わり（上）』Ｐ１０４）

18世紀に欧米で生まれた民主主義には二つの流れがあった。一つはアメリカ型の中央銀行制度のない政府や民間銀行が通貨を発行するシステムであり、もう一つは欧州型の中央銀行が通貨を管理するシステムである。

アメリカは建国当初から銀行家と通貨を巡る戦いを繰り広げていた。

実はアメリカの独立戦争には、通貨発行権の問題が密接に絡んでいた。

アメリカがイギリスの植民地だったころ、アメリカに入植した移民たちはプロテスタントの精神を発揮し、勤勉に働いた。大量の商品を生産したが、流通する通貨が足りず、商品に比較して十分な購買力を作り出せなかった。そのため消費不足が経済発展の大きな足かせになった。通貨が不足した理由は、金貨や銀貨を作る鉱山が発見されておらず、さらにイギリスとの貿易赤字の支払いのため、大量の金貨と銀貨がイギリスに流出していたためだった。そこで人々は毛皮やタバコ、小麦などの代替通貨で取引していたが、それでは通貨としての価値が安定しないため、現地政府は別の方法を考え出した。

それは政府が金や銀などの担保無しに、紙幣を発行することだった。つまり完全な不換紙幣である。この不換紙幣を発行して以降、アメリカの購買力は急拡大し、消費は増大し、経済規模はみるみるうちに拡大した。このシステムはイギリスの銀行家にとっては容認できないものであった。なぜなら、通貨の発行に金属の担保が必要なければ、政府は金属を銀行家から借りる必要がなくなる。不換紙幣の存在は、金属を独占していた銀行家にとっては脅威となる。

この新しい通貨制度にイギリスの銀行家たちは直ちに対抗策を講じた。彼らが牛耳っている英国議会は1764年に「通貨法」を決議し、アメリカ植民地が独自の紙幣を発行することを禁じた。イギリス政府への納税にはすべて金と銀を用いるよう植民地各州政府に強要していた。その結果引き起こされたことは、通貨の減少がもたらす購買力の激減である。ベンジャミン・フランクリンは以下のように当時の状況を記述している。

わずか一年の間に植民地の状況は様変わりした。繁栄の時代は終わり、経済はひどく衰退し、町中に失業者がみちあふれるようになった。(中略)

イングランドが植民地の紙幣発行券を剥奪しなければ、植民地の人々は一定額未満の少額の納税はお茶やその他の産品で行っていられたのだが。通貨法は失業と不満を人々にもたらした。自分たちで紙幣が発行できなければ、植民地は英国国王ジョージ3世と国際銀行家の支配から抜け出す方法を永遠に封じられる。これが、アメリカ独立戦争を引き起こした最大の原因なのである。

(『ロスチャイルド、通貨強奪の歴史とそのシナリオ』P58)

こうしてアメリカ独立戦争が行われ勝利したアメリカは、民主主義においてヨーロッパの銀行家たちから通貨発行権を守るために、アメリカ合衆国憲法第1章第8条に以下の条文を明記した。

「議会は通貨を製造する権利と通貨の価値を設定する権利を有する」

アメリカは建国当初から民主主義であった。しかし中央銀行システムの導入に関しては、銀行家に支配されている欧州諸国の状況を知っていた歴代政府によって拒否されていた。

その後の19世紀を通じてアメリカの歴代の首脳たちは、欧州を支配している通貨発行権の権力をアメリカ民主制の脅威と感じて、銀行家たちの国家乗っ取りを防ぐために闘い続けた。アメリカの中央銀行は欧州のロスチャイルド財閥などの干渉を受け何度も作られるが、そのつど、時の政府の反対によって潰されている。アメリカの歴史は政府と銀行家の闘争の歴史と考えてもよいだろう。

政府から独立した中央銀行制度を持たなかったアメリカは、もう一つの自由民主主義経済社会の発展モデルである。

そしてアメリカでは中央銀行は１９１３年まで設立されなかった。

自由民主主義経済社会——資本主義と民主主義の融合

資本主義と民主主義が発展した地域がほぼ同じであったのは偶然ではない。

借金を経済システムに取り込んだ資本主義は、産業を発達させ、商業を活発にし、商人の力を強大化させた。またプロテスタントの原理主義と、抑圧されていた商人たちの連合で革命を起こすことが可能になり民主主義が実現した。

資本主義と民主主義はともに手を携えて発展していく。

キリスト教が民主主義にも資本主義にも都合が良い宗教だったのは、規範のなさにある。キリスト教は、イスラム教のような戒律が存在せず、信者の外面的行動を規制しない。そのため、キリスト教の教義は柔軟に社会を変化させる上で好都合だった。

民主主義の基本理念である自由・平等・友愛などの理念もキリスト教だから容易に受け入れることができた。また、アメリカ独立革命の指導者の多くは、初代大統領ワシントンも含めて、自由・平等・友愛をスローガンにしているフリーメーソンの会員であった。この当時のフリーメーソンは封建主義に反対している貴族や商人階級などの連合組織であり、啓蒙思想などの民主的価値観と密接に結びついていた。

民主主義は自然に出来上がったわけではなく、さまざまな社会集団の優越願望と対等願望の対立と矛盾を解消させるために人間の思想が作り出した政治体制であったのだ。

18世紀の段階ではイギリス、アメリカ、フランスともに選挙権は白人で一定以上の所得のある成人男子に限られていたが、ここに限定的ながら、自由・平等・友愛・真理を原理にした選挙制度に基づく民主主義が確立されていく。

また、革命を起こそうとしたプロテスタントの勢力が、ユダヤの銀行家や商人たちと連合した。革命とは戦争であるから、多くの資金が必要になる。そのため、資金援助をしてもらうためにもユダヤの経済活動を認めるようになっていった。ここにキリスト教色の強い民主主義とユダヤ教色の強い金融資本主義が結び付いた。その結果、金融資本主義と民主主義の融合としての自由民主主義経済社会が欧米で誕生したのである。

〔第5章〕

金融権力の欧州支配・世界支配の本格化

欧州各国に中央銀行が創設されていく

イングランド銀行の創設以降、「民間が所有する中央銀行」が欧州各国に設立された。フランス銀行、スペイン銀行、オーストリア銀行などすべて民間が保有する株式会社である。

銀行家の既得権益と化した中央銀行システムは、政府の干渉を受けず、国際的な銀行家勢力の手足となって欧州を支配していく。通貨発行権という既得権益に対抗しようとした政治勢力は存在したが、その多くは潰されていった。

なぜなら、すでに国家は銀行家への債務によって雁字搦《がんじがら》めにされていたからである。19世紀の時点で銀行家の権力は欧州のどの君主よりも強力なものになっていた。あの独裁者ナポレオンでさえ民間の銀行家にフランス銀行の設立を許可し、フランス金融システムの全面支配を容認した。

特にロスチャイルド一族の権力は国際的であり、独自のネットワークを駆使して欧州最大の銀行家へと成長していく。実際にイギリスのロスチャイルド家当主ネイサン・ロスチャイルドは、大英帝国の通貨の発行権を握っていると公言していた。また、1855年にはフランスのアルフォンス・ロスチャイルドがフランス銀行の理事に就任した。

借金漬けになる欧州各国――ナポレオン戦争、クリミア戦争など

フランス革命とナポレオン戦争により全欧州が大規模な戦火に叩き込まれた。その結果、欧州各国は巨額の国家債務を抱えることになる。通貨発行権を持たない国家が財政赤字を抱えるということ

とは、国債を購入している勢力の権力を高めることになる。

ナポレオン戦争の後、ヨーロッパではしばらく大きな戦争はなかった。欧州列強はアジアやアフリカなどの植民地獲得合戦に明け暮れた。ところが１８５４年にロシアとトルコ、イギリス、フランスを巻き込んだクリミア戦争が始まった。３年間続いた大規模な戦争の結果、トルコ・イギリス・フランスは大規模な公債を発行し借金漬けになった。さらに戦争当事国でないオーストリアやプロイセンまでこの戦争の期間に国を挙げて戦費増強に努めたため、多大な公債の発行が必要になった。その多くを引き受けたのがロスチャイルド家を中心とした国際銀行家だった。

クリミア戦争が終わった１８５０年代末に、イギリス、フランス、トルコ、オーストリア、プロイセン政府は、ロスチャイルド銀行の支店をメインバンクにしていた。

戦争は国家が債務漬けになるとともに、武器、さまざまな部品、食料、輸送手段など、軍事産業の総合パッケージが提供されることになり莫大な利益を生み出す。資本主義と結び付き、巨大な生産力を裏打ちにした「軍産複合体」の登場である。その資金は国家の債務でまかなわれ、主な債権者となる国際銀行家たちへの支払いは国民の税金によって調達される。

勢力均衡を国家戦略にした19世紀のイギリスは金融権力そのもの

19世紀、イギリスは大英帝国となり、世界中に植民地を建設した。しかしその大英帝国のコントロール権を握っていたのは銀行家たちだった。ナポレオン戦争やクリミア戦争、さらにその後の植民地獲得戦争などを通じて大英帝国は借金漬けになっていった。

特にロスチャイルド家の影響は大きく、1865年から1914年の間にイギリス政府が発行した総額40億ポンドの国債のうち、ロスチャイルド家はその4分の1を引き受けた。

当然ながら大英帝国の政策には、国家の債権者としての銀行家たちの意向が反映される。イギリスの対外戦争は、国際銀行家とその下に従属するさまざまな産業集団の利益の代弁者として行われていく。エジプトやインドや中国との戦争もその結果生じたものである。

また、欧州大陸に対しても、強大な政治権力の登場を阻止するための政策を行っていく。実際、強力な君主の下に統治されたロシア帝国は銀行家たちの政治的影響力がほとんど及ばなかった。欧州大陸でも強力な政治権力の出現は阻止しなければならなかった。19世紀のイギリスが勢力均衡を国家戦略とした背景には、国家の債権者としての銀行家たちの意向があった。

革命運動も権益を広げるための有効な事業活動

戦争とともに革命も国際銀行家に大きな利益と権力をもたらす。

16世紀以降に始まった旧来の王侯貴族の権力を倒す革命運動は、富を独占する国際銀行家にとってライバルを叩き潰す絶好の手段である。

革命の結果もたらされる財産権の保護や、商業の自由、身分制の廃止、政「金」分離の民主主義は、通貨発行権を独占する銀行家にとっては、権力をさらに拡大するのに好都合な環境をもたらす。国際銀行家は、革命勢力を支援することで自らの通貨発行権から目を逸らさせる革命理論を作り出していく。革命家の側も多大な支援をしてくれるスポンサーの悪口を言うわけにはいかない。通貨発行権に触れない革命理論の指導下で行われる革命は、ライバルを潰すことはあれ、銀行家にとっての既得権益は守られる。

民主主義と人権を利用したライバルの転覆は国際銀行家にとって十八番の戦略となり、現在まで多用されていく。

もちろん、どの時代においても現場の革命に参加している市民は命懸けであり、多くが純粋な理想主義者だ。銀行家が支援する活動は、当時の封建主義的な支配システムを打倒するための魅力的な理論であり、多くの市民がそれに加わった。銀行家にとって革命は事業であるが、市民にとっては理想であった。

民主的な理想主義と、権力獲得手段のための銀行家の連合は、現代まで続く現象である。

マスコミの登場——通信社の設置

一般の事業のみならず株や債券の取引では、誰よりも先に関連情報を得ることができた者が利益を手にする。経済活動においては、マネーを作り出す手段とともに、情報を制する者が市場を制するのである。そのことは昔も今も変わらない。

情報を誰よりも早く手に入れる手段を国際銀行家は早くから整備した。近代の国際情報機関は国際銀行家たちが構築した。

当初は誰よりも先に情報を得るのが目的だったが、そのうち情報を独占しコントロールするようになる。

それが通信社の設置であった。

一般的にマスコミは自ら情報を取りに行くことはほとんどない。それではどこから日々のニュースの情報を得るのか？　それは通信社である。つまり大手のマスコミは情報を伝えることが主であり、情報の出所は通信社が握っている。

近代的な通信社は１８３５年、ロスチャイルド財閥に雇われたハンガリー系ユダヤ人、アヴァスによってアヴァス通信社が設立された。その後アヴァスの下で働いていたドイツ系ユダヤ人ヴォルフとロイターの二人がそれぞれの通信社を立ち上げる。１８４９年にヴォルフ通信社、１８５１年にはロイター通信社が作られる。この三つの通信社は互いに競合していたが、やがて提携していくようになる。１８５６年には互いの相場速報を交換するための第一回国際協定を締結、１８５９年には一般ニュースの交換、１８７０年にはアメリカを除く全世界を三分割し、ニュースを独占していく。

各通信社にあてがわれた情報支配区分は次のとおり。

アヴァス通信社　フランス及びその領土、イタリア、スペイン、スイス、ポルトガル、エジプトの一部、フィリピン、ラテン・アメリカ諸国

ヴォルフ電報局　ドイツ及びその領土、オーストリア、オランダ、北欧、ロシア、バルカン諸国など

ロイター通信　大英帝国とその植民地及び管轄化にある国々（中国や日本もここに入る）

日本は協定上、ロイターの管轄下に入ったため、ロイターと契約を結ばねば海外からのニュースが入手できない状況になった。こうして、アヴァス、ヴォルフ、ロイターの三大通信社が世界の情報市場を独占する体制が確立した。これら三社は、他者を圧倒する勢力を保持し、19世紀の世界の三大通信社と称された。

（ＴＨＩＮＫＥＲ著『マスコミとお金は人の幸せをこうして食べている』徳間書店、Ｐ２６０〜２６１）

特にロイターの世界的な発展は、大英帝国として発展していたイギリスの国家的な支援が背景にあった。19世紀の国際通信には、情報の拠点を結ぶための海底ケーブルが欠かせなかった。それを世界レベルで実現できたのは世界中に植民地を持つイギリスだった。ロイター通信社がそのケーブルを独占した。

現在でも、ロイター通信社はイギリスに本拠を置く世界最大の通信社で、１５０の国で２３０都市に支局があり、世界のマスコミのほとんどはロイターと契約している。金融情報サービス部門の売り上げは世界一である。

アヴァス通信社はその後、フランスの国営会社となりフランス通信社（ＡＦＰ通信）と名を変え、世界第三位の通信社として活動している。

ヴォルフ通信社はその後、ナチスドイツの国営会社となり、ナチスの消滅後に解体され、ドイツ通信社と名を変え、ベルリンを本拠とし、世界80カ国に拠点をおいて活動している。

こうして見ると、現在のイギリス、フランス、ドイツという欧州の三大国は、この三社がそれぞれの拠点を置いているところである。三社とも発展とその後の経緯を見れば各国の国家戦略と密接に結び付いてきたことが分かる。つまり金融財閥の影響下にある欧州プロパガンダの発信源なのだ。

では、アメリカはどうだったかというと、AP通信というロックフェラー財閥の通信社が世界有数の規模に拡大している。AP通信は2005年において約5000のテレビ局とラジオ局、約1700の新聞社と契約しており、米国内で全国的に展開している通信社である。

AP通信はロックフェラー財閥が強い影響力を持つアメリカの国家戦略と結び付いており、アメリカ発のプロパガンダである。

欧米の財閥と、フランス、イギリス、アメリカなどの欧米各国が運営するロイター通信、AP通信、AFP通信の上位三社で全世界の約9割のニュースを配信している。

これらのニュースがどこの意向を反映するかは明らかであろう。欧米の金融財閥と国家の意見を流すことが目的であり、そこに不都合な情報は流さないようになっている。

通信社は情報を収集することが目的であるとともに、収集した情報を取捨選択し自らの意見を反映させたものを発信する。

こうして欧米発のニュース配信に世界が染まっているのが現在まで続くマスコミを通じた情報操作の実態なのである。

マネー×マスコミの情報操作は最強のマインドコントロール

マスコミの目的は、利益の追求である。そこには情報産業としての利益と、それを独占することで市場を操作できる利益がある。そしてマスコミ権力の肥大化は、マネーの支配と結びつくことで、国家や社会をもコントロールしていく最強のマインドコントロール兵器となる。

マスコミの情報操作と通貨発行権の独占に基づくマネーの社会操作が結び付くと、市民はもちろん世界をも手玉に取ることが可能になる。

マネーの性質を用いて資本主義の操作を行い、景気変動を起こす。しかしマスコミはそれをマネーの操作ではなく別の観点から説明する。そうすると、市民はそれが景気変動の真因だと信じ込む。操作する側は最初から分かっているから、株や不動産の投資で儲け放題である。

一方、情報をマスコミを通じて受け取る市民は、マネーとマスコミの情報操作の餌食になり大損をする。マネーのステルス（隠密）性で目くらましにされ、マスコミの情報伝達の段階でマインドコントロールをかけられる。

資本主義社会においては、通貨発行権とマスコミさえ握っていれば競争で負けることはない。これはほんの一例であり、ありとあらゆる組み合わせでマネーとマスコミの情報操作のコラボレーションは活用できる。こうなれば政治権力でさえも欺《あざむ》くことが可能である。

こうして世界は、マネーとマスコミの支配者に手玉に取られてきた。

中国、イスラム、インドが圧倒されたのはなぜか？

中世においては中国、イスラム、インドなどが世界の先進地域であり、西欧は世界の隅っこの農業を主体とした目立たない地域に過ぎなかった。紙や印刷術、火薬などの技術や、さまざまな学問にいたるまでアジアの諸文明がリードしていた。さらに経済もアジアのほうが巨大であり、かつ複雑であった。穀物の生産力は中国とインドがダントツに高く、それによって養われる人口も多かった。また、世界で最初に紙幣を発明し実際に用いたのは中国の宋王朝であった。次代の元、明の両帝国でも国家の管理による紙幣の発行が続けられた。貿易はイスラムが盛んで、中国やインドの豊かな文物の取引を海上貿易も含めて行っていた。遠隔貿易を行うところから、小切手や手形、為替《かわせ》のシステムも発展していた。

しかし、これらの先進地域はすべて、16世紀以降に始まる欧州の発展に圧倒されていく。

何が原因だったのであろうか?

それについてはさまざまな研究がなされてきた。米国大陸の植民地化の成功、大航海時代から始まる海外貿易の発展、ルネサンス以降の神の概念の希薄化、プロテスタントの勤勉性、大学の増加による学問の隆盛、複式簿記の誕生による経営の合理化、民主主義の発展、継続的に発生する戦争による軍事力の増強、中小国が多く競争が継続したこと、企業活動の自由など。

確かにどれも発展には貢献しているのだろうが、ほとんどの分野で中国やイスラムにも似たような現象はあった。中国はどの時代を通じても学問が盛んだったし、複式簿記はイタリアよりも先にイスラムの発明である。

植民地の拡大による富の蓄積についてだが、中国の領土は近代に近い清の時代が最大に達し、ドイツはもとより、最盛期のイギリスやフランスと比べても遜色のない規模の領土を支配していた。イスラムのオスマントルコ帝国も同様だ。そもそも領土が広いことが欧州を発展させたのなら、スペインがオランダやドイツよりも発展していなくてはいけない。だが、スペインが発展した資本主義国になるのはかなり後のことである。

戦争による発展だが、戦争自体はどの地域にもあり、世界中の帝国はどこも戦争ばかりしていた。

民主主義の発展はというと、民主的でなくても発展したドイツ帝国や、現在の中国やシンガポールなどを見れば民主主義が国力の発展の十分条件ではない。

勢力の分裂は欧州の一つの特徴だが、インドやイスラムにも似たような状況はあった。

企業活動の自由は中国やイスラムにも存在した。

欧州がそれらの地域と違ったのは次の点である。


⇩新しい購買力が国家の管理ではなく、民間の銀行家の融資によって創造された。

この特殊な条件が、のどかな農村地帯が短期間にして大都市に変わってしまうような変化をもたらす、資本主義という化け物を地上に作り出したのである（図39参照）。

継続的な経済成長の原理が働く資本主義という借金経済システム

西洋で生まれたのが、民間の銀行の融資によって通貨が創造され、社会全体が借金返済のために売上げの拡大をノルマとして課せられるシステムである。これは世界の歴史の中でも特異なシステムである。また、銀行家を中心とした金融権力が長期にわたって政治権力を呑み込み操作するよう

図39　なぜ、欧州で資本主義が起こったのか？

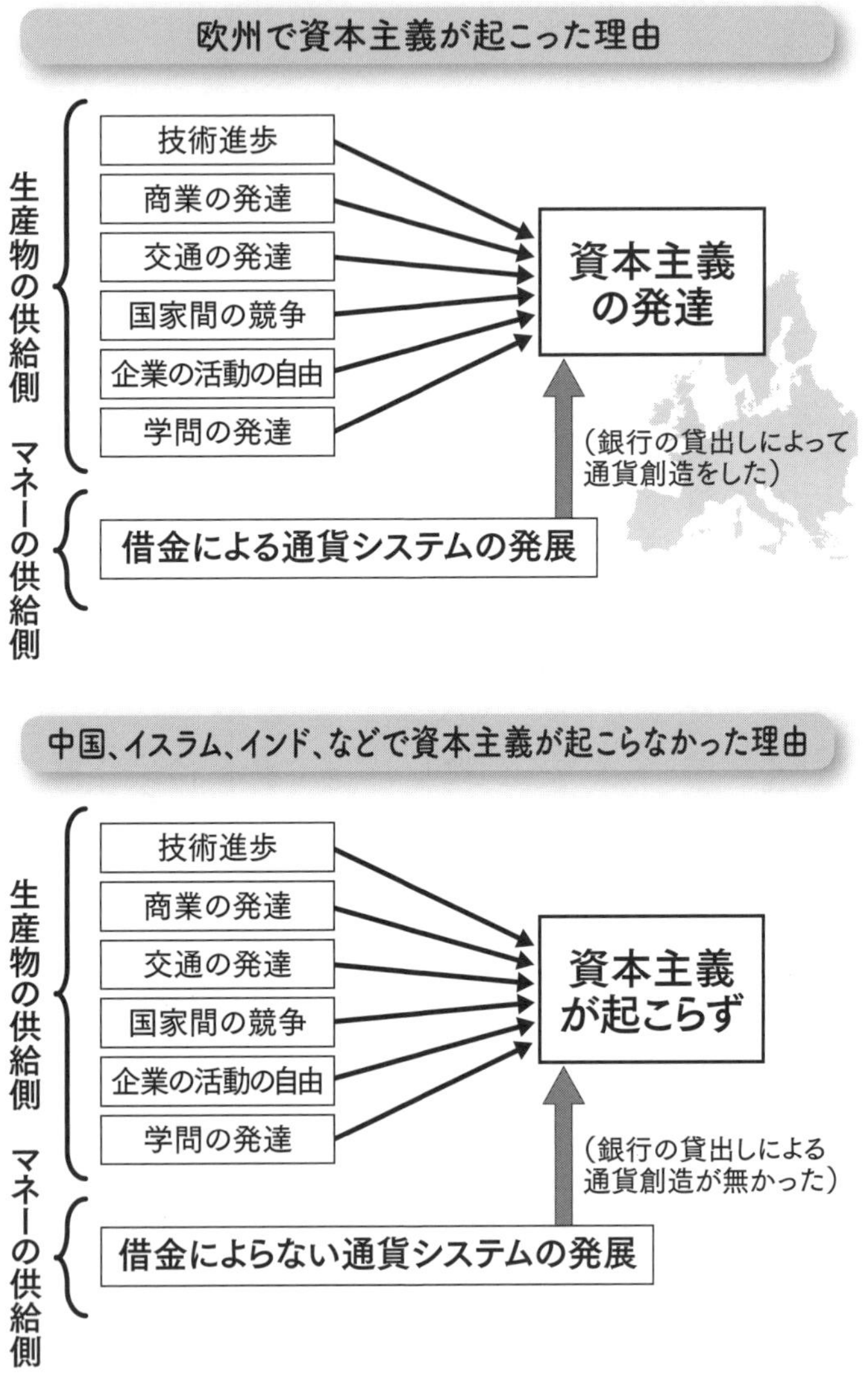
欧州で資本主義が起こった理由
生産物の供給側
技術進歩
商業の発達
交通の発達
国家間の競争
企業の活動の自由
学問の発達
資本主義の発達
（銀行の貸出しによって通貨創造をした）
マネーの供給側
借金による通貨システムの発展
中国、イスラム、インド、などで資本主義が起こらなかった理由
生産物の供給側
技術進歩
商業の発達
交通の発達
国家間の競争
企業の活動の自由
学問の発達
資本主義が起こらず
（銀行の貸出しによる通貨創造が無かった）
マネーの供給側
借金によらない通貨システムの発展

になったことも特異なことである。

　そもそも、民間が通貨を創造すること自体がおかしい。しかし欧州ではそれが中央銀行の登場によって合法となり制度化され、発展してきた。

　新しい通貨の発行が借金によって供給されるようになると、社会全体に一定のノルマが与えられる。利子を返済する分の通貨は存在しないので、新たな通貨を得るために借金しなくてはならないのだ。こうして借金を返済するためにさらなる借金をするという「自転車操業のシステム」が作られた。借金通貨システムでは毎年繰り返される借金のムチによって、国も企業も個人も継続的に馬車馬のように働くようになる。

　これが西欧で誕生した資本主義が発展したエネルギーの根源である。そのエネルギーの効率性をより高めるために、企業間の競争の自由が促進された。その他の、海外貿易の発展、勢力の分裂、経営の合理化などは、銀行家の戦略と利子付きマネーの性質が作り出した〝結果〟である。19世紀以降は資本主義の生み出す巨大なエネルギーが世界を圧倒し支配していく（図40参照）。

江戸時代中盤から日本が経済成長しなかった理由

　さて日本に目を転じると、江戸時代の中盤に人口増加が頭打ちになって以降、ほとんど経済成長しなかった。

　その理由は、江戸幕府によって管理された通貨は利子が付いておらず、利子を返そうというイニシアチブが働かなかったためである。そのため売り上げ至上主義にはならず、経済成長に対するイニシアチブが小さかった。

また、鎖国によって資源が限られていることもあり、生産力が伸びなかった。通貨を増加させても生産力が伸びなければ通貨価値の下落を引き起こすインフレになるだけだ。

江戸時代の中盤からは資源の限界による生産力の頭打ちと、労働への強制力や経営の合理化などのイニシアチブを作る利子付き通貨でなかったために経済成長しなかった。

だからといって、江戸時代の人たちが同時代の産業革命の欧州の人々よりも不幸だったかというとそんなことはない。逆に借金の強制による労働に駆り立てられることがないだけ労働条件では恵まれていた。

産業革命期の欧州は利子付き通貨と企業の競争による強制力で、過剰な労働を強いられる事態に直面していた。

ヨーロッパの世界征服——銀行システムと市場原理の世界化

利子付き通貨の創造と政治権力に保護された私有財産制、自由な企業活動による需要と供給の市場原理を作り上げた欧州は、継続的な経済成長を実現する。その結果、産業革命が始まり巨大な生産力を裏打ちとした軍事力で世界を征服していく。帝国主義時代の幕開けである。

西欧諸国は征服した先々で欧州のさまざまなシステムを輸出していく。現地で銀行を作り、会社を組織した。これは植民地を発展させようというわけではなく、支配統治と商業活動をしやすくするためである。

図40　借金通貨システムは人間を勤勉にさせ合理的にした

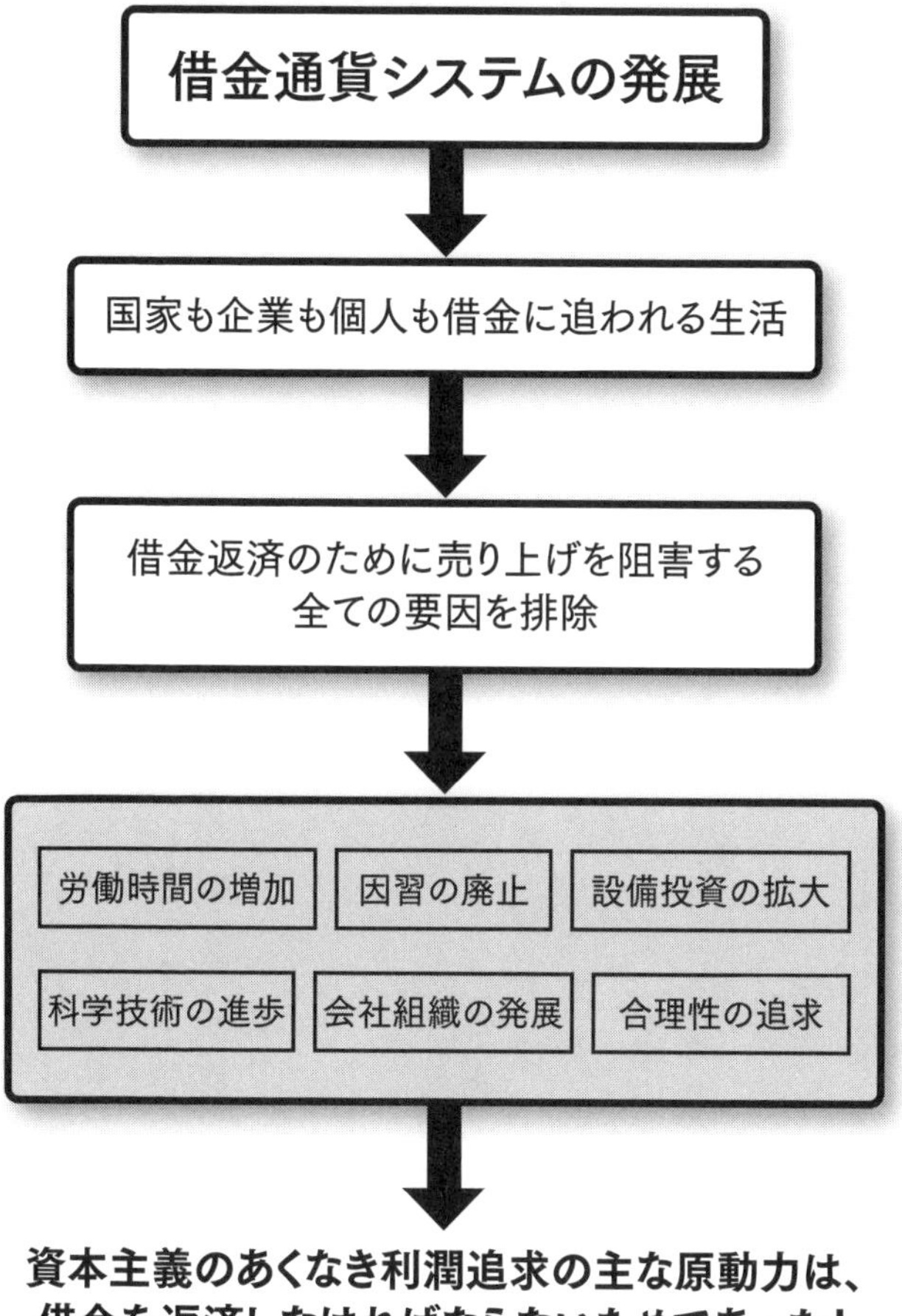
借金を返済しなければならないためであった！

一方、西欧諸国は世界を植民地化したが、実のところ銀行家への債務によって経済的な従属を強いられていた。西欧諸国自身が金融財閥の経済的植民地だったのだ。

西欧諸国は支配者と思われているが実は中間管理職であり、本当の支配者は西欧諸国の債権者として君臨している国際銀行家だった。

金兌換性により金《きん》を支配した者が中央銀行（通貨）を支配する

「金本位制を採用している国は中央銀行が通貨を支配しているのではなく、世界の金鉱、金の取引、金の流通を握っているロスチャイルド家が真の支配者として君臨している」（『通貨戦争』）

資本主義の支配の条件である通貨発行権を握る中央銀行は、世界各国に設立されていく。それぞれが国家ごとに独自の通貨を発行するわけである。その通貨の支配者である中央銀行を束ねる方法があった。金《きん》との交換を保証することで通貨の価値を維持する金兌換《だかん》性は、金を支配している者が通貨を支配する。

例えば、当時アメリカ政府はグリーンバックスという債券（紙幣の代わりもした）を発行していた。このグリーンバックスに対し、40％の金を備蓄して利率も金貨で支払うようにさせる。つまり金兌換性である。そうするとグリーンバックスと金が連結され、政府による通貨発行権に制限がかかる。

19世紀後半の金はロスチャイルド家に独占されていた。通貨を金と結び付けることにより、金を支配する者が世界中の中央銀行に大きな影響力を持つことになった。

現在では世界中の通貨に影響を与えるツールは金からドル基軸体制に変わり、中央銀行を束ねるためにＢＩＳ（国際決済銀行）という国際的な中央銀行を統括する機関が設立されたのである。

産業革命——資本主義の発展と矛盾の激化

18世紀にイギリスで産業革命が起きる。産業革命とは工業化である。工業化がイギリスで起きたのは、科学技術の発展、人口の増加、海外貿易の拡大などさまざまな要因が重なった結果だ。このような状況は中国やイスラムの諸王朝でも起こったことであった。しかしイギリスの産業革命（工業化）が他の地域と違うのは、大規模な工業化が「継続的」に発展したことである。継続的な生産力の拡大をもたらしたのは、継続的な借金通貨創造システムがイギリスにおいて完成したためである。

借金のプレッシャーが伝統や既得権益よりも強く働き、売り上げ至上主義となり工業化を促進させ続けた。その結果イギリスは毎年経済成長を続け、世界一の工業力を持つ国家になり、欧州各国もイギリスを真似て工業化を推し進めることになる。

イギリスの工業化を産業革命と呼ぶのは、結果的に世界の経済構造を根本的に変える影響力を与えたことによる。

一方、産業革命が進展し大規模な工業化が起こるとそれに従事する労働力が必要になる。富を独占する一握りの資本家と、大規模な労働者の発生である。機械設備などの生産手段を私的に所有する工場主と、自らの労働力のみを雇用主に提供する労働者では立場が違う。売り上げの拡大を求めて設備投資を行い巨額な借金を抱える工場主は、労働者をできるだけ安い賃金で使い、できるだけ長時間働かせようとする。ここに、産業革命以降の資本主義の矛盾が発生する。その矛盾の激化が産業革命期のイギリスで深刻になり、子供までが労働にかり出され、低賃金長時間労働に従事するようになる。同時代のイギリスの学者エンゲルスによると、イギリスの平均寿命は極度に下がり、1842年のリヴァプールの労働者、日雇い労働者、僕婢《ぼくひ》階級一般の平均寿命は15歳であった。

このような産業革命期の社会的矛盾を、多くの識者が問題点を指摘し改善策を提案した。その中で最も大きな影響力を与えたのがマルクスの学説であった。

資本主義を命名したマルクス

カール・マルクスは、産業革命以降の社会的矛盾を詳細に研究した。経営者と労働者の立場の違いから発生する社会的矛盾についての見識や、社会の歴史的な発展の法則については今でも多くの示唆を与えてくれる。

産業革命によって私有財産の肯定と自由な企業活動によって生み出された巨大資本が、多数の労働者を雇用するようになった。第二次産業の発展という新しい経済現象を分析したマルクスは、この経済システムを資本主義と名付けた。意外にも資本主義の命名者は、社会主義の代表的な論客であるマルクスであったのだ。

企業の利益追求を基本にする資本主義社会の自然な景気循環をマルクスは分析した。

しかし、マルクスの学説には強調されていないものがあった。それは、通貨の創造を行っている経済の支配者としての銀行家の人為的な通貨政策への分析である。

銀行家に対する視点がなければ、さまざまな社会現象は別の要因によって説明されてしまう。例えば、経済恐慌の説明を、企業の行動原理のみに求めている。つまり、利潤を求めて生産の拡大を追い求め、一方で従業員の賃金を減らそうとするので、販売側と消費側のギャップが拡大し、その矛盾が恐慌として現れるという意見である。しかし、販売側は消費が減少すれば生産力を減少させようとする。生産をするには原材料や人件費がかかるので売れる見込みがなければ生産しない。拡大をどこまでも追い求めなくなる。また政府の政策で調整できる面もある。

歴史を見れば、多くの経済恐慌の本質的な問題は、生産側と消費側にあるのではなく、マネーの創造機関である銀行業の問題だった。

マルクスが活躍していた時代は、第二次産業の勃興期であり、金融などの第三次産業はほとんど発展していなかった。現在に必要なのは、企業の利潤追求がもたらす社会の自然循環的な側面とともに、通貨量を操作することによって作り出される人為的循環に対する研究であろう。

一方でマルクスらの社会主義思想は、その後の労働者の権利、男女の平等、人種差別の撤廃、教育を受ける権利、社会保障の発展など、自由民主主義経済社会の憲法に多大な影響を与えていき、社会的な矛盾の解消に貢献していく。

ロシア革命——ソ連型社会主義経済と一党独裁体制の誕生

意外なことに、資本家の根絶を目的とするマルクス主義を奉じる人々にも、多くの国際銀行家は支援をしていた。ロシア革命はその一例である。

20世紀初頭のロシア帝国は、国際銀行家の影響力がほとんど及ばない大国の一つであった。当時のロシアの通貨は、政府が管理する中央銀行と、ロシア国内の民間銀行によって運営され、外資が入り込むすきがほとんどなかった。

自立したロシア帝国を破壊するために、ロシアの革命家たちにさまざまな資金援助を国際銀行家は行った。当然、現場で革命運動をする革命家は命懸けである。ニューヨークやロンドンで資金を出している銀行家とは目指している目標も理想も違った。しかし事実上の同盟関係であったのだ。つまり敵の敵は友なのである。

1917年のロシア十月革命は、労働者の独裁主義という思想を掲げる集団のクーデターであった。なぜなら、皇帝が支配するロシア帝国そのものは、ロシア十月革命が起こる前のロシア二月革命によって滅ぼされていたからだ。

一応、議会制を取り入れながら独自の発展を遂げようとしていたロシア帝国は解体された。次に現れたのはソ連という新しい社会主義国家である。ソ連では「実質的民主主義」という言葉によって、形式的民主主義の特徴である複数政党制と普通選挙が否定された。

この国家はロシア帝国とも、国際銀行家が管理する政「金」分離の自由民主主義とも全く違う政治経済体制であった。

ソ連型社会主義経済は、資本主義が発展した長所でもあり、矛盾の根源でもあった利子付き通貨と企業の私有化を完全に否定した。また、すべての銀行は、ゴスバンクという国立銀行が統括した。

事実上の政府通貨である。通貨は無利子で企業や個人に配布された。このソ連型社会主義システムはアンチ資本主義の考えから生まれた新しい社会実験だった。

政治体制は複数政党制を認めない一党独裁体制であった。もともとロシア帝国には民主主義の歴史がなく、封建的な国家だったので、一党独裁体制の確立が容易だった。成立したソ連邦は、すべてにおいて自由民主主義経済社会とは異なっており、国際銀行家の世界的覇権における脅威となっていく。

ＦＲＢ（連邦準備銀行）の創設でアメリカ乗っ取りに成功

20世紀は二つの大国が世界の主要な地位を占めるだろうと予測されていた。一つはユーラシア大陸に君臨しているソ連（ロシア）である。もう一つは、北米の広大な豊かな富を所有しているアメリカ合衆国であった。

20世紀初頭にアメリカ合衆国を乗っ取ることに銀行家は成功する。民間が所有する中央銀行、ＦＲＢ（連邦準備銀行）の創設である。

アメリカの巨大財閥を仲間に引き込むことに成功した欧州の銀行家たちは、１９１３年、ＦＲＢを創設し、アメリカは欧州銀行家の支配を受けることになった。ただしアメリカ人が中央銀行という名前に反発を示すことを考慮し、連邦準備銀行という分かりにくい名称にした。アメリカは巧みに銀行家のカルテルに呑み込まれたのだ。以後、アメリカ政府が紙幣の発行をする時は、ＦＲＢに債券を発行し、ＦＲＢからドル紙幣を受け取るようになる。債券を受け取ったＦＲＢには所定の利子が政府から支払われ、ＦＲＢの株主たちに配当金として分配される。それまでアメリカには所得税が無かったのに、ＦＲＢへの配当金を支払うために所得税が創設された。つまりＦＲＢの株主たちへの配当金は、一般大衆の税金によってまかなわれるという、信じがたいシステムだった。これを受け入れさせるのだから当時の銀行勢力の権勢は驚くべきものである。

また、マスコミを通じた世論操作の力は絶大なものになっていた。多くのアメリカ人は、国家が乗っ取られたことに気付かなかった。表向きは民主制が続いていたので自分たちの主権は維持されていると思っていた。操作される民主主義の〝極意〟は市民に気付かれないようにすることである。まさに金融とは、気付かないうちに国家を征服する「沈黙の兵器」なのだ。

アメリカの通貨発行権の獲得は、銀行家勢力が作り出す操作される民主主義の全盛期を作り上げていく。

ロシアもアメリカも20世紀当初は国際銀行家の支配から比較的自由であった。しかし両国とも20世紀のほぼ同時期に一つは潰され、もう一つは乗っ取られた。ロシアは極端な平等原理で破壊され、アメリカは極端な自由原理によって銀行家たちによる富の独占が図られていく。

ドイツのハイパーインフレ――嘘八百の教科書の記述

１９２０年代に起きたドイツのハイパーインフレは、通貨が社会を創造するだけでなく、破壊することもあるという実例だ。同時に通貨発行権の詐術がねじ曲げられて伝えられている、分かりやすい例でもある。

ドイツのハイパーインフレは１９２２年から本格化した。わずか1年あまりで、何と20億倍といわれるマルクの暴落に見舞われた。対ドルレートでは、１９２２年5月が３２０対1だったが、23年12月には4兆２０００億対1にまで暴落した。この結果、国内の銀行に預金していたドイツ市民の資産は無一文になってしまった。

世界有数の工業大国であったドイツでなぜ、このようなことが起こったのだろうか？

教科書の記述では「政府の通貨システム支配の失敗による典型的な人災」と説明されているのが一般的である。

つまりは、政府が通貨の発行権を持っていたために起きたハイパーインフレだというのだ。

しかし真実は、銀行家が支配した中央銀行が意図的に起こした人災であった。当時のドイツは第一次世界大戦に敗北し、ドイツ帝国が崩壊した後にワイマール共和国になっていた。

ドイツの中央銀行はドイツ帝国時には民間が所有する中央銀行ではあったが、ドイツ政府が大きく政策に関与していた。中央銀行の総裁と理事はすべて政府の要職が担当し、皇帝が直接任命していたのである。ドイツは他の西欧諸国と違い、政府が管理する中央銀行だったのだ。

ところがドイツ帝国崩壊後のワイマール共和国では、普通選挙制度などの民主的な憲法が制定される一方で、政府は中央銀行の管理権を失い、政「金」分離型民主主義となった。

敗戦後、戦勝国はドイツの中央銀行に対するドイツ政府の支配権を完全に剥奪した。１９２2年5月26日、ドイツ帝国銀行の「独立性」を確保する法律が制定され、中央銀行はドイツ政府の支配から抜け出し、政府の通貨政策支配権も完全に廃止された。ドイツの通貨発行権は、ウォーバーグなどの国際銀行家を含む個人銀行家に委譲された。

（『通貨戦争』P242）

一般的にはドイツのハイパーインフレが起きた原因を「当時のドイツ首相がフランスとベルギーによるルール地方の占領に対処するため、大量の紙幣を発行したから」と説明されてきた。ところが、中央銀行が私有化されたのは1922年5月、ルール地方を占領したのは1923年1月である。すでに中央銀行は政府から独立しており、政府が紙幣を刷ることなどできない。この私有化された中央銀行が大量に紙幣を刷ったのである。

ハイパーインフレの年表

1922年1～5月、マルク対米ドルの為替レートは320対1
1922年5月26日、ドイツ帝国銀行の私有化
1922年12月、マルク対米ドルの為替レートは9千対1
1923年1月、ルール危機が勃発し、マルクは暴落。マルク対米ドルの為替レートは4万9千対1
1923年7月、マルク対米ドルの為替レートは110万対1
1923年11月、マルク対米ドルの為替レートは2兆5千億対1
1923年12月、マルク対米ドルの為替レートは4兆2千億対1

１９２３年、物価は平均して毎日2倍に値上がりした

（『通貨戦争』Ｐ２４４〜２４５）

ハイパーインフレとマルクの暴落を起こすには、次の三つの方法が用いられた。

⇩中央銀行自らが大量の通貨を発行する。
⇩民間銀行が信用と通貨を作る。
⇩投機筋が空売りを仕掛ける。

この通貨暴落のトリプルコンビネーションによってマルクは崩壊した。

時の首相は、中央銀行総裁の解任権がなかった。そのため、通貨を刷るのを止めるように総裁に要求したが聞き入れられなかった。しかし、ハイパーインフレが最高潮を迎えた時に、奇妙なタイミングで総裁が突然死した。任命権は首相にあったので、通貨委員で銀行業に精通していたシャハトを新しく総裁に任命した。その後、シャハトはレンテンマルクという新しい通貨を発行し、法律を改正させて外国投機を制限し、ハイパーインフレを抑え込み通貨価値を安定させていく。中央銀行の政策によって引き起こされたハイパーインフレは、中央銀行の政策変更によってたちどころに収束したのである。

このハイパーインフレの結果、損をしたのがドイツの一般市民である。20億円の預金をしていて

も1年後にはパン一つも購入できないほど通貨価値が暴落したのである。逆に利益を出したのは、国際銀行家たちだった。マルクの大暴落により外貨を持つ国際銀行家たちは、ドイツの資産を二束三文で買い叩いた。こうしてドイツの富は国際銀行家が独占した。これはドイツ国民の資産を巻き上げる戦勝国の「金融テロ」ともいうべきものだった。

中央銀行が紙幣を刷り続けた原因について、第一次世界大戦の賠償金を支払うためにわざと紙幣を刷り続けた、という見方がある。これはありえないことである。なぜなら、ドイツの賠償金は金、またはドルやポンドで支払うことになっていたからだ。自国の通貨を過剰に発行しても暴落を招くだけで、賠償金そのものの負担は減らない。

偽りの権力はこのように堂々と嘘をつく。嘘は大きければ大きいほど疑われない。前述したような説がまかり通っている現在の教科書とは何を目的にしているのだろうか。つまり通貨に関しては、民主主義諸国が馬鹿にしている全体主義国家が作り出す嘘八百の教科書と大差ないのである。操作される民主主義において、どこに権力があるのかを示唆するには十分であろう。

ファシズムの隆盛——友愛原理・連帯願望の暴走

ハイパーインフレはドイツに深い傷跡を残した。ドイツ人の資産が根こそぎにされ、生活が破壊された。当然、こつこつと資産を積み上げてきた堅実な市民は怒り狂った。ナショナリズムが台頭し、ヒトラー率いるナチスが登場してくる。ファシズムは民主主義と資本主義に憎悪を抱いていた。現実を見れば、両方とも国際銀行家の道具となっていることに気付いていたのである。ナチスの正式名称は国家社会主義ドイツ労働者党である。

ドイツのファシズムは、普通選挙の民主主義の中で生まれ、乗っ取ることに成功した。民族としての連帯願望を刺激し、友愛原理を暴走させたのである。

友愛の連帯感情を自らの民族のみに限定して他の人類を排除したファシズムは、第一次大戦後に盛んになった民族自決と国民国家という新しい仕組みの中で生まれた一大現象であった。

ファシズムにとって自由民主主義経済社会が代表する経済活動や言論の自由、社会主義が代表していた人類の平等などは、民族国家の繁栄のためにはそれほど重要な価値観ではなかった。自由・平等は肥大化した民族の友愛原理の下位に位置付けられた。

興味深いことに国際銀行家の根絶を訴えていたナチスを資金的に支援したのは、他ならぬ国際銀行家たちだった。

レンテンマルクを発行しハイパーインフレを収束させたシャハト総裁は、当時のドイツ経済の支配者だった。そのシャハトもまたナチスを支持した。その結果、ドイツの財界もナチスを支援することになった。

戦争での敗北やハイパーインフレという意図的な金融テロによって民族の連帯願望が刺激され、国際銀行家やドイツの産業界などの支援を受けることで、民主主義の下でナチスは政権を獲得することができた。

ナチスは欧州全体を戦争に巻き込み、地獄絵図を作り出していく。ファシズムもまた封建主義や一党独裁社会主義と同じように、国際銀行家たちによって作られた「神聖なる民主主義」と敵対する異常者として、歴史の引き立て役になっている。
そして欧州とファシズムの廃墟の跡にイスラエルが誕生した。

ウォール街発世界恐慌でFRBの株主たちのアメリカ支配が強化

アメリカはFRBの創設によって通貨発行権の元締めを国際銀行家に乗っ取られたわけだが、すぐにすべての富が吸収されたわけではない。国際銀行家への権力の集中は段階を踏んで行われた。国際銀行家への富の集中が著しくなったのは、1929年の世界恐慌以後である。恐慌前のアメリカは独立150年の開拓の歴史によって多数の独立した銀行や企業、農業者などが存在していた。

1920年代、FRBの株式市場への資金供給によって株式市場のバブルが発生した。しかし1929年にFRBは株式市場への資金供給を停止する。突然、取引が成立しなくなった株式市場は大暴落した。当時のアメリカは株が融資の担保になっていた。担保価値の暴落は多くの銀行を倒産させ、個人を破産させた。一方で、FRBの株主たちは高値で売り抜けており、暴落した企業の株や破産した個人の土地を買い占めた。潰れた多くの銀行はFRBのシステムに加入していない独立系の銀行だった。こうしてバブルとその後の崩壊により、FRBの株主たちはぼろ儲けし、アメリカの富を独占していく。

ケインズ理論と財政赤字の拡大

世界恐慌で混乱する経済状況でイギリスの経済学者ケインズの理論が注目される。世界恐慌のような消費が伸びない状況では、市場に勝手にまかせていても不況は深刻になるばかりである。そこで、政府が財政支出を行い、需要を作り出し、消費を増やせば景気は回復する。

ケインズ理論は、政府に財政赤字の拡大を推奨させるものだった。消費が伸びず、商品の値段が下がるデフレ不況期であれば、政府が通貨を発行して公共事業を行うことで、財政赤字を作らず、インフレにもならずに景気を回復させることができる。しかし、政府が通貨を作らないシステムで、財政出動を説いたケインズ理論を行えば、必然的に国債の膨大な発行以外に選択肢がなく、莫大な財政赤字を創出するのである。政府はますます借金漬けになり、多くの国債を購入する国際金融財閥の利益と権限の拡大につながるのだ。

［第6章］

植民地主義から東西冷戦へ

世界人権宣言――人権と民主主義の世界化の始まり

すべての人間は、生《うま》れながらにして自由であり、かつ、尊厳と権利とについて平等である。人間は、理性と良心とを授けられており、互いに同胞の精神をもって行動しなければならない。

（「世界人権宣言」第1条）

第二次世界大戦がもたらした未曾有の犠牲によって人類は世界平和の大切さを身にしみて実感した。そこで世界平和の実現のためという名目で創設されたのが国連だった。世界を管理しようとする国際銀行家たちにとって国連は大きな意味を持っていた。

1948年に世界人権宣言が国連で採択される。この世界人権宣言こそ、自由・平等・友愛の民主主義の基本理念を世界共通の理念にさせる宣言であった。帝国主義時代は終わり、人権と民主主義の世界普及が始まったのである。

人権とは人種、性別、国籍、宗教に関係なく、個人が人類に属するという事実に基づいて有する権利である。それまでの人権は宗教や君主によって定義されることが多かった。例えば、創造主の下や君主の下での平等のようにだ。

宗教や民族を超える理念としての世界人権宣言は、神や君主ではなく「個人の尊厳・基本的人権」を倫理的命題とした。

すべての人民とすべての国が達成すべき目標として全人類に発せられた世界人権宣言は、その後のさまざまな人権条約の基礎となっている（図41参照）。

世界人権宣言の起草者の一人であるルネ・カッサン（Rene Cassin）は、人権の中心的な原則を説明する際に、宣言を、寺院の正面にある石柱に喩えた。カッサンは、フランス革命の標語からヒントを得て、世界人権宣言の四つの柱を「尊厳、自由、平等、友愛」とした。

（ミシェリン・R・イシェイ著『人権の歴史』明石書店、P35）

世界人権宣言の第1条は、人間が生まれながらにして持っている「個人の尊厳」を、自由、平等、友愛の理念で表したものである。世界人権宣言は30条までであり人間の持つべきさまざまな権利が書かれている。

宣言の最初の19条までは個人の自由に関する権利を、20条から26条は、社会的、経済的な公平に関する権利を、27条と28条には、共同体および国家の連帯に関連する権利に焦点が当てられている。

ルネ・カッサンによれば、これらの権利の一群は権利の各世代を示しており、それぞれは、年代順に、フランス革命の標語「自由、平等、博愛」の有名な三つの言葉によって要約され得る。

（前掲書、P35）

この理念は、多くの人類にとって権利の拡大をもたらしてくれるものであったと同時に、通貨発

図41 世界人権宣言の基本理念

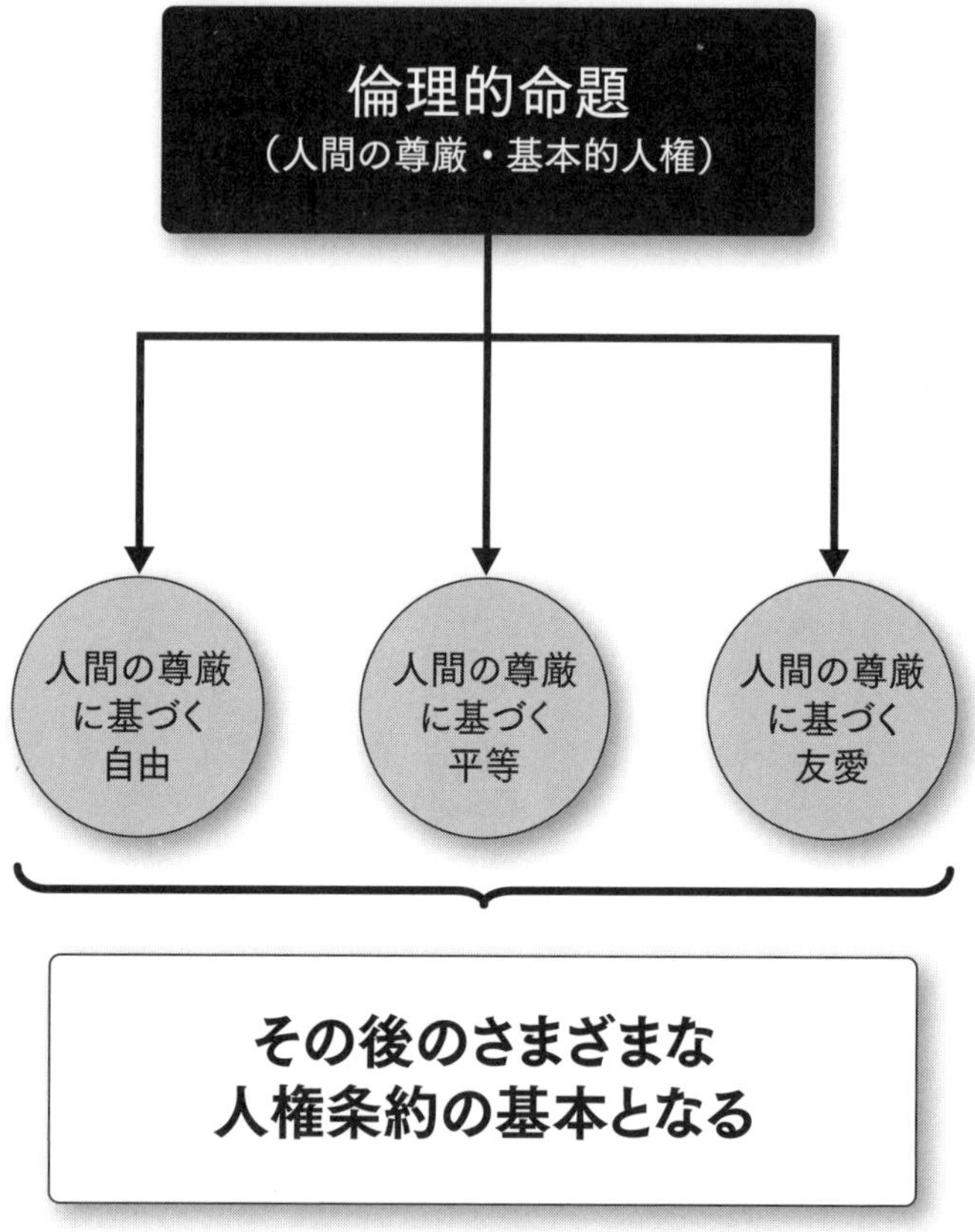

行権を独占し自由民主主義経済社会を管理していた国際銀行家にとっても都合の良いものであった。世界を統一しようとするならば、宗教も民族も国境も超える普遍的な理念が必要になる。そのために採択されたのが民主主義の四つの基本理念のうちの三つである「自由・平等・友愛」であった。

超国家組織ＥＵの理念と中央銀行の独立条項

「自由・平等・友愛」の理念は超国家組織、ＥＵ（欧州連合）創設の基本理念でもある。ＥＵの基となるヨーロッパ主義を唱え大きな影響を与えたのは、青山栄次郎ことリヒャルト・クーデンホーフ＝カレルギーである。日本人の母と、駐日大使だったオーストリアの貴族カレルギー伯爵を父として、１８９４年に東京で生まれた。

その後、オーストリアで哲学を学び、フリーメーソンと接触を持つようになり、１９２３年に『汎ヨーロッパ主義』を著した。各国のナショナリズムの暴走の結果もたらされた第一次世界大戦の惨禍の後だけに、国家を超えたヨーロッパ共同体の創設を訴えた同書は、ヨーロッパで大きな反響を呼んだ。その後汎ヨーロッパ会議を創設するなど欧州共同体の先駆けとなる運動を組織した。

カレルギーの思想は以下のとおりである。

友愛が伴わなければ、自由は無政府状態の混乱を招き、平等は暴政を招く。

（林信吾著『青山栄次郎伝　ＥＵの基礎の礎を築いた男』Ｐ３１０）

カレルギーの思想の特徴は人類全体の友愛に立脚し、自由と平等という対立する概念を両立させようとするものである。フランス革命における自由・平等・友愛は、選挙権などが富裕層に限られており、限定されていたため、平等ではなく、本来の自由もなかった。そこで友愛の理念を拡大し、市民全体が同朋意識を持つことにより、自由と平等が友愛の基にバランスされるという。

カレルギーの思想は、2000年に公布された欧州連合基本憲章に如実に反映されている。

欧州の人々は、人々の間の絶えず緊密化する連合を形成するにあたり、共通の価値にもとづく平和な未来を共有することを決意する。

連合は、その精神的、道徳的遺産を自覚しつつ、不可分にして普遍の価値たる人間の尊厳、自由、平等および連帯を基礎とする。連合は、民主主義および法の支配の原則にもとづく。

（「欧州連合基本権憲章」前文）

欧州連合基本権憲章は、第一章は人間の尊厳、第二章は自由、第三章は平等、第四章は連帯について各条項が書かれている。

人間の尊厳という倫理的命題から発生する、自由、平等、友愛という原理は欧州統合の基本思想となっている。前文は、この理念によって形成されている基本的人権と民主主義の宣言である。

その一方でEUは、国際銀行家によって操作される民主主義のシステムを強化するために作られたものであった。なぜなら、民主主義を基本としながら、EUへの加盟には中央銀行の独立性も必須条項になっているからである。１９９３年に発効した欧州連合条約（マーストリヒト条約）によってすべてのＥＵ加盟諸国は、１９９９年までに自国の中央銀行法を変更し、中央銀行の政府からの独立性を確保しなければならないことが明記された。また、中央銀行が政府に融資したり、国債を購入したりするのを禁止した。

さまざまな国家や民族が参加する超国家組織を作り上げるには人類としての普遍的な理念が必要になる。そこで採用されたのが、やはり自由・平等・友愛だった。しかし、この理念は通貨の真理を独占する国際銀行家が何百年にもわたって操作してきた十八番であった。

ＥＵは創設当初から国際銀行家によって統治され、操作される民主主義を前提にしていた。国際銀行家という超国家権力が、国家そのものを廃棄するための段階を踏み始めた。ＥＵ体制の拡大と発展は、民主主義の理念の拡大とともに、市民の手から通貨発行権が消滅する超国家通貨ユーロの創設につながっていくのである。

ドル基軸通貨体制の始まり――ＦＲＢの世界支配

第二次大戦で戦地にならなかったアメリカは、荒廃した世界の中で独り勝ち状態だった。イギリス、フランス、ドイツ、ソ連、日本、中国などの大国は大戦によって壊滅的な状況だった。その結果、大戦直後のアメリカは、そのＧＤＰが世界の半分を占めるほどの超大国になっていた。巨大な軍事力と経済力によって世界経済はドル基軸通貨体制へと変貌していく。

ドル基軸通貨体制は、ドルを中心に経済がコントロールされることである。すべての貿易の取引はドル決済になり、ドルの通貨発行権を持つものが世界を支配する。ドルの通貨発行権は株式会社FRBにあり、その株主たちである国際銀行家が事実上の支配者になった。すでにアメリカ国内でのライバル銀行は1929年に起きた世界恐慌でほとんどが倒産に追い込まれ、FRBの株主たちの傘下に入っていた。

ドルを通じて世界経済がコントロールされていくシステムの始まりである。日本がアメリカ中心の世界システムに組み込まれたのは言うまでもない。

そのアメリカ支配に対抗しようとしたのが旧ソ連である。

東西冷戦――
資本主義vs社会主義、政「金」分離型民主主義vs一党独裁全体主義

ナチスとの戦争に勝利したソ連は東欧を支配した。そして中国の共産化が実現することでユーラシア大陸に巨大な共産圏が出現した。社会主義体制のソ連と自由民主主義経済社会体制のアメリカは世界支配を巡ってさまざまに争うことになる。この二つの体制は全く違っていた。経済システムでは資本主義vs社会主義。政治システムでは政「金」分離型民主主義vs一党独裁全体主義。どちらも主権は国民になく、国家の上層部のごく一部が動かしていた。

東西冷戦は政「金」分離の民主主義にとって長期間にわたって有利な状況を作り出した。強大な敵が存在することは、民主主義のさまざまな内部矛盾から目を逸らさせ、内政ではなく外交に目を向けさせることが容易になる。

東西冷戦は国際銀行家たちにとって、自由民主主義諸国の支配を強化し洗脳していく時間をたっぷり与えてくれることになった。

ソ連型一党独裁社会主義が発展しなかった理由

旧ソ連の一党独裁社会主義は、社会の自動調整という意味で欠落を持った体制だった。一つは資本主義を作り出した諸要素を否定したことである。

⇩利子付き通貨を否定し、政府通貨のみにしたこと。
⇩企業間の競争をなくしたこと。
⇩すべての経済活動を官僚が作成し統制したこと。

これらは資本主義の米・欧州が世界を支配した経済成長力の源泉を排除していた。利子は人々に売り上げの増加と時間の概念を作り出す。利子が付かない通貨では、時間を守るという概念が無くなる。企業間の競争がなければより良いサービスの提供というインセンティブが働かない。努力しても適当でも給料が同じなら、労働に対するインセンティブも働きにくくなる。

また、市場の需要と供給の原理を否定したソ連経済は、すべての生産活動の計画を官僚が策定していた。官僚では消費者の需要が分からないから、消費者とのニーズにギャップが生じる。この結果、魅力的な商品の生産が難しくなり、国際的な貿易力も衰退していく。

つまりソ連経済は、経済成長の機能不全に陥りやすいシステムだったのである。発展したのは、国家が最大の消費者になる軍事産業と宇宙産業であった。

ソ連型社会主義は政治体制でも自動調整システムを欠く硬直的な政治システムだった。一党独裁体制のため、国民の声を反映することができないのである。国民の欲求を汲み取ることができない政治システムでは、社会的な不満の自動調整が働かない。実際、ソ連に支配されていた東欧の社会主義体制は、自由の掛け声をあげれば、雪崩をうって崩壊し、1991年のソ連邦の消滅につながった。政治もまた市民を満足させることに対して機能不全に陥りやすいシステムだった。

もちろん、ソ連ならではの魅力もあった。経済的には平等で利子の支払いに追われることもなく、医療費、教育費なども無料であった。

しかし、一党独裁社会主義は、経済でも政治でも、豊かさや自由という魅力の点で自由民主主義経済社会の前に敗れ去ったのである。

なぜ戦後の日本は驚異的な発展をしたのか？

第二次世界大戦後、驚異的な発展を遂げたのが日本である。戦後の日本は社会主義諸国はもとより、どの資本主義国よりも高い経済成長を実現した。その理由は独自の資本主義システムを作り上げたためだ。

戦前から日本は資本主義と限定的な民主主義を取り入れていた。しかし戦前の日本の経済システムは欧米型の株主資本主義に近かった。財閥が大株主になり巨大な複合企業《コングロマリット》を形成していた。株主への配当は高く、従業員の解雇は日常茶飯事で、所得格差は大きかった。

株主資本主義が大きく修正されたのは、第二次大戦中であった。当時日本は米国という巨大な敵を相手に国家総力戦を戦っていた。そこで国家の生産力を急速に高める必要に迫られていた。すべての経済活動を戦争に集中させなくてはならない。その障害になるのが、株主の存在だった。株主は自らの利益を求め、利益の多くを配当にまわすように要求する。戦争体制では利益の多くを設備投資にまわしてもらわなければ困る。そこで株主の力を制限することを当時の官僚たちは行った。軍事にすべての資源を動員するということは計画経済を行うことを意味する。計画経済を策定するのは官僚である。こうして株主の力は制限され、官僚の力が拡大した。

当時、民間の所有物であった日本銀行は国有化された。官僚に管理された中央銀行は各民間銀行を統制し、どこの分野にどれだけの資金を割り当てるかを決めさせた。こうして株主の企業の所有権の制限と銀行システムの国家統制が行われるようになった。

金融と株式市場への国家統制が強まる一方で、企業間の競争は生産力を高めるために温存された。経営者は、ライバルに打ち勝つために規模の拡大を求める。経営者を株主から保護し、経営に専念させることは、経済成長に大きく寄与する。こうして日本は資本主義の、利子付き通貨と、企業間の競争力を維持したまま、強力な経済統制国家に変化した。その結果起きたことは計画経済の「選択と集中」による高度経済成長である。

日本は戦争を通じて生産力を拡大させた。この官僚統制の資本主義システムが戦後も温存され、高度経済成長を可能にするのである。株主への配当が抑えられた分、設備投資と経営の長期計画が行いやすくなり、日本の企業は生産力を拡大し続けた。また、官僚の経済計画も国家の方向性を明確に定め、国の発展に大きく貢献する。80年代、日本は一人当たりのＧＤＰで世界一になった。日本は資本主義の長所を存分に活かし、長期発展を可能にするとともに、民主主義の長所も活用した。

戦前の日本は天皇主権の下での帝国議会が存在したが、戦後は国民主権の日本国憲法の下でさらなる民主化が行われた。日本国憲法は、人間の尊厳に基づいた自由・平等・友愛の理念と平和主義を特徴としている。

国民は政治を通じて自らの欲求や不満を反映させることができた。多くの国民は経済成長に伴う生活の向上に満足し、革命やテロなどの社会不安は大きくならなかった。高度経済成長の歪みはさまざまな形で表れたが、民主制の下で政治が柔軟に対処し、解決を図った。

戦後の日本の繁栄と安定は、計画的な資本主義経済と民主主義の長所が思う存分に発揮されたシステムであったからと言えよう。戦後日本の資本主義は産業の発展を第一に考え、金融はその潤滑油としてコントロールされていた。株主のために企業が使役される株主資本主義とは違っていた。高い累進課税、独占禁止法、労働組合運動などで、所得格差の減少を実現し、終身雇用による技術の蓄積が産業の全般的な向上をもたらした。

こうした日本の成功は、世界各国の目を引き付けることになった。改革解放後の中国は日本の資本主義システムを取り入れた。その結果、急激な発展を遂げることになる。

停滞していた中国が急激に発展し始めた理由

中国の20世紀は混乱の世紀だった。中世の中国は世界最大のＧＤＰを占めていた超大国であった。一説には世界のＧＤＰの半分を占めていたという。しかし20世紀では、人口は世界最大だったものの、相次ぐ戦乱と、中国共産党による平等原理の暴走から引き起こされた文化大革命などの混乱を経て、世界のＧＤＰに占める割合は数パーセントにまで落ちていた。このような混乱と停滞の時代に終止符を打ったのが日本型資本主義の導入である。

鄧小平は日本の発展をモデルに、改革開放路線に踏み切った。

それまでの政府による通貨の独占を止めて、80年代に銀行の融資による通貨の創造を行うようになった。また企業の競争を認めた。官僚は企業活動の細かい規制を行うのではなく、社会の大まかな設計を行うようになった。外国企業も資本投資を行い経済発展に参入した。政府企業は株式会社に変わっていき、中国の株式市場も徐々に開放されていった。

その後の今に至る中国の発展は言わずもがなである。

中国は資本主義の長所を積極的に取り入れることで、わずか30年で経済大国を実現させた。驚くべきは、日本型資本主義システムの脅威的成長力である。

一方で、中国は改革解放後も民主主義は取り入れなかった。１９８９年の天安門事件で民主化運動を弾圧し、民主主義を明確に拒否したのである。経済成長を達成するには民主主義である必要はない。資本主義の要素を取り入れればよいのである。

中国が取り入れたのは日本型資本主義だったが、日本とは二つほど決定的に違うことがある。それは、国家として自立していたことと、中央銀行を政府が掌握しているということだった。戦後の日本も、改革解放後の中国も高度経済成長を達成したが、この違いが21世紀になると両国の明暗を大きく分けることになるのである（図42参照）。

金兌換制の終焉――新たなる通貨の発展段階

通貨は長い間、金などの貴金属と交換する時代が続いた。しかし1971年にアメリカのニクソン大統領がドルと金との交換を停止した。これによって通貨に交換価値の裏付けが要らなくなった。本格的な不換紙幣時代の到来である。

金兌換性を停止し、不換紙幣にした理由は、世界経済の拡大に金の保有量が対応できなくなったためだと言われている。一応金を準備している範囲内で通貨を発行しているという「建前」が消え去り、金の制限は無くなった。中央銀行の意思でいくらでも通貨を創造できる時代になった。

通貨価値を保証するために、国債や社債、不動産のような何らかの資産と通貨を交換すればよいとされた。通貨そのものは価値を持たなくなり、より純粋な購買力の記号として認知されることになる。金という歯止めをなくした通貨は、創造主たる銀行家たちによって限りなく膨張していく。

それまで世界の中央銀行を束ねてきた金の役割は終わった。

代わりに記号のみになった通貨を統合する役割は、基軸通貨ドルを操るＢＩＳ（国際決済銀行）が全面的に担うようになった。

図42	戦後の日本と改革解放後の中国が発展した理由

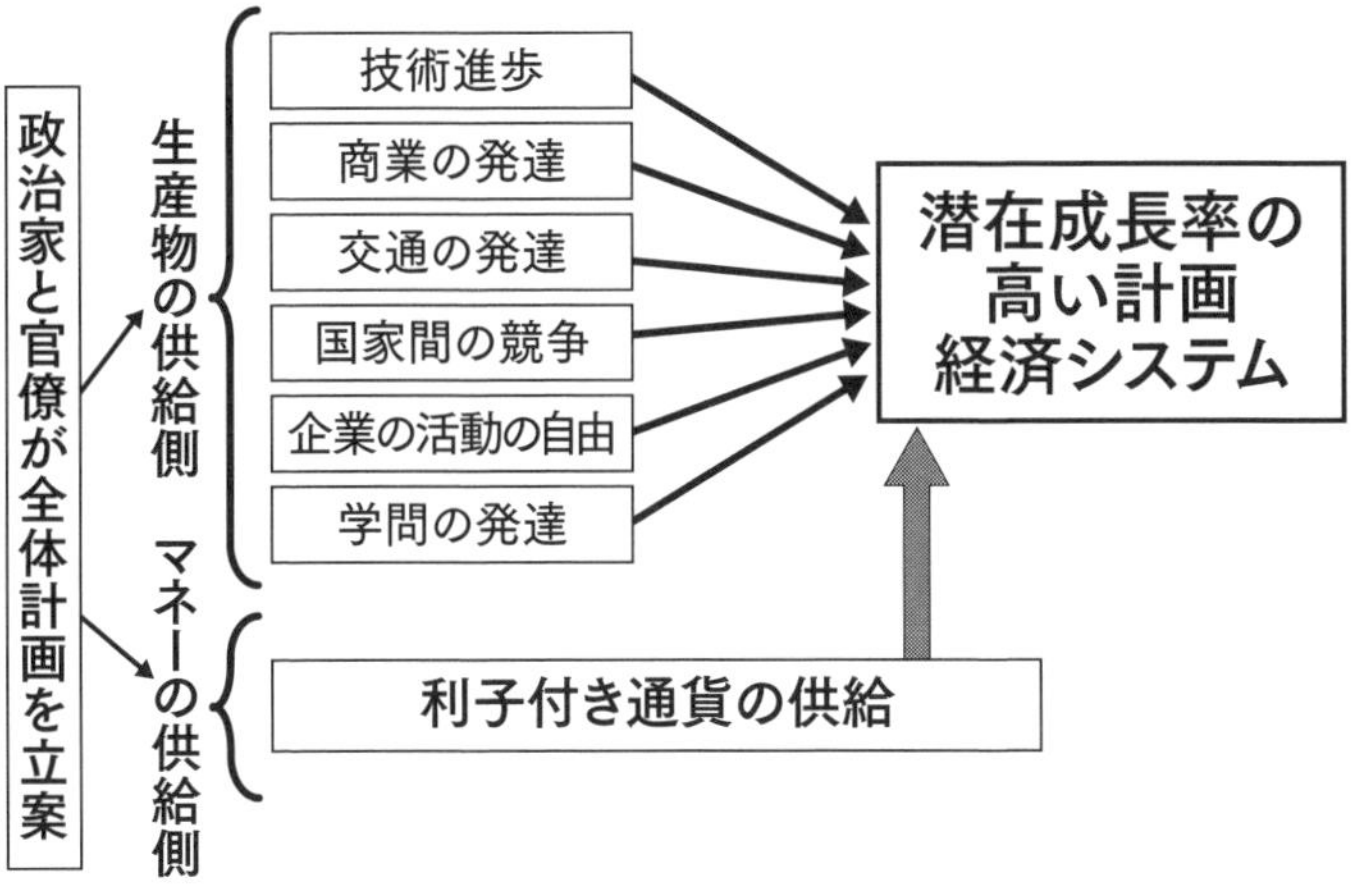

ＢＩＳはどの国家からも独立して存在している。ＢＩＳとは中央銀行の連合体であり、その背後に存在する国際銀行家の支配システムなのである。

欧米型民主主義の二面性、光と闇

自由、平等、同胞愛、と書いてみたところでなんの意味があろう？　この三つの言葉の上に、さらに第四の、しからずんば死（という言葉）を付け加えなければならない……同胞的団結という「公民的制度」を獲得するために、同胞の首をちょん切りにでかけるのだ。

（ドストエフスキー）

欧米型民主主義の覇権主義的な凶暴性と、民主主義の理念の寛容性に我々はとまどいを感じる。この二面性はどこから来ているのだろうか？

欧米型民主主義は、国内的には、自由・平等・友愛などの民主的な理念の普及と、政「金」分離型民主主義の普及をセットで行う。そのため、市民は法律的な権利を得ることはできるが、マネーの支配権に直接影響を及ぼすことはできない。法律的権利を得た市民は満足するが、偽りの権力に操作される民主主義である以上、やがて麻薬のように偽りの毒が効き始める。社会は徐々に蝕《むしば》まれていき、最終的に偽りに基づく民主主義国へと転落する。現在の政「金」分離型民主主義諸国が陥っている典型的な状態である。

しかし個々人は民主的な理念の恩恵を受けており、体制をひっくり返すような運動は起こらない。

さまざまに起きる問題は議会で議論がなされ、懸命に対処しているように見える。政府やマスコミは、最善の努力をしたが解決できなかったと頭《こうべ》を国民に垂れる。発生している問題を必然的なことだと認識した国民は、仕方がないと諦める。もしくは政府の無策を激しく糾弾する。糾弾された政府は、内閣総辞職し再選挙を行い新しい政府が選ばれる。国民はその政府に期待を託す。しかし、政「金」分離の政治システムで起きるさまざまな社会問題の多くは、システムそのものが引き起こしている。そのため、政「金」分離が続く間は国民のための政治は行われにくい。国民は問題の本質をぼかされているため、再度諦めるという形に追い込まれていく。

対外的には、正義の民主主義という仮面をまとって侵略的行動を行う。その侵略は多くの場合、敵対相手の殲滅《せんめつ》を意味する。これは世界の戦史上極めて異常なことだ。大抵の戦争は限定戦争である。何か一つの問題が起こるとその原因を解決するために戦争する。敵対者の殲滅までは求めない。しかし、政「金」分離型民主主義諸国の場合は相手を滅ぼすまで戦争を行うのである。

この戦争方法は、モンゴル帝国や近代欧州列強の植民地戦争に近い。他者の殲滅を行わなければ帝国は作れないのだ。第二次世界大戦で見せた日本やドイツへの容赦のない徹底的な殲滅戦争は、民主主義の覇権主義を世界に見せつけた。その後も、アフガニスタン、イラク、リビアなどが覇権主義の餌食になっている。敵対政府が転覆するまで、体制が変換するまで行うのは、別の体制を容認できない聖戦意識が背後にある。

民主主義以外の政治システムの存在を許すまじ。

まるでキリスト教国以外の存在を許さないと聖戦を仕掛けた十字軍のようだ。

聖戦意識は国民にとって民主主義のためだが、国際銀行家には自らの権力の拡大のためである。これが欧米型の政「金」分離の民主主義が持つ光と闇の二面性の正体なのだ。

国際金融権力は世界統一を目指す――ロックフェラーの言葉

多くの権力がそうであるように、金融権力もまた自らの勢力圏の拡大を志向している。国際化、グローバル化というのは別の意味で見れば、国際銀行家による世界支配の実現という意味合いである。

たとえば、ロックフェラー財閥の当主デイヴィッド・ロックフェラーは、自伝で以下のように書いている。

一世紀以上ものあいだ、政治的見解の両端に位置する極端なイデオロギー信望者は、わたしとカストロの顔合わせのように広く報道された出来事に飛びついては、ロックフェラー家を攻撃してきた。わたしたちがアメリカの政治や経済の制度に大きすぎる影響を及ぼしたというのがその言い分だ。なかには、わたしたちがアメリカの国益に反する秘密結社に属していると信じる者さえいる。そういう手合いの説明によると、一族とわたしは〝国際主義者〟であり、世界中の仲間たちとともに、より統合的でグローバルな政治経済構造を――言うなれば、ひとつの世界を――構築しようとたくらんでいるという。もし、それが罪であるならば、わたしは有罪であり、それを誇りに思う。

（デイヴィッド・ロックフェラー著『ロックフェラー回顧録』新潮社、Ｐ５１７）

このようにしっかりと内部の当事者が、国際金融権力が先導して世界を統一しようとする動きがあることを告白しているのである。

もはや陰謀でも何でもないことがお分かりいただけただろう。

読者の中には、世界統一とは、市民主権の民主主義の理念の下で、戦争のない平和な世界を作ることだと考える方もいるだろう。しかし、ここで述べられている世界統一への流れは、国際銀行家が望む体制の世界的な輸出である。人権に基づいた欧米型民主主義の普及であり、一方で独立した中央銀行のために通貨発行権を無くした政府を、マネーの支配者たる国際金融財閥が管理する世界を作ることである。

通貨供給量（マネーストック）とは何か

時代が変化するとともに通貨の詐術もそれに合わせて発展していく。金融権力にとっては、世間一般に通貨量について理解させないことが最も重要な権力のツールだからだ。

第二次大戦前後に一世を風靡《ふうび》したケインズ主義に代わり、70年代から経済学の主流になったのがマネタリストである。

フリードマンなどに代表されるマネタリストの理論は次のとおりである。

通貨の流通速度は一定であるので、通貨量を操作することで、景気の強弱や、物価の上下をコントロールできる。そのため政府は通貨量の操作を中心に経済政策を行えばよく、それ以外は、市場の原理に任せるべきである。政府は大きな政府ではなく、小さな政府にしてこそ、経済は成長していく。

前述した資本主義の単純化モデルとしての4つの項目のうち、経済を操作するには通貨量だけを操作すればいいという明確な理論だった。

マネタリストの理論は当初、確かに有効であった。通貨量という概念を経済学に本格的に導入したからである。その結果、通貨供給量（マネーストック）といわれるさまざまな通貨量の測定方法が開発され経済政策に取り入れられていく。通貨供給量は、銀行の預金量やその他の金融資産の総額を通貨量として計測する。

通貨供給量の量り方は国ごとにさまざまな範囲があり、日本では主にM1、M2、M3、広義流動性の4つの指標が使われている。一般的に通貨として用いられているのは現金と預金を合計したM1〜M3までである（図43参照）。

しかし、このマネタリストが強調する通貨供給量の概念こそが、次の時代の通貨の煙幕として利用されていく。

それは通貨供給量という統計上の通貨が、「本当の通貨量である信用創造量」から目を逸らさせる役割を果たし、また、金融経済が実体経済に対して巨大化していく過程で作られた新たな詐術だった。

それと同時にフリードマンらのマネタリストの隆盛は、小さな政府へと大きく舵を切らせ、自由

図43	通貨供給量では量れない信用創造量（通貨量）

M1（530兆円）	現金要求払預金			
M2（809兆円）	現金要求払預金	定期性預金 外貨預金 譲渡性預金		
M3（1113兆円）	現金要求払預金（ゆうちょ銀行、農林中金などを含む）	定期性預金 外貨預金 譲渡性預金		
広義流動性（1456兆円）	現金要求払預金（ゆうちょ銀行、農林中金などを含む）	定期性預金 外貨預金 譲渡性預金	金融債 銀行発行 普通社債 金銭の信託	金融機関発行CP、投資信託（公募・私募）、国債・FB、外債

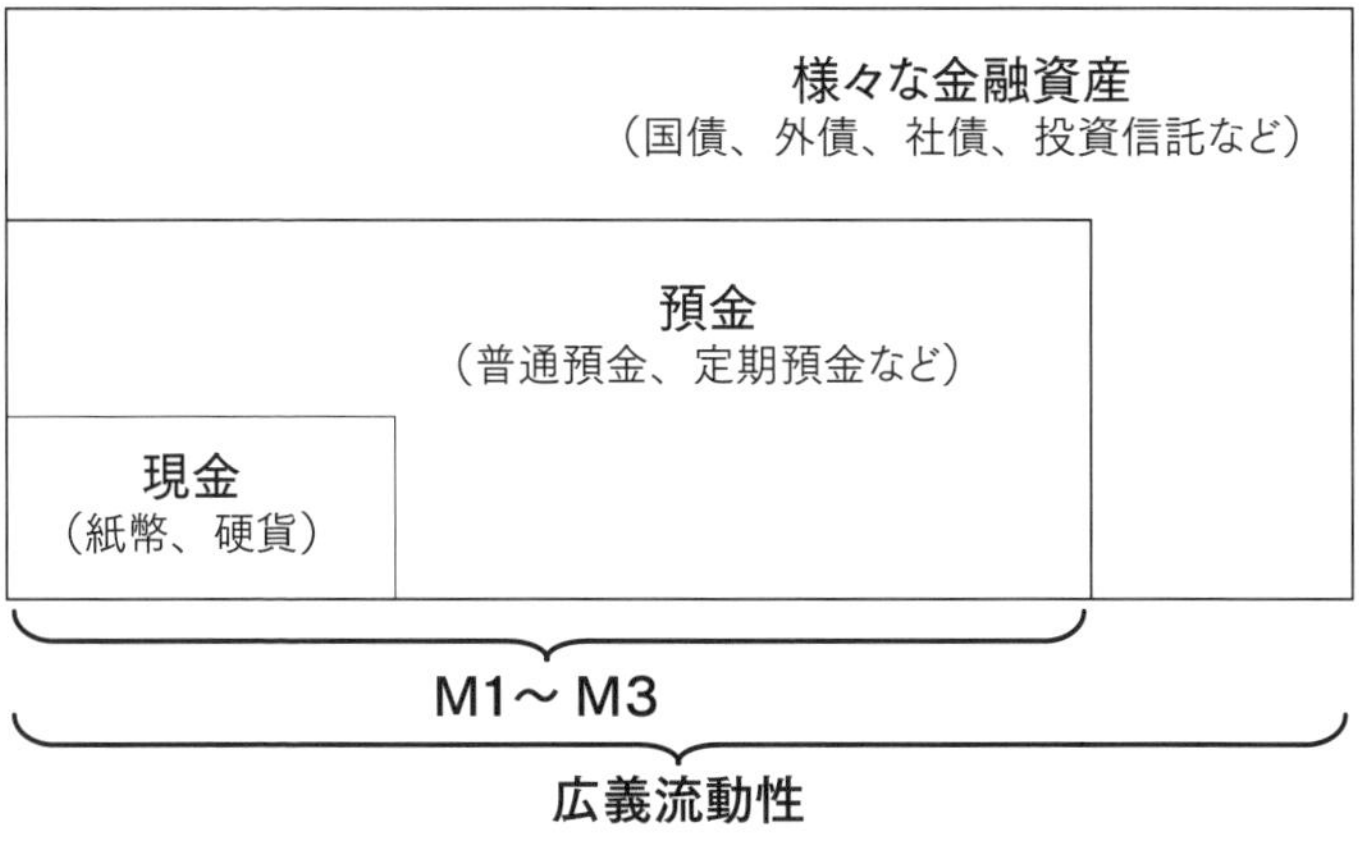

出典：日本銀行HP、金融大学をもとに著者作成

の暴走を招くことになる。

学者さえ勘違いしている⁉　通貨供給量のここがおかしい！

現在の主流の経済学では、通貨供給量M1〜M3が通貨だという意見が大勢を占めている。一方、それに対する反論もされており、エコノミストたちは「マネーとは何か」という経済学の根本的な問いに対して一致した答えを見出せないでいる。

この問題で主流の経済学に対して説得力ある批判を展開したのがドイツ人経済学者のリチャード・ヴェルナーである。通貨供給量は、預金の総額を量っているだけであり、通貨という購買力の総額ではない、というのがヴェルナーの意見である。

> 現在のM1、M2といった預金額を積み重ねても、マネーを量っていることにはならない。預金を量っているだけだ。
>
> （リチャード・ヴェルナー著『円の支配者』草思社、P87）

預金としての通貨は、さまざまな資産に変化してしまう。

例えば、銀行がA氏に1000万円の融資を行ったとする。貸出すと同時にA氏の口座に1000万円の預金通貨が発生する。銀行の帳簿上で世の中に新たな1000万円の通貨が作られたのだ（図44参照）。

この時、新たな銀行貸出しの1000万円の増加（信用創造量の増加）＝預金1000万円の増加（通貨供給量の増加）となる。しかし、その後が違ってくる。A氏が1000万円の預金のうち、500万円を証券会社の証券口座に移したとする。そうすると、A氏の資産は、預金500万円、証券口座500万円になる。ここで通貨供給量の問題が発生する。

証券口座に500万円の預金通貨を移動させたので、通貨供給量の統計上は500万円分の通貨が減少したことになる。なぜなら、証券口座に移動した通貨は、前述した通貨供給量のM1～広義流動性の指標のどこにも統計として含まれないからである（MRFに移動しないとした場合）。

しかし、銀行によって通貨として作られた購買力が無くなったのかというと、そんなことはない。市場に存在する購買力は1000万円のままである。証券口座にある500万円で証券会社が販売している金融商品を500万円分購入することができるのだ。通貨供給量には含まれていないが、商品を購入することができるという意味で、通貨としての機能を果たしている。

また証券口座にある500万円を預金口座に戻せば、預金通貨は500万円から1000万円に再び増加する。そうすると、移動させただけで、通貨供給量の通貨が増えたことになる。

このように市場の通貨供給量の統計とはさまざまに変わってしまう。

信用創造量としての通貨（正しい通貨供給量）

それでは、作り出された通貨の総量を量るにはどのような指標が有効なのか？

それは、通貨を作り出した時に銀行の帳簿で預金と同時に発生する貸出金などの項目、つまり信用創造量であろう。資産の側の貸出金などの項目は、預金のようにはさまざまな資産に変化しにく

図44　銀行の帳簿で見る、預金の流動性

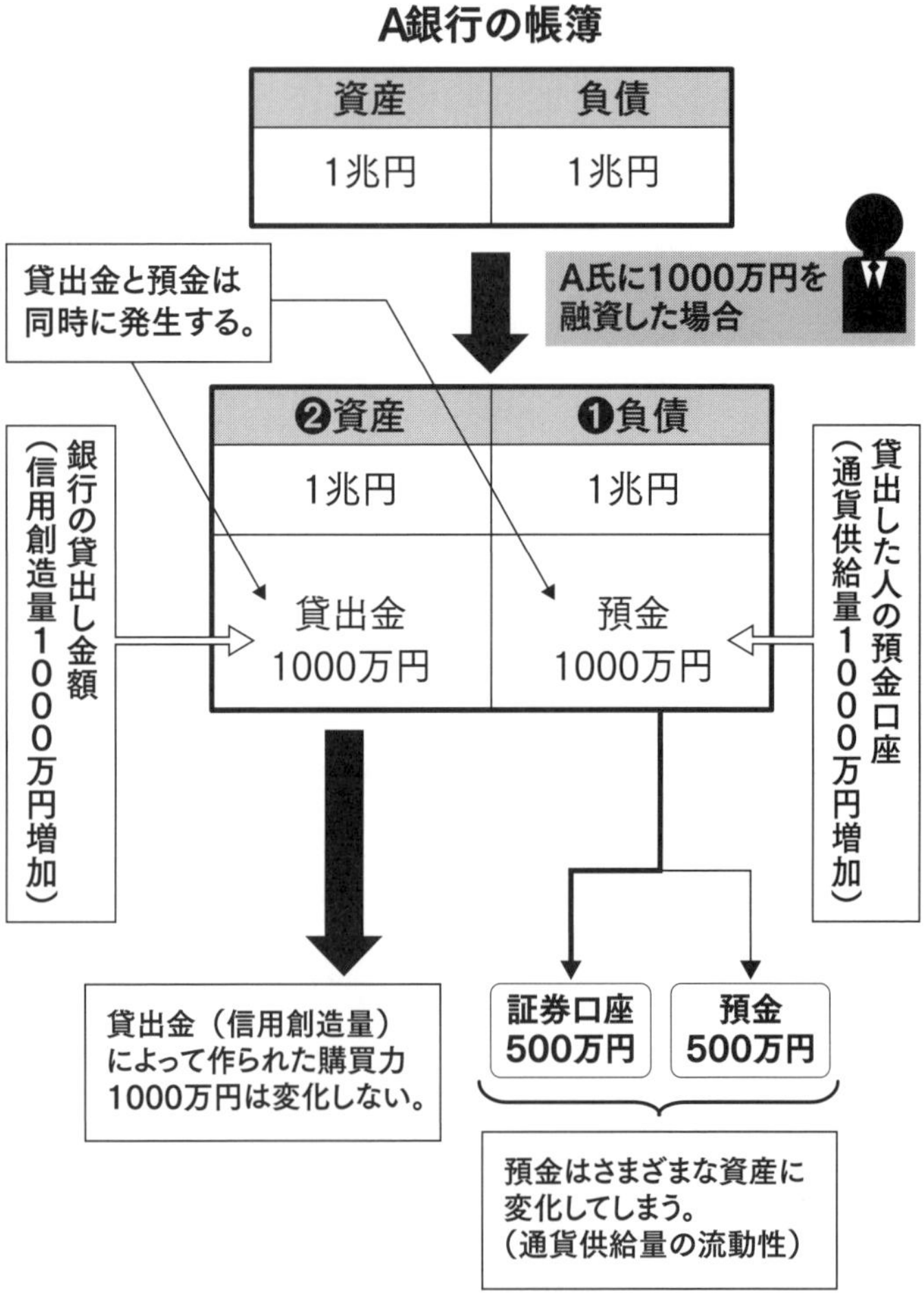
A銀行の帳簿
資産
負債
1兆円
1兆円
A氏に1000万円を融資した場合
貸出金と預金は同時に発生する。
❷資産
❶負債
1兆円
1兆円
貸出金 1000万円
預金 1000万円
銀行の貸出し金額（信用創造量1000万円増加）
貸出した人の預金口座（通貨供給量1000万円増加）
貸出金（信用創造量）によって作られた購買力1000万円は変化しない。
証券口座 500万円
預金 500万円
預金はさまざまな資産に変化してしまう。（通貨供給量の流動性）

いのである。

「通貨供給量」の正しい測定法は、（中央銀行による資産の売買の差し引き額として経済に注入される）中央銀行の信用創造額と民間銀行の信用創造額の総和を量ることである。

（前掲書、Ｐ89）

つまり、中央銀行や民間銀行が貸出しや有価証券の購入などで作り出した総額である。通貨供給量という言葉そのものが一種のトリックであると言える。文字だけを読めば通貨供給量とは、文字どおり銀行業が通貨を供給した量であろうと捉えられる。しかし、通貨として供給した預金がさまざまな金融資産に変化してしまうのであれば、このような言葉を使うことは混乱を招くだろう。

ここでは、通貨供給量として定義されている「統計上の通貨」（さまざまに変化）と、銀行業によって作り出された「信用創造量としての通貨」に違いがあることを確認されたい。

通貨は銀行業の融資などにより誕生し、その後、さまざまな金融資産に変化していく。その際に通貨は、統計上の通貨供給量でなくなる時がある。しかし、作り出された信用創造量としての通貨は消滅していない。通貨が消滅するのは銀行からの借金を返済したりする時である。いったん自らの預金口座に戻してから銀行に返済することになる。そして預金通貨として消滅する。この時に信用創造量としての通貨もこの世から消滅する（図45参照）。

まとめると、通貨量に対するさまざまな煙幕により、いまだにエコノミストの間でも、通貨と購

図45　通貨の一生

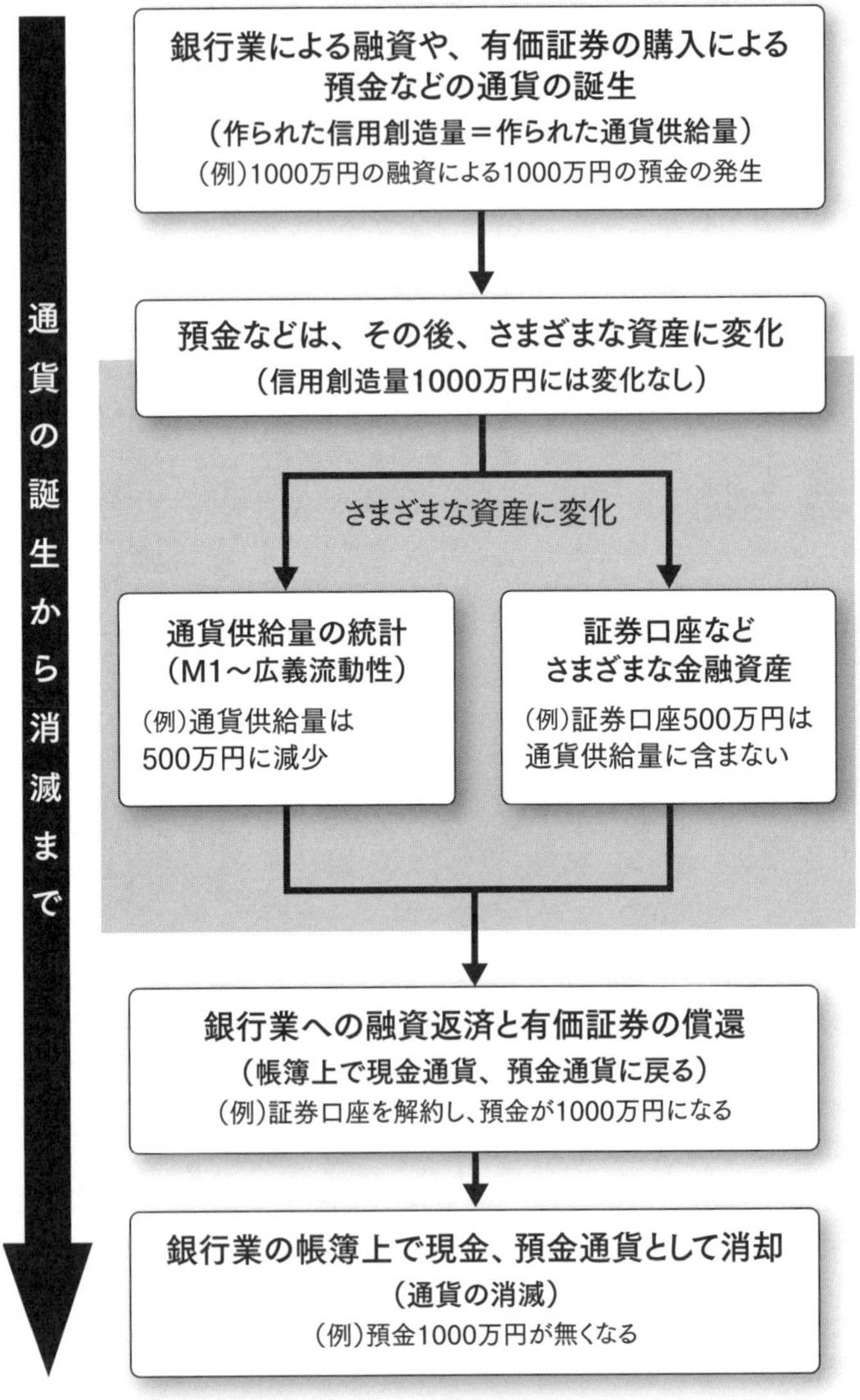

通貨の誕生から消滅まで
銀行業による融資や、有価証券の購入による預金などの通貨の誕生
（作られた信用創造量＝作られた通貨供給量）
（例）1000万円の融資による1000万円の預金の発生
預金などは、その後、さまざまな資産に変化
（信用創造量1000万円には変化なし）
さまざまな資産に変化
通貨供給量の統計
（M1～広義流動性）
（例）通貨供給量は
500万円に減少
証券口座など
さまざまな金融資産
（例）証券口座500万円は
通貨供給量に含まない
銀行業への融資返済と有価証券の償還
（帳簿上で現金通貨、預金通貨に戻る）
（例）証券口座を解約し、預金が1000万円になる
銀行業の帳簿上で現金、預金通貨として消却
（通貨の消滅）
（例）預金1000万円が無くなる

買力の関係に対して意見の一致がないという状況だ。

どれだけ帳簿を見ても、通貨として作り出された購買力の総額は正確には量れないようだ。なぜならば貸出金も有価証券も、貸倒れや時価評価などにより帳簿上の数字は変化してしまうからである。そのため銀行が作り出した総額で、消却した総額を差し引きしなければいけないが、そのデータは公表されていないようだ。

しかし通貨を創造できるのは中央銀行と民間銀行だけである。創造した側はいくら創造したのか、いくら消却したのかを知っている。ここが、私が「操作されている」という由縁である。

支配者は資産の項目を見る、一般は負債の項目を見る

通貨の経済への影響を考える上で、銀行の帳簿上で、資産の側を重視するのか、負債の側を重視するのかは経済学者の間でも昔から意見が分かれている。いわゆる貨幣論と信用論の対立である。「貨幣論」とは図46の❶の銀行の負債側。つまり預金の総額に注目する視点である。「信用論」とは図46の❷の銀行の資産側。つまり預金を創造するときに発生する貸出金などに注目する視点である。従来は貨幣論が主流であった。

ケインズなどの影響力のあった学者が銀行の資産側を重視しなかったために信用創造量が軽視されるようになった。さらにその後に出てきたフリードマンらのマネタリストの多くも、通貨供給量という言葉で銀行の負債側の預金総額を重視する経済理論を打ち立てた。

この貨幣論を重視する理論は負債側の預金を見るため、二つの重要なことから目を逸らさせるこ

とになった。

●信用創造量の総額と、新たに供給される信用創造量の観点
●どの分野にどれくらいの貸出しがなされたのかという観点

預金などの通貨供給量の総額が、作られた通貨の総額でないことは前述した。

一方、預金を創造する時に同時に発生する資産の側の貸出金は、その後ほとんど他の資産に変化しない。つまり預金のような流動性がほとんどない。

そのため、通貨をどれだけ作り出し、市場に残っているのかは銀行の資産側を見るほうが有効であろう。また、毎年の消費の伸び率も各産業への貸出し総額によって計られるという。なぜなら、銀行が貸出した通貨分は即消費されるからである。

さらに資産側を見る信用論が経済への影響を考える上で有効なのは、どの分野にどれくらいを貸付けているのかが把握できるからである。

例えば、不動産業にはいくら貸出し、個人向け住宅ローンにはいくら貸出し、国債（国への貸出し）はいくら購入しているのか。国・企業・個人への貸出しがもたらす信用創造量によって経済に与えるそれぞれの影響が分析できる。

さらに通貨量の操作による消費の増減を業種別に把握できるということは、実体経済向けの貸出しと、金融経済向けの貸出しの増減も把握することができるということだ。

図46	マネーの支配者と一般の視点の違い

購買力の額も
どこに貸付けて
いるかも分かる。

マネーの
支配者

お金の額も
性質もよく
分からない。
お金って
謎だらけ。

一般

銀行業全体の帳簿

❷資産	❶負債／資本
保有現金	普通預金
実体経済業種への貸出金	当座預金
実体経済業種の社債/株	定期預金
住宅ローン／クレジットローン（個人向け貸出金）	貯蓄預金
	外貨預金
国債（国家向け貸出金）	自行の社債
外国債（外国向け貸出金）	借入金
金融経済業種への貸出金	自己資本
金融経済業種の社債/株	

マネーの支配者はこちらも見ている。
どこにどれだけ貸付けているかも、実体経済と金融経済に分けることも、民間銀行が作り出した購買力の額も把握できる。

一般には通貨供給量という名で、こちらに注目させる。どこが借金しているかも、実体経済と金融経済の違いも、民間銀行が作り出した購買力の額も分からない。

（知っている支配者と知らない一般人）

↓

通貨量 ✕ 通貨の流通速度 ＝ 商品の取引量 ✕ 商品価格

図46の❶の預金を見ていては、通貨量の増減に伴う消費の増減を業種別に分解することも、実体経済と金融経済に分解することもできない。ケインズも実体経済と金融経済に取引を分けるべきと述べていたが、通貨量の観点から分解することはできなかった。なぜなら、通貨量を負債側の預金で判断していたためである。リチャード・ヴェルナーは資産の側の信用創造量を通貨量と分析したために、通貨の創造量を実体経済向けの取引と金融経済向けの取引に分解することができた（図46の❷）。これにより、日本のバブルの発生や崩壊、経済成長と停滞を、通貨量の観点から理論的に分析することが可能になった。

図46の❶のM1〜M3の通貨供給量のみを重視し、図46の❷の信用創造量を軽視する理論は、一般人に経済を理解しにくくさせるための煙幕である。銀行の元締めは資産の側も見るため、どれくらいの潜在的な購買力が存在し、どの分野にどれくらいの貸出しがされているかが分かり、経済をコントロールできるのである。

通貨量に対するトリックこそ、銀行家（金細工師）が通貨を創造した時からの十八番なのだ。

実体経済を呑み込み始めた金融経済というモンスター

20世紀後半から、通貨供給量とGDPの安定した関係を主張するマネタリストたちの理論が崩れ始めた。通貨供給量を増やしても経済規模が拡大しないのである。かといって、インフレになるわけではない。GDP取引に比べて通貨供給量の流通速度が遅くなってきたのである（図47のグラフ下）。実体経済と通貨供給量の関係が壊れ始めたのだ。

図47	経済規模と通貨量との関連で適切な信用創造量

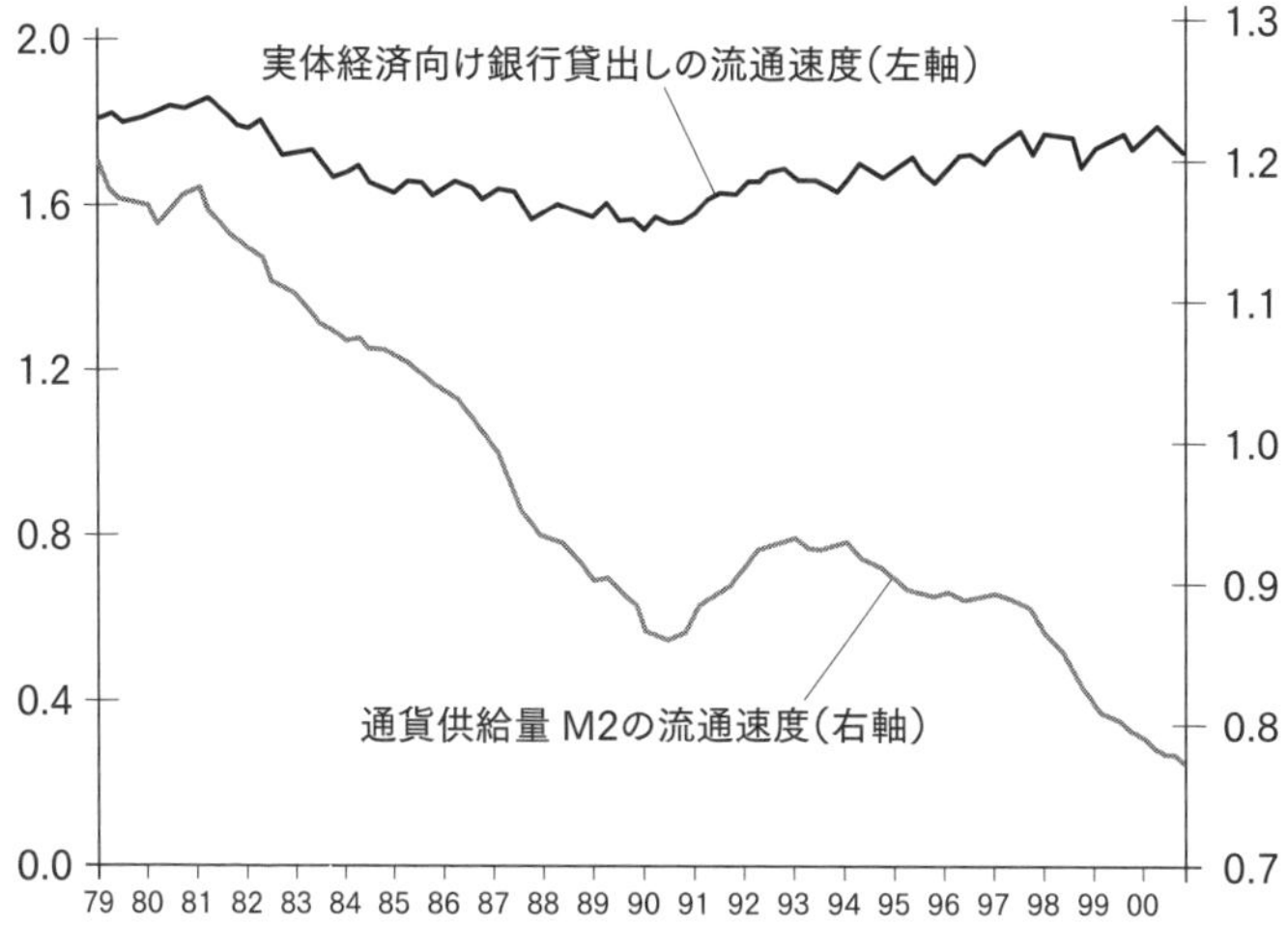

出典：リチャード・A・ヴェルナー『虚構の終焉』（ＰＨＰ研究所）参照

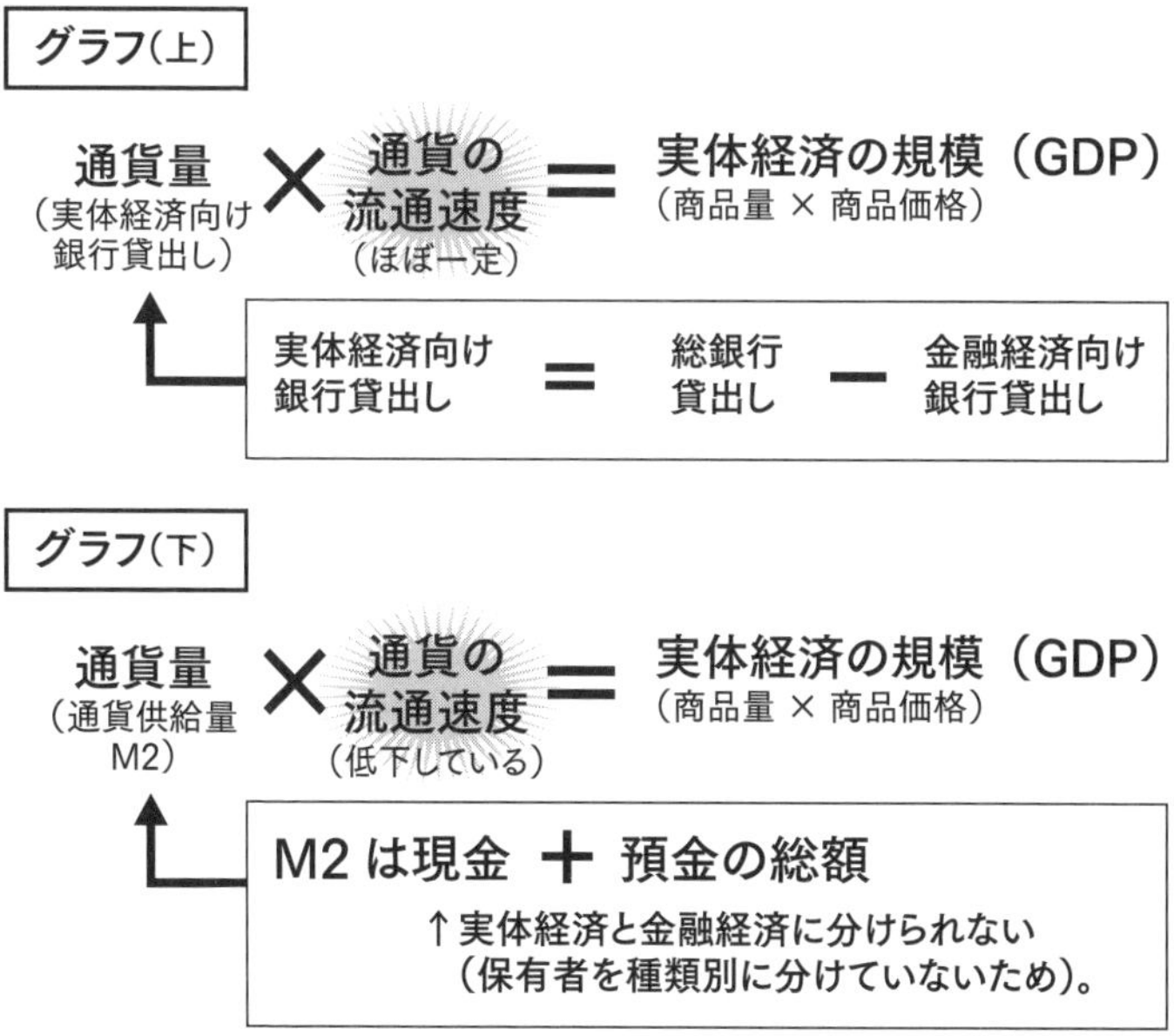

その原因の一つは金融経済の巨大化である。

不動産取引や証券取引のような金融経済は、実体経済を測定するＧＤＰの取引に含まれない。そのため金融経済の取引に使われる通貨が増加し始めると、通貨供給量と実体経済（ＧＤＰ）の関係が安定しなくなったのである。

つまり通貨供給量の増加率に対して、ＧＤＰの増加率が低くなっていった。

通貨量の定義として、実体経済と金融経済に分離できない通貨供給量（Ｍ１〜Ｍ３の預金総額）の考え方では、経済規模（ＧＤＰ）を算出する交換方程式（通貨で買った取引総額＝商品を売った取引総額）が意味をなさなくなった。

通貨量を実体経済と金融経済に分離できる信用創造量（ここでは銀行貸出しも）では、実体経済向けの通貨の流通速度はほぼ一定であるとヴェルナーは算出している（図47のグラフ上）。

金融経済は、銀行が金融取引の分野に貸出すことによって成長していく。銀行の融資により実体経済をはるかに上回る勢いで金融経済の膨張は続いていき、やがて実体経済よりも巨大になり、80年代の日本のバブルやリーマンショックのように我々の生活を翻弄するようになる。

〔第7章〕

日本型資本主義の破壊で政「金」分離型民主主義の天下に

ソ連の崩壊で自由主義の天下に

1980年代末から90年代初頭にかけて自由民主主義経済社会のライバルであったソ連型社会主義が雪崩をうって崩壊していく。その原因は先述したとおりである。

そして国際銀行家によって管理される自由主義の理念と制度の世界的な輸出が行われていく。かつて社会主義であった東欧や本家のロシアまでもが自由民主主義経済社会を受け入れていった。銀行家の権勢ここに極まれり。もはや地球上から政治的ライバルがいなくなり、政「金」分離型民主主義の天下になったように見えた。

一方で、経済システムでは身内の資本主義国から強力なライバルが存在していた。日本型資本主義である。日本型の官僚主導による計画経済と、株主の力を抑える産業資本主義は、世界中がもう一つの成功モデルとして真似をし、成功を収めていた。特に、中国、台湾、シンガポール、マレーシア、インドネシア、韓国などは「アジアの奇跡」と呼ばれるほどの高度経済成長を達成していた。経済システムの優秀性という観点からは、日本型資本主義は銀行家主導の株主資本主義にとって社会主義などよりもはるかに大きな脅威であった。

そこで日本型資本主義を潰すために一計が案じられたのだ。

意図的に創られた日本のバブルとその崩壊

ソ連や東欧などの社会主義諸国が軒並み経済停滞するなか、株主資本主義の脅威になっていた日本型資本主義を破壊することが国際金融権力の戦略となった。

日本型経済システムが世界のモデルになりつつあり、大きな脅威だったからだ。日本型経済システムを破壊するためには産業構造に問題があるように思わせなければならない。それと同時に、政治と通貨発行が分離していない日本の金融システムの改革も行ってしまおう（当時の日銀は旧大蔵省の管理下にあった）。

そこで、歴史を通じて毎度のことであるが、中央銀行である日本銀行を用いてバブルを創出させる。バブルを起こさせるのは簡単である。

日本銀行金融研究所に所属し、日銀内部からバブルの調査をしたリチャード・ヴェルナーによると、各銀行に融資枠を設定し、どの業種にどれくらいの貸出しをするかを命令する「窓口指導」という金融政策を当時の日銀は行っていた。その窓口指導は、大蔵省もほとんど関知していなかった政策ツールだった。当時の日銀は、大蔵省出身者と日銀出身者が交互に総裁に就任していた。いわゆる「タスキ掛け人事」だ。しかし、大蔵省出身の日銀総裁は、金利政策しか関与できず、実際の通貨の創造を行う各銀行の貸出し枠の決定には関与できなかった。大蔵省出身の日銀総裁には、窓口指導に関与している担当者から「専門性が高すぎ、政策的にもあまり効果がない。日銀プロパーに任せたほうがよい」と説明された。

こうして秘密の銀行統制ツールとして使用されていた窓口指導を通じて、日銀は各銀行の不動産貸出し枠を急激に拡大させた。貸出し枠を設定された銀行は、それを使い切らなければならない。一種のノルマである。ノルマを達成するために銀行が、不動産会社の社長にお金を借りてくれるように頭を下げるという実に奇妙な現象が生じたのだ。日頃お世話になっている銀行が頭を下げて借りてくれと言っている。しかも地価は上昇している。不動産会社の社長は銀行に頼まれた融資を引き受けた。

借金をしただけでは、利子だけが付く。利子以上の収益をあげなければならない。借金をした不動産会社の社長が何をするかは明らかである。土地の取引だ。

こうして銀行が不動産業界に貸出した金額だけ、不動産の取引量は増加していく。

不動産バブルの発生である（図48参照）。

そして、十分に地価が上がりすぎたと判断した1991年、戦後ずっと行われていた窓口指導を廃止する。突然融資枠の命令がなくなった各銀行は、地価が上がりすぎたこともあり融資をしなくなる。不動産市場は取引が激減する。上がりすぎたものは下がるのが市場原理である。地価の暴落が始まり投げ売りが起きる。借金をしていた不動産会社は、借金の元金返済はもちろん、利子も払えずに潰れていく。

こうしてバブル期に日銀の命令に従って融資していた民間銀行は、多くの不良債権を抱えることになり、経営危機におちいった。経営の苦しくなった銀行が行うことは決まっている。リスクのある融資を減少させることだ。

日本の銀行の貸出し伸び率は急速に減少し、通貨の創造が経済の潜在的な成長率を大きく下回ることになる。通貨の伸び率が新しく創られる商品生産の伸び率よりも低ければ、商品が売れ残り、不景気になる。売れないなら商品の値段を下げるしかない。

図48　銀行貸出しが引き起こした不動産バブル

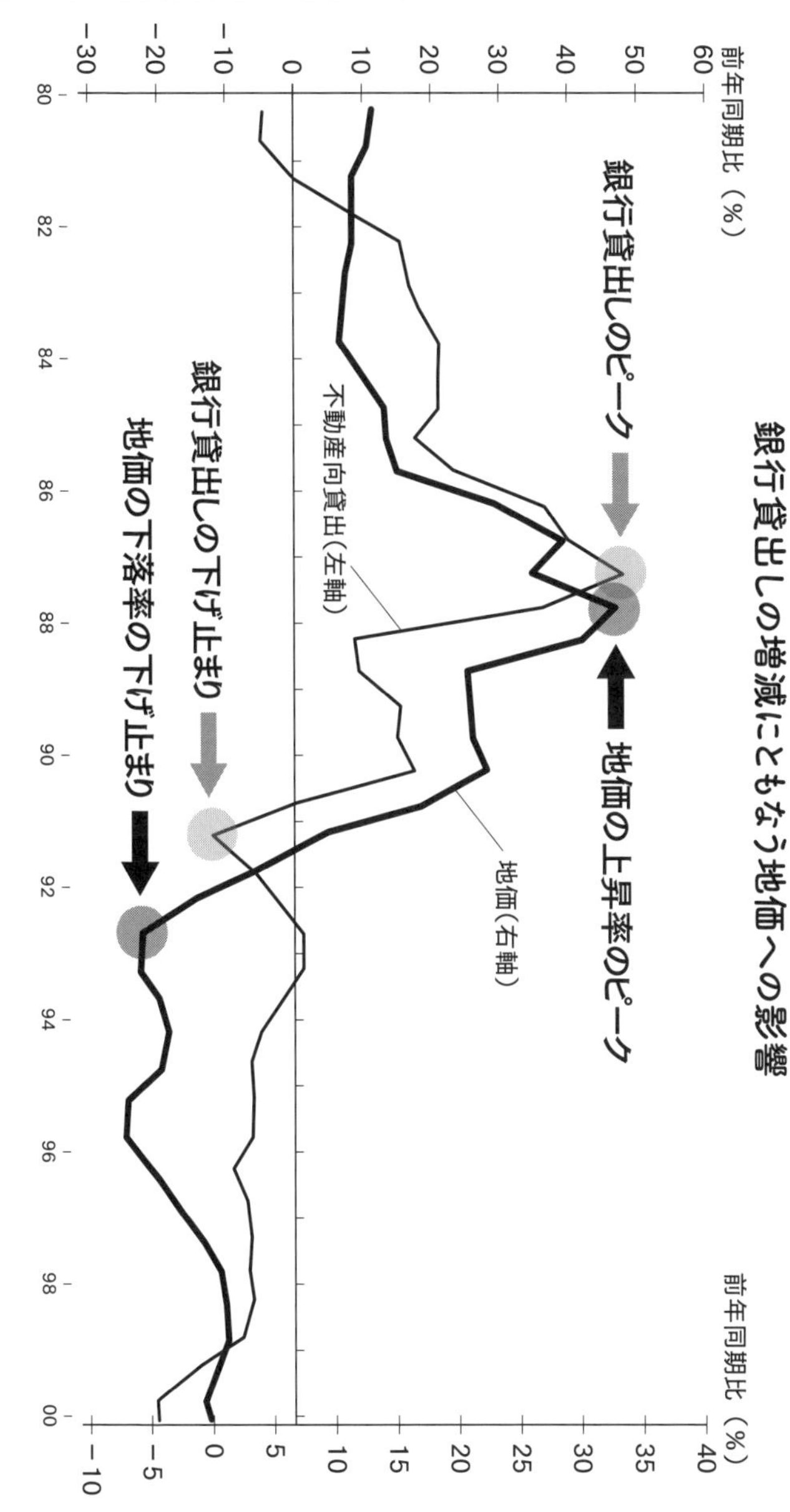

出典：リチャード・ヴェルナー『円の支配者』（草思社）参照

デフレ不況の発生である。

しかし、金利政策を重視する当時主流の経済理論では、バブルの発生の原因である通貨量を直接操作する窓口指導について説明することができなかった。その原因は以下の二点だ。

❶量的政策よりも金利政策に重点を置いていた。

❷銀行の資産側（不動産向け貸出しの激増）を見ていなかった。実体経済向けの融資は平常通りであったので、バブル時においてもインフレ率は低いままだった（図49参照）。

バブルを起こした金融政策の失敗は旧大蔵省のせいにされ、中央銀行の独立性がないのでバブルを防止できなかったと喧伝《けんでん》された。こうして1998年に旧大蔵省は解体され、日銀は名実ともに独立性を勝ち得たのである。

この一連の流れは計画的に仕組まれたものだった。中央銀行を通じた景気操作だったのだ。日本は敗戦国であり、戦勝国・米国の属国である。しかし属国ではあるものの、属国を意識させないところに欧米権力の巧みさがある。

前述したヴェルナーによると、日銀には「プリンス」と呼ばれるごく一部のエリート派閥が存在していたという。少なくない数の識者がプリンスといわれるエリート派閥の存在を認めている。この一部のエリート派閥だけが窓口指導の政策に関わることができたという。通貨という最も重要な公共物を扱う機関の中にこのような派閥が存在し、秘密裏に政策を行っていたというのは驚くべき

図49	バブル時（1986年～91年）も日本のインフレ率は低かった

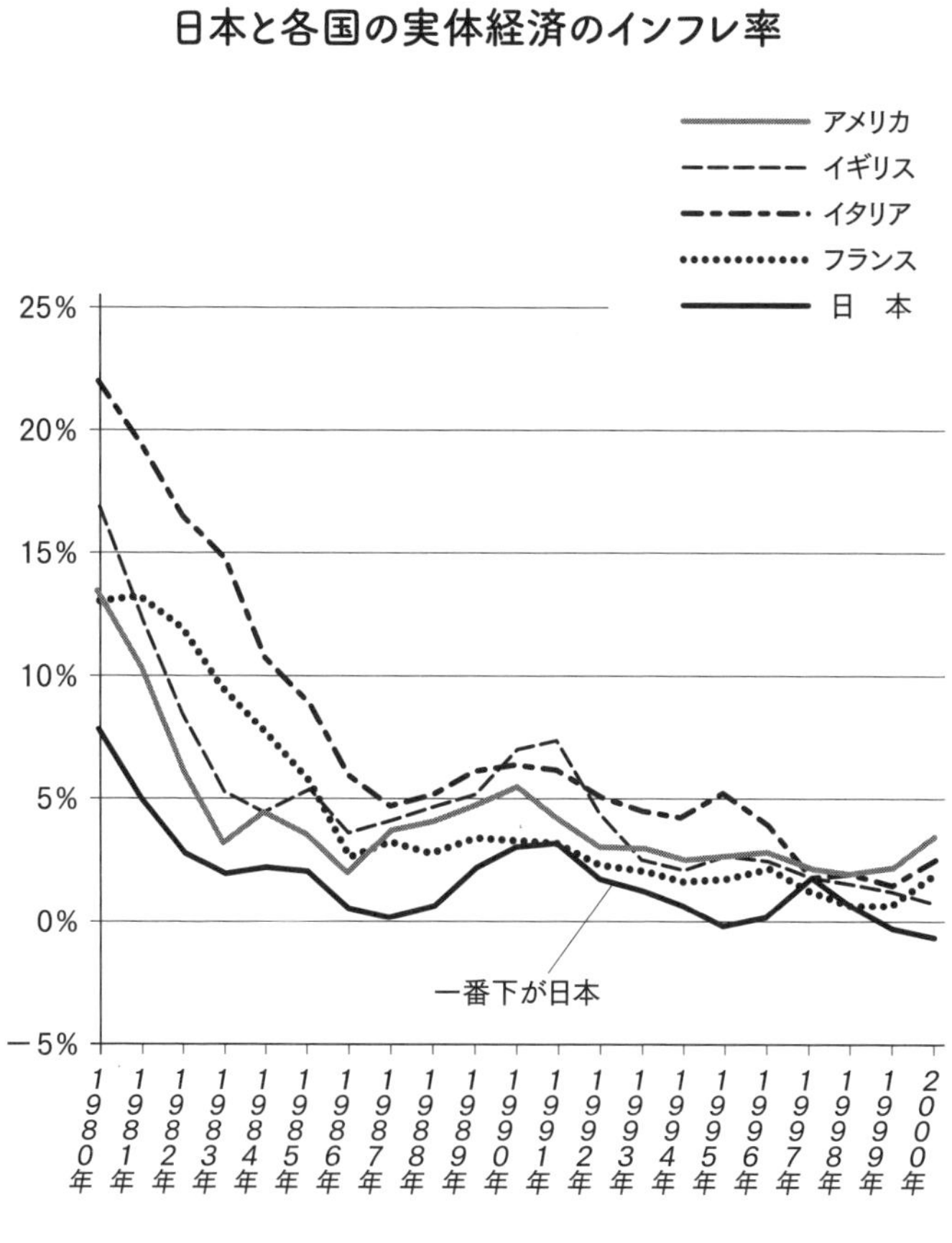

出典：情報サイト「世界経済のネタ帳」より著者作成

事実である。このようなことは日銀内部の関係者だけでは不可能であり、中央銀行を支配のツールとしてきた国際金融権力が背後にいることは容易に察しがつく。

日銀が窓口指導というツールを大蔵省に関与されずに遂行できたのも、その後独立できたのも、米国の本当の支配者であるＦＲＢの株主たちの存在があったからだ。ＦＲＢを通じて米国を支配している銀行家たちが属国・日本の金融政策の手綱を握っていないわけがない。

一連の計略によって起きたバブル崩壊とその後の不況は日本独自の産業構造のせいにされた。こうして世界最強を誇った日本型経済システムは解体されていった。

バブル崩壊後、借金の主体は企業から政府へ

バブル崩壊後の日本政府は景気対策のために財政出動を繰り返した。しかし借金が増えるばかりで景気はいっこうに回復しなかった（図50参照）。

その理由は単純だ。日本国内の通貨量が増加しなかったからだ。

政府が新たに国債を発行し、市場から借金をすると、通貨量に与える影響は二つのパターンに分かれる。

❶民間銀行が購入した場合には、購入した金額と同額の通貨が創造され、通貨量を増加させる。

❷民間銀行以外の法人や個人が国債を購入した場合には、通貨の創造は起こらず通貨量の変化は起こさない。

図50 日本だけが全く経済成長しない……

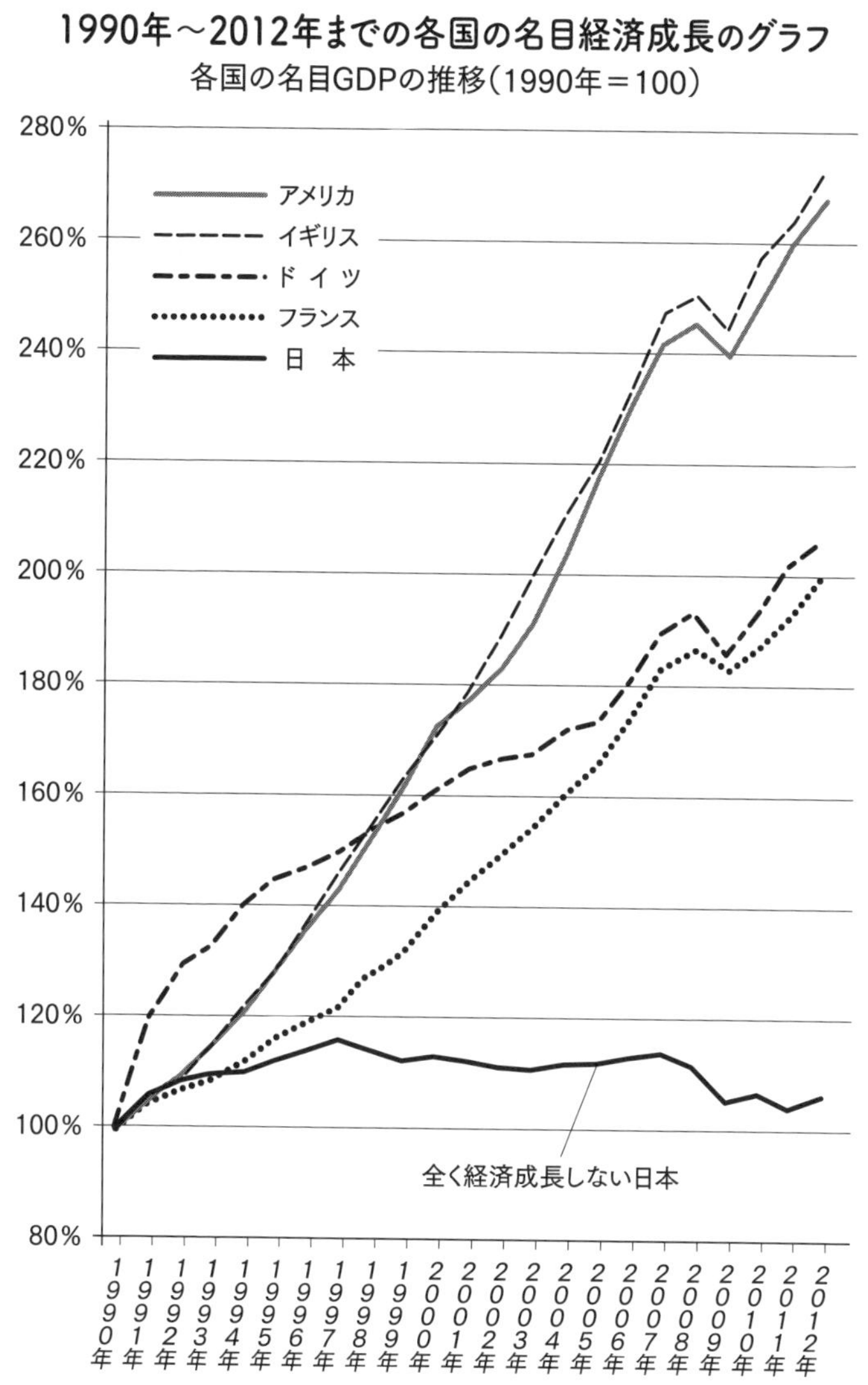

出典：情報サイト「世界経済のネタ帳」より著者作成

国債の発行総額に占める民間銀行の保有割合は全体の約5割（平成22年末保有割合）である。その分は通貨創造を行ったことになっている。

ということは、市場の購買力はそれだけ増えたことになるのではないか？

確かに銀行が国債を購入することで通貨は創造されたが、全体の通貨量は増えていないようだ。

次の図51を見ていただきたい。

1980年から2010年までの銀行の資産内容をグラフ化したものである。

グラフの上から三番目の線は、銀行が購入している株式以外の証券（主に国債など）の残高である。銀行はこの不景気の間、国債などの有価証券を購入し続けてきたことを示している。

上から二番目の線は銀行の市場への貸出残高である。つまり銀行が融資した金額よりも、企業や個人から返済される金額の方が多いことを示している。そのため貸出残高は減っているのだ。

第1章でもお伝えしたとおり、銀行の融資が通貨を創造するが、逆に返済されると通貨は消滅する。貸出し残高が減少しているということは通貨が減少したことを表している（他の項目でも貸出残高は減少するので、正確な数字ではなく大まかな傾向としてだが）。つまり企業が借金を減らし、政府が借金を増やしたという構図が見てとれる。

一番上のグラフは銀行の資産残高である。90年代後半以降ほとんど変化していないのが分かる。銀行の帳簿上で作られる通貨量の変化はほとんど起こっていないという証拠だ。グラフの一番下の線は日本銀行の資産総額である。もう一つの通貨を創造する機関である日銀の資産規模にもほとん

図51	日本の不景気の原因、拡大しない銀行業の資産

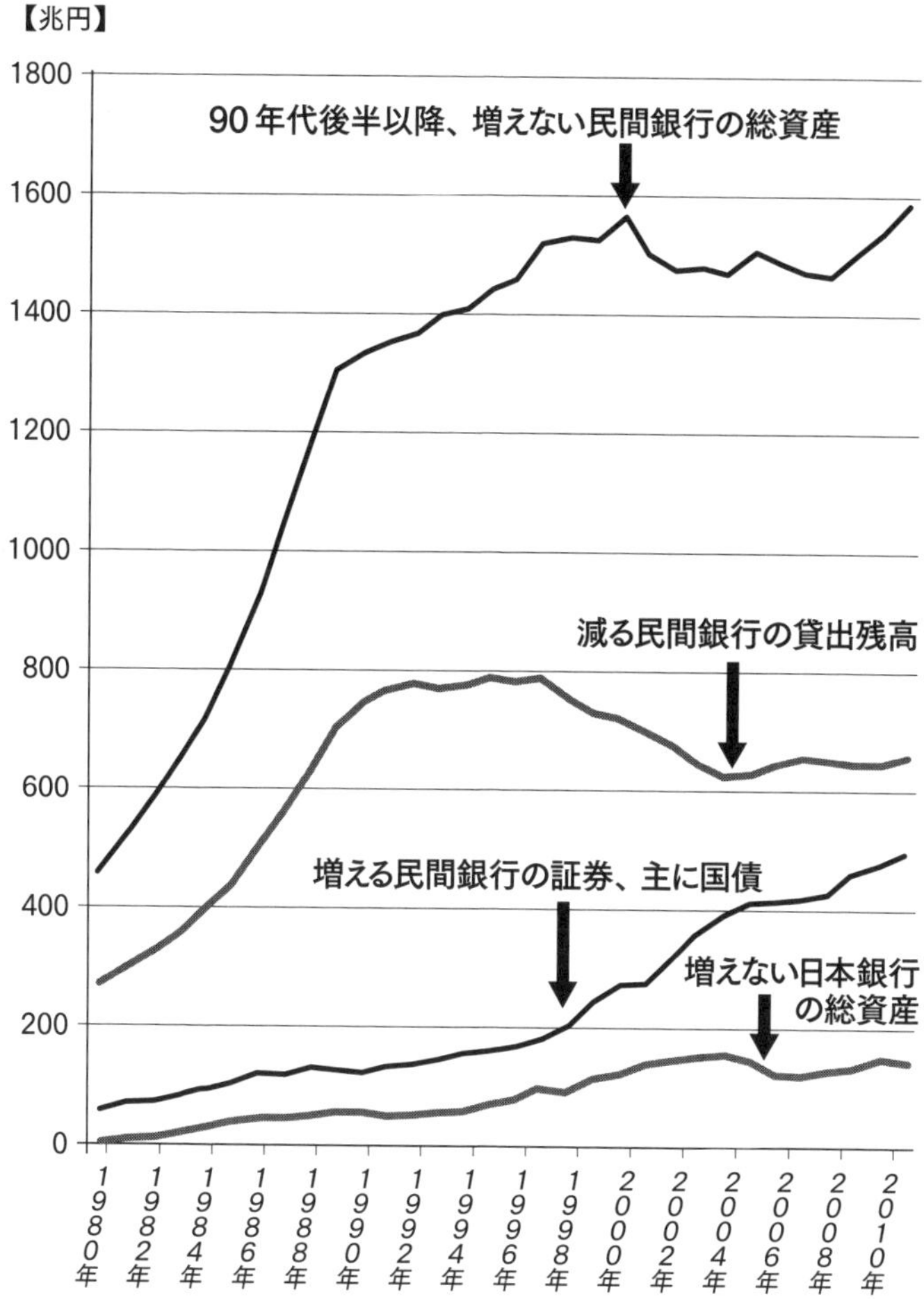

出典：日本銀行HP「資金循環統計」より著者作成

ど変化がないのだから、日本の通貨創造量（信用創造量）もほとんど変化していないことになる。通貨量が増加しなければ消費が伸びず、景気は良くならないのである。

財政出動での通貨を創造するパターン、しないパターン

財政政策に効果があるかどうかは、常に銀行との関係で考えていかなければならない。なぜなら、通貨が創造されない限り、基本的に消費は増加しないからである。そのため、銀行以外の生保や年金基金が購入した場合、通貨を創造せず、移動させるだけなので、消費の増加政策としてはあまり期待できない。一方銀行が国債を購入すれば通貨を創造して消費を増加させることができる。

しかしここ10年以上日本の銀行が行っているように、国債を購入した分、結果として企業への貸出しを減らすのなら、通貨量の変化は起こらず、市場の消費は増加しにくい。

現在の日本はいくら財政投融資を増やしても、その分、銀行貸出しが減少してしまうのか、それとも貸出しの減少分を政府が穴埋めしているのか、議論の分かれるところである。どちらにしても市場の取引に使われる通貨量（信用創造量）を十分に増加させることには10年以上にわたって失敗しているようだ。

今の日本とは違い、財政政策で景気を回復させた好例が世界恐慌後のドイツである。

世界恐慌から景気を回復させたヒトラーの経済政策が優れていたのは、通貨の創造をともなう財政政策を行ったからだ。

ヒトラーは世界恐慌でドイツ経済が大打撃を受けた（失業率は30％超）時に、新規の雇用を申請

した企業に雇用創出手形を発行した。この手形を受け取った企業は銀行に持っていけば必ず通貨と交換してもらえる。また銀行も中央銀行に持っていけば通貨と交換してもらえる。つまりドイツ政府が通貨を創出したのとほぼ同じ効果をもたらした。

この政策によって市場に新たなる通貨が創造されたので、消費が増加した。消費の増加は、世界恐慌で活動を休止していた多くの工場設備を再稼動させた。こうして失業率はみるみるうちに減少し、ドイツ経済は復活したのである。

ヒトラーの政策が景気回復に成功した理由は、雇用手形をすべて「通貨を創造する銀行に限定して」買い取らせたからだった。

一言で財政政策といっても、どこが購入するかによって景気に与える影響はまるで違ってくるのである。このことが、政府が通貨を直接作らずに行う財政政策での景気対策が果たして効果があるのか、分かりにくくさせている。

なぜ日本経済だけが成長しないのか？

ここ20年、全世界の自由市場経済を導入している国が経済成長を続けている中で、日本だけが成長できていない。

世界有数の働き者である日本人が、一生懸命働き続けても経済規模は20年前と同じなのだ。

この理由は、前述したように通貨量が十分に増加していないからである。

この経済停滞の時期の日本はデフレであった。実体経済で取引される通貨量が、新しく商品を生産する潜在成長率を下回っていた証拠である。

よく不況の原因として次のようなことが言われてきた。日銀などが懸命に資金を供給していて、なおかつ政府が多額の国債発行を行っているからマネーは増えている、それなのに消費が伸びないのは、消費する一般市場の側に問題がある。消費停滞の原因は、人口減少のせいだ、将来への不安のせいだ、高齢者が資金を溜め込んでいるせいだ、円高による輸出不振と企業の海外移転のせいだなど、さまざまな意見が言われてきた。

実際に、通貨供給量であるマネーストックの各指数（M1、M2、M3、広義流動性）は増えている。なぜマネーストックが増えたのかというと、長期の不況で、株などの投資資産を解約して預金等に戻したり、銀行が国債等を購入して信用創造しているからだ。だからといって市場に創られた購買力が十分に増加しているわけではない。これはあくまでも銀行の負債側である。銀行の資産側は増えていない。

また、ただ単に通貨量が増えればいいという問題でもない。増加した通貨が、経済成長にカウントされる実体経済の取引に向かわなければならない。金融経済にいくら通貨量が増加しても、その分野の資産価格を高騰させるだけだ。

デフレ不況とは、実体経済の潜在成長率を下回る消費しかないことの証明だ。それなら、行うべきことは、はっきりしている。実体経済向けの消費を増加させるために、実体経済向けの取引に使われる通貨量を増加させるしかない。それができるのは、通貨を信用創造という手段で無から作り出せる銀行業だけである。個々の経営に腐心せざるを得ない民間銀行にそのようなことを期待しても仕方がないので、政府や日銀が主導しなければならないのだが、日本はそれができないシステムになっている。それは日本がアメリカの属国であり、かつ政府が通貨発行権を持っていないからである（図52参照）。

日本は誰の利益のための政治を行っているのか？

第二次世界大戦で完膚なきまでに敗北し、無条件降伏した日本は、１９５２年のサンフランシスコ講和条約で国家として再び独立したことになっている。しかしその後から現在まで、アメリカの従属的立場にあることに変わりはない。日本にはいまだに１３０カ所以上（２０１２年）の米軍基地が全国津々浦々にある。世界中の国に基地を持っているアメリカだが、首都に米軍基地があるのは世界中で我が日本だけである。

オバマ大統領の外交問題顧問を務めたこともあるアメリカの学者ブレジンスキーは「日本はアメリカの保護国である」と指摘している。保護国とは属国のことだが、世界はそう見ているのである。

事実、日本はアメリカの従属下にあるので、日本の意思決定は日本人自身ではできない。主権は国民にあるというのが日本国憲法の規定だが、属国である以上、本当の意味での主権はアメリカにある。上司のアメリカと日本の国民の意見がぶつかれば、どちらの意見を採用するのか？

上司の意見であることは明らかだろう。自民党から民主党に政権が移っても全く政策に変化がないのは上司が替わっていないためである。

そのために、アメリカ様の望む外資規制の緩和と構造改革、関税自主権を失う狂気のＴＰＰなど

図52　デフレ不況で成長しない日本の実体経済

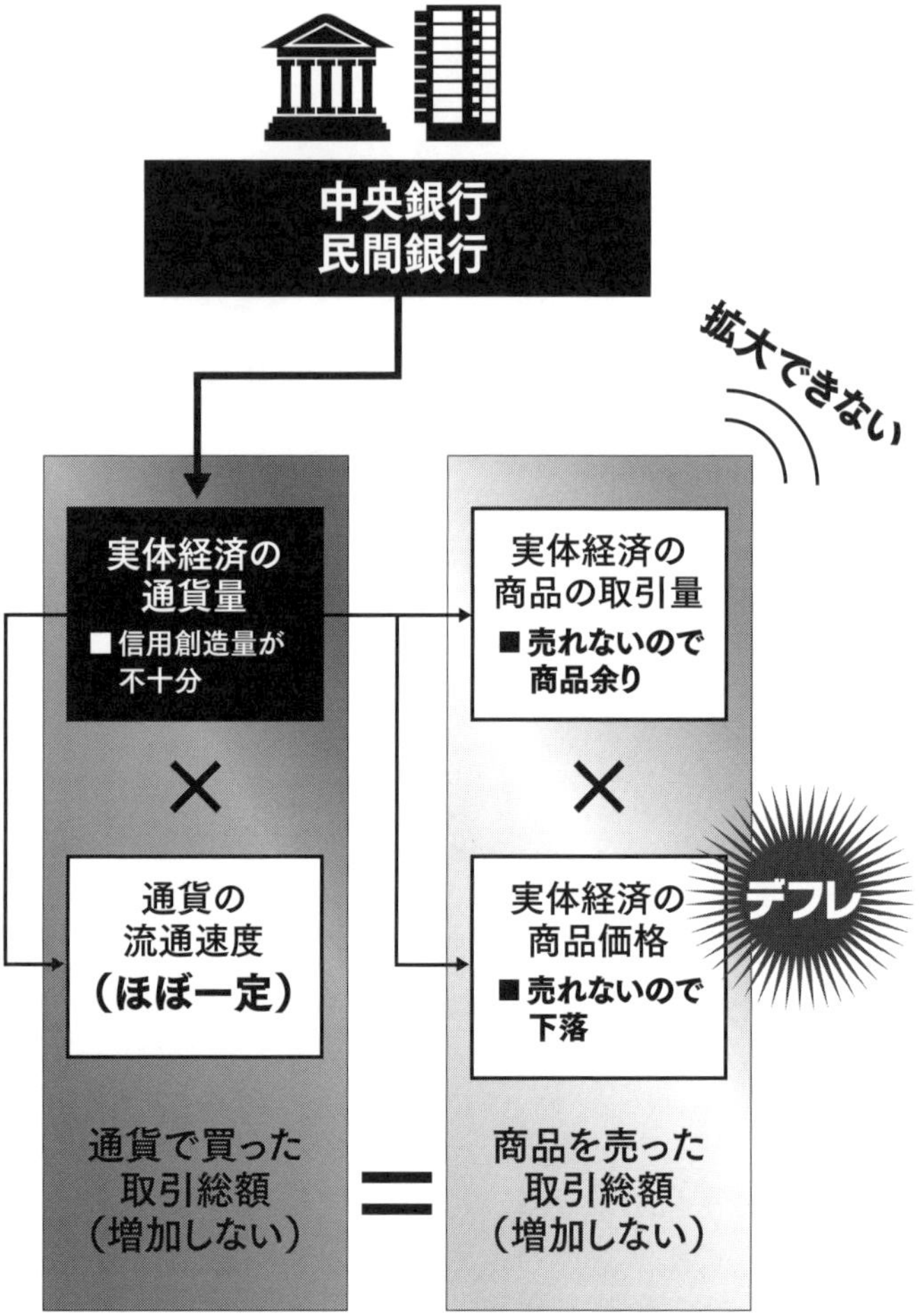

を、国民の利益など度外視して忠実に実行しようとしている。ＩＭＦのような国際金融機関の要望による消費税増税も同じ構図である。

しかし日本は建前上は独立国であり、民主主義国でもあるので民意を誘導しなくてはいけない。そのためにフル活用されるのが、戦後、アメリカが大切に育ててきたＴＶや新聞などのマスコミであり、学術機関である。従順な政権は長期政権になり、逆に上司と対立し変化を起こそうとする勢力は、子飼いのマスコミを使って徹底的に叩かれる。こうして、世論を誘導しながら行う「操作される民主主義」による日本統治はいまだに順風満帆である。

属国・日本の経済は政府と日銀に分割して統治

一方、通貨を増減させる金融財政政策に関しても日本は適切な政策を取ることができない。通貨発行権が政府になく、財政政策と金融政策が分断されているからである。これも、「分割して統治せよ」の典型的なやり方だ。

通貨発行権を持つ中央銀行と、日本政府が分離しているため、総合的な金融財政政策を行うことができないのである。

例えば、ここ10年続く長期不況で日銀は銀行の資産を買い取り、通貨を渡す量的緩和という政策を行ってきた。通貨をたくさん銀行に渡すことで、銀行が市場にお金を供給しやすくし、消費を増加させようという政策である。ところが、前述したように銀行はその通貨を国債の購入にまわし、企業への貸出しは減少させた。預金者に支払う預金利息が０・01パーセントなのに、長期国債は１

パーセントの金利が付く。その差額分は利益になるから、リスクを取ってまで企業などに融資を行う必要はないということだ。

そのため日銀が大規模な量的緩和政策を行っても、消費は増加せず景気は回復しなかった。消費を上向かせるには購買力の増加をもたらす金融財政政策を行わなければならない。

政治と金融が分離している場合は、政府と日銀が連携してそれぞれの役割を担わなければならない。

現在の日本の場合なら、政府が国債を発行して、日銀がそれを直接引き受け、政府に通貨を作って渡す。その通貨を政府が公共事業や社会保障で使えば、消費が増加し景気は回復する。デフレ不況はたちどころに終焉を迎え、潜在的な経済成長力を達成できるだろう。

しかし、日本ではそのような包括的な金融財政政策を行うことができずにいる。マスコミも財界もそのようなことは言わない。一部の経済学者たちが叫んでも無視されている。その理由は、上司のアメリカ様が認めてくれないからだろう。しかし前述したように、アメリカそのものもＦＲＢの株主たち（金融財閥）や財界の属国である。

現在の日本の政治経済は重度の機能不全に陥っている。政治と金融の分離したシステムの欠陥の見本が今の日本なのである（図53参照）。

銀行業の通貨量と市場の通貨量

昨今の日銀やＦＲＢ、ＥＣＢなどの中央銀行が行っている量的緩和という金融政策の効果を理解

図53　なぜ、国民のための政策ができないのか

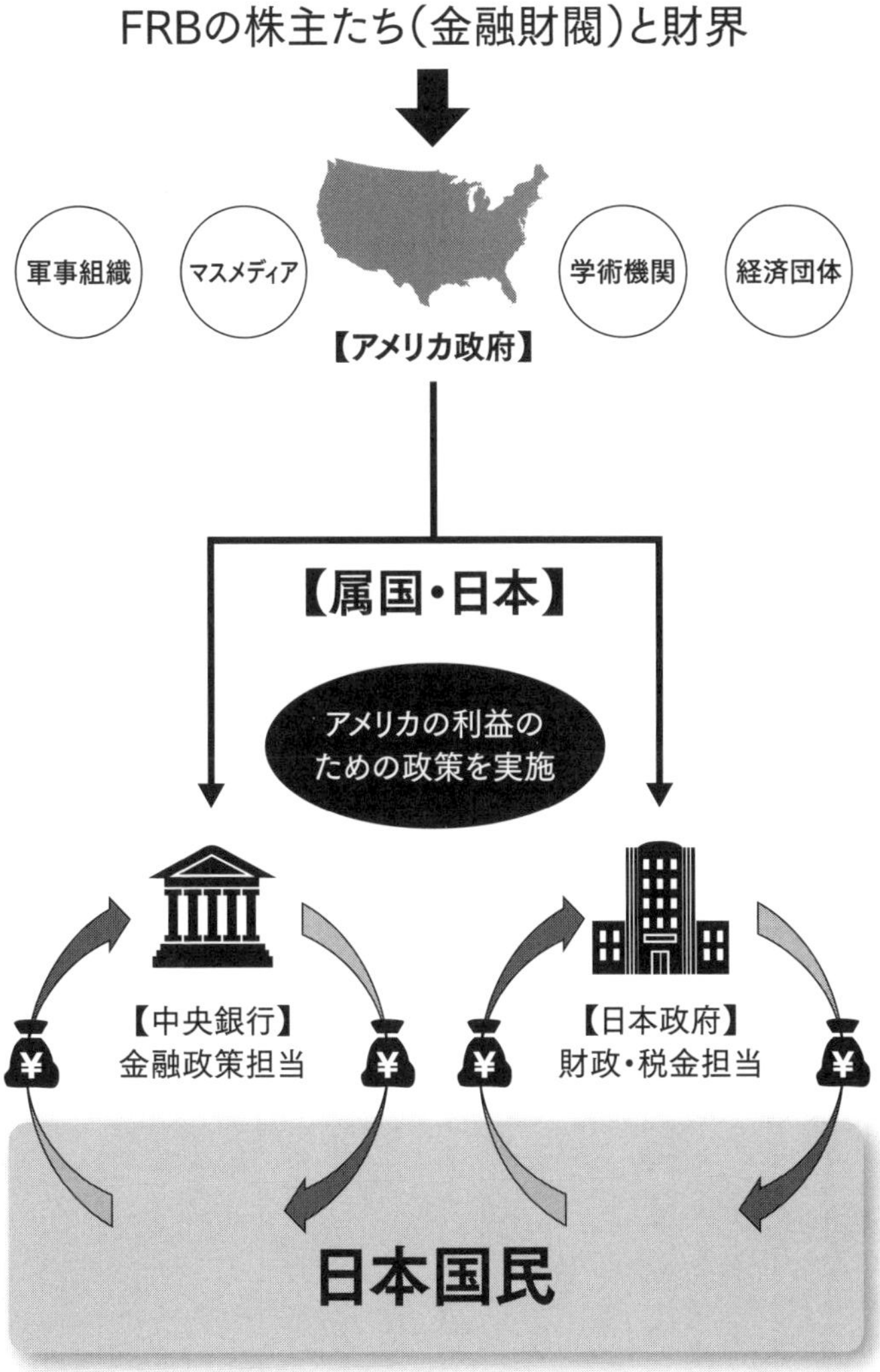

するには銀行業の通貨量と市場の通貨量の違いを見なくてはならない。銀行業には主に二つの取引形態があることは前述した。

❶中央銀行と民間銀行が通貨の取引をする銀行業のみの世界
❷民間銀行と一般市場が通貨の取引をする市場の世界

この二つのうち量的緩和が直接影響を与えるのは、多くの場合、銀行業のみの世界である。銀行業の通貨の取引は、銀行の経営には大きな意味があるが、一般市民には関係のない話だ。経済成長のような私たちの生活を豊かにする指標に影響を与えるのは、実体経済の商品の取引が行われる実物市場の世界であり、そこで通貨が増減しなければ意味がない。本当に必要なのは銀行業の通貨の量ではなく、市場の取引に使われる通貨の量が増えることなのだ。量的緩和政策が、効果があるかないか分かりにくいのは、市場への通貨供給が直接的でないためだ。

「通貨はたくさん作っている」という言葉が生み出す錯覚に気付かなければならない。

作為的な不況と政府の借金漬けは、国民生活破壊の源

大衆をコントロールする方法は「他に方法がない」、「我々は他にやりようがないのだ」と信じさせることだ。

（ジョージ・オーウェル）

日本経済は不況対策として国債を発行し続けるが、結果として通貨量の増加を伴わない政策のため、景気は回復せず政府が借金漬けになっただけだった。莫大な財政赤字を生み出した結果、国民は大きな負担を強いられている。

財政赤字の返済を口実にして、増税と社会保障の削減を国民は迫られている。

消費税率の引き上げ、年金の支給開始年齢の引き上げ、支給額の引き下げ、年金保険料の引き上げ、医療費の自己負担の拡大、国立大の学費の増加、子供手当の廃止など、挙げればキリがない。

こうして国民生活のサービス引き下げは、本来なら作る必要もない借金を口実に実行されていくのである。

税金の本来の意味が逆転、所得再分配から借金の支払いに化ける

財政赤字の拡大は、税金の本来の目的である公共の福祉のための所得の再分配機能を無くさせてしまう。

莫大な国債の利払いのための税金になってしまうからだ。

通貨発行権が政府にないのだから、税金に頼らなければ、さらなる国債の発行による借金を行うしかない。国債の利払いのためにさらなる借金をするという、借金まみれの国家になってしまう。そんなことは続けるわけにはいかないから、いずれは増税せざるを得なくなる。そうなった時の課税対象は往々にして一般市民である。

そこまで借金漬けにさせられた時点で、政府は金融権力の影響下にまるごと置かれている。通貨

発行権を行使できれば借金をする必要ないのに、それができない弱い政府なのだ。

増税の矛先が支配者の金融権力に向かうことはないのである。

こういった現象は、今まで記述してきたとおり、ヨーロッパで通貨発行権を持たない政府が登場した時から繰り返されてきたことである。

現在の日本が同じ轍《てつ》を踏んでいるのは言うまでもない。

借金経済システムのデフレは百害あって一利なし

現在の日本は長期にわたるデフレである（図54参照）。銀行によって十分な通貨が作られないため、消費が増えないので商品の価格を安くして叩き売っている結果だ。商品が安くなっていいとデフレを歓迎する声もあるが、経済全体としては大きな悪影響を与えている。

その理由は、借金経済システムでは銀行からの借金で通貨が作られているため、社会全体に利子返済のプレッシャーが存在するためである。

例えば、ある企業が1億円の借金を年2％の金利で銀行から借りているとする。

物価が上昇せず、1年で100万円の商品が100個売れると仮定した場合、売り上げは1億円である。

インフレ率2％とデフレ率2％の場合で比べてみよう。

インフレ率2％の社会では、商品価格を2％引き上げて102万円とし、100個の商品が売れた場合、売り上げは1億200万円になる。

図54	主要先進国（G７）で日本だけがデフレ

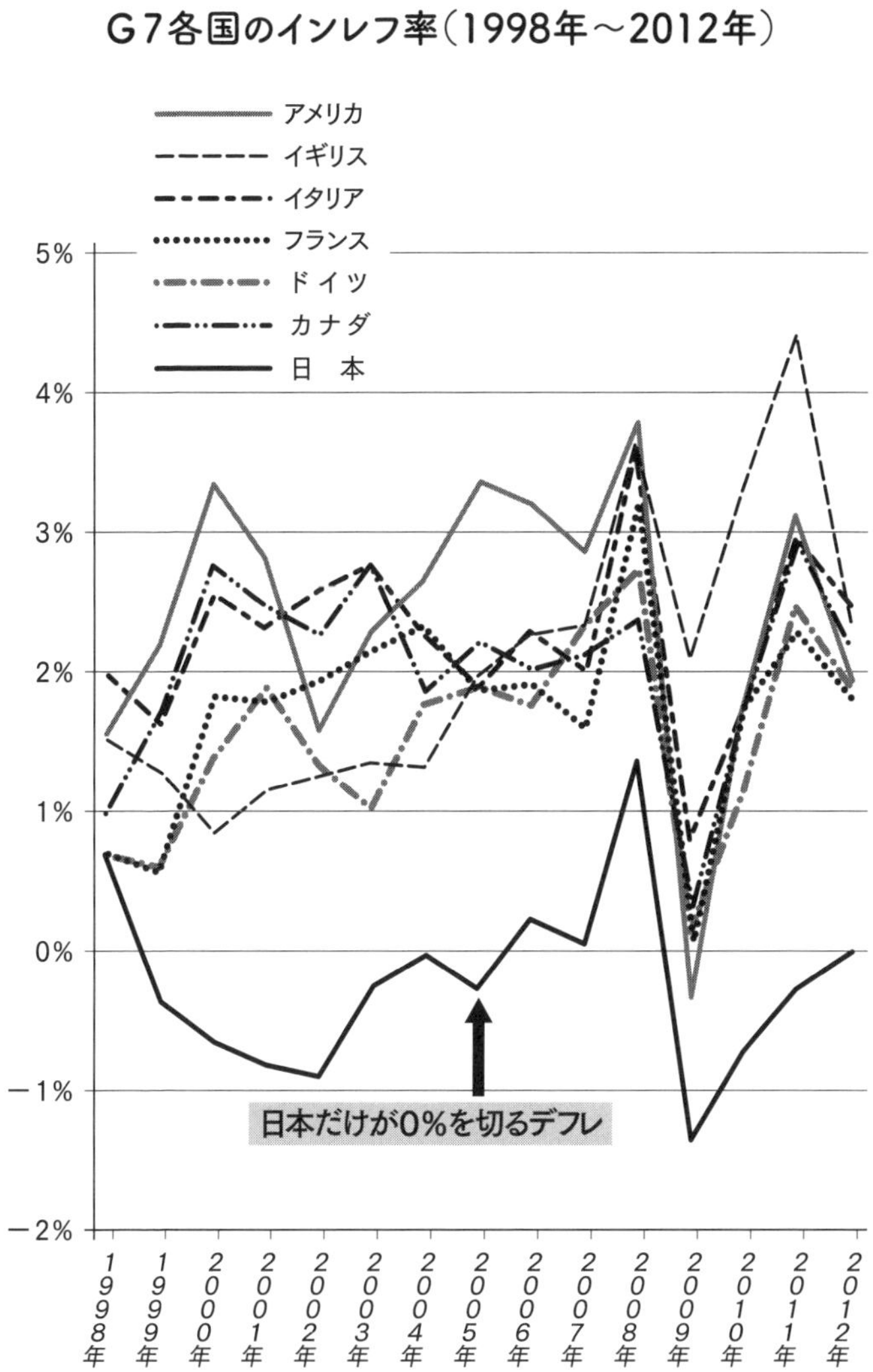

出典：情報サイト「世界経済のネタ帳」より著者作成

次にデフレ率2％の社会では、商品価格を2％引き下げて98万円とし、100個の商品が売れた場合の売り上げは9800万円である。

インフレ率2％の場合は、借金の1億200万円は今年の売り上げで全額返済できる。物価が上昇しない場合（上昇率0％）は、1億円の返済で200万円は売り上げ以外から支払わなければならない。デフレ率2パーセントの場合は、9800万円の売り上げしかないのだから、400万円は売り上げ以外から支払わなければならない。

⇩インフレ率2％の場合＝100個の売り上げ収益

⇩上昇率0％の場合＝100個の売り上げ収益＋200万円

⇩デフレ率2％の場合＝100個の売り上げ収益＋400万円

つまり同じ100個の商品の売り上げでも、借金の主体者にとっては、インフレほど有利でデフレほど不利であることがお分かりいただけただろうか。作られた通貨に利子が付いている借金経済システムでは、社会全体に利子のプレッシャーが存在するためインフレが有利なのである。デフレは、借金の主体者に利子のプレッシャーの負荷を増大させる。期日までに元金と利子が支払えなければ破綻する。

これが、デフレによる長期不況がもたらした、日本の個人と企業の窮乏化の原因である。借金通貨を基にした資本主義ではデフレがいかに恐ろしいか、お分かりいただけただろうか。

ムダな公共事業の数々、支配のツールとしてのマネー

バブル崩壊以後の日本では、経済成長をさせないようにするためのありとあらゆるムダと呼ぶべき不毛な政策が行われている。これは金融政策の信用創造量の停滞とともに一貫した流れである。日本国内には国際金融財閥と提携して、マネーの影響力を強化することで階級社会を作り出したい勢力がいるようだ。

国民の生活を豊かにしないようにムダなことにお金を使わせている例として、膨大な経済的、人的支出を行った原発や、空港を100カ所以上作ったムダな公共事業の数々。

これらもマネーの力でありとあらゆる反対をねじ伏せて行ってきたものである。

3・11大震災の後、大爆発を起こした福島第一原発のある福島・浜通りは、かつては全国でも最も所得が低い地域の一つであった。そこに原子力をマネーの力で建てさせた。世界最大の地震列島日本に超危険な原子力発電所を50基以上も建てさせた。

その結果があの悲惨な事故である。現場の人たちの活躍がなければ東日本は壊滅していたかもしれない。ただでさえ狭い国土がさらに狭くなってしまった。

全国にある米軍基地の問題もマネーの力で処理してきた。沖縄の元県知事のこんな言葉が忘れられない。

お金は人を簡単に変えてしまう。
（大田昌秀元沖縄県知事）

まさに地獄の沙汰も金次第である。

長期のデフレ不況になり多くの貧困を作り出すことでマネーの力は最大化する。貧困化が進めば進むほど、生活のマネーへの依存度は高くなる。

例えば、貯蓄が1000万円ある人と、貯蓄がない人はどちらがマネーの依存度が高くなるだろうか？　もちろん貯蓄がない人である。働き口を失った瞬間、家賃も払えなくなる。ローンを組んでいたら破綻する。衣食住にも事欠くようになる。マネーを持っている人間には自由があるが、持っていない人間はマネーのために自分の意に反したことも受け入れざるを得ない。

こうなるとマネーの力は最大化していく。

持てる者と持たざる者の階級社会を作り出したい勢力にとっては、まさに望みどおりの展開だ。

小さな政府はマネーの支配者の力を強める

政府には、さまざまなサービスに国が介入する「大きな政府」と、ほとんどのサービスは民間に任せる「小さな政府」がある。

マネーの支配者にとっては小さな政府であることが望ましい。

なぜなら、民間は必ず、サービスの対価としてマネーを要求するからだ。

例えば、大きな政府の社会主義では保育園や医療などは無料である。逆に小さな政府にするために公的な施設を民営化すれば、利用する時に必ず料金が発生する。そうなると国民のマネーに対する依存は高まる。

80年代の米レーガン政権や英サッチャー政権の下で始まった新自由主義は、現在の世界を民営化の波で覆いつくした。

民営化とは一言で言えば私有化である。特定のサービスを株式会社などが行うのだ。

アメリカでは軍隊や刑務所まで民営化が進んでいる。アメリカの刑務所は民営化されて以降、収監されている受刑者の数はこの四半世紀で倍増し、世界最大の監獄国家となった。アメリカの刑務所の収容者数は230万人以上、成人人口の100人に1人が刑務所暮らしである。4倍以上の人口を持つ2位の中国でさえ150万人。世界の刑務所人口の4人に1人はアメリカが占める。アメリカでは刑務所が民営化されてから収監者が激増しているが、それに伴い刑務所ビジネスはますます儲かっている。刑務所では新興国の安い人件費に対抗するために、最低賃金法に縛られない超低賃金労働が行われ、それがアメリカの製造業の利益になっているという。軍産複合体ならぬ「獄産複合体」という新しい言葉さえ生まれている。

民間に任せれば利益第一で公共意識は二の次、いや公共という意識など全くないかもしれない。規制緩和は「自由」を拡大するという名目で行われたことだ。

小さな政府になればなるほど政府の力は弱くなり、民営化された企業、民営化される部門に参入する企業は強くなる。独占資本は企業の株式を取得し影響力を強めていく。このようにマネーの力が最大化する小さな政府は、マネーの支配者にとっては理想的な社会なのである。

バブル崩壊以後の日本では、構造改革を掲げた小さな政府の推進が行われていた。現在では、構造改革がもたらした負の側面が知れわたってきたため、構造改革を熱心に唱えて小さな政府に誘導することは難しくなってきた。

そこでより説得力のある意見として、巨額の財政赤字に対応しなければならないため、という口実で、小さな政府への移行が行われている。日本が公共サービスを民営化して、小さな政府になろうとしているのは偶然ではない。むしろ必然と言ってよいだろう。

その根本的な原因は、通貨発行権が国に無いことなのだ。

兵器としての金融、アジア通貨危機、中央銀行というトロイの木馬

1998年に起きたアジア通貨危機は、アジア各国の日本型資本主義の破壊を金融を用いて行った一例である。

当時、タイ、インドネシア、マレーシア、韓国などは戦後の日本経済の発展の理由を研究し、産業資本主義という日本型経済システムを取り入れていた。その結果、高度経済成長を実現し、「アジアの奇跡」と驚嘆されたのは前述の通りだ。株主が大きな力を持てない日本型資本主義を疎ましく思っていた欧米の金融権力は、日本と同じようにアジア各国の構造改革に乗り出すために、金融危機を演出することになる。

構図としてはドイツのハイパーインフレとほぼ同じである。中央銀行と国際投機家の連合軍だ。まずは、その国の中央銀行を取り込むことにした。各国の中央銀行は当時の日本と同じように政府から独立していなかった。そこで独立させるというアメを与える。

そして中央銀行には内部から破壊させるための金融政策を実施させる。まずは、外国資本を国内に呼び込むように、ドルと自国通貨を固定相場制にする。

こうすることで海外の資本家たちに安心を与え、積極的な投資を促した。この政策により、大量の資金がアジア各国に投資された。大半は、不動産や株や国債などの投機的取引だった。一方、中央銀行は国内の銀行業を通じて不動産業界に大量の資金を貸付け始めた。こうして日本と同じように資産バブルが発生する。

バブルが発生した後、中央銀行は突然、通貨の創造を引き締めにかかった。上がりすぎたものは必ず下がる。バブル崩壊の引き金を引いた中央銀行のおかげで、外国資本は一気に引き揚げにかかった。ドルと自国通貨の固定相場制だった為替は、外国資本の突然の引き揚げに、外貨準備高が足りず、交換に応じることができなくなる。ドル固定制を外すことを決定した中央銀行により、通貨の価値は大暴落した。通貨の価値の大暴落は、ドル建てで多額の借金をしていたアジア各国を窮地に追い込むことになる。ドルの価値が高騰するとは、ドル建ての借金の額が増加するということだ。こうして借金の激増がアジア各国の国家破綻を招いた。

その後、破綻したアジア各国は、欧米の強い影響下にある国際通貨基金（ＩＭＦ）の融資を受けざるを得なくなる。ＩＭＦが各国に要求したのは構造改革であり、国内市場の自由化であり、中央銀行の政府からの独立であった。その結果、アジアの日本型資本主義は木っ端微塵に粉砕された。

以前、アジア通貨危機を特集した経済番組を見たが、国際投機家が登場し、「アジアは我々の玩具になったのだ」と堂々と述べていた。当然、自国経済を破壊されたアジア諸国では、外部のヘッジファンドに対する怒りとともに、金融政策の責任者である中央銀行総裁に対する批判が噴出する。

2005年のタイでは、通貨危機を深刻化させる政策を行ったとして、当時の中央銀行総裁に約5000億円（！）の罰金支払いを命じる判決が出されている。

金融はまさに、国家そのものを破壊する大量破壊兵器となったのである。

目に見える兵器としての軍隊

金融は、知らない間に社会を操作できる「沈黙の兵器」であると言われる。

一方で金融支配の背後には往々にして軍隊がある。戦争が中央銀行の元祖であるイングランド銀行を作り出したように、軍隊という暴力装置を利用するのは、銀行勢力の十八番なのである。金融勢力がじかに独自の軍隊を持ったのは、東インド会社が初めてであろう。

東インド会社とはインドや東南アジアと貿易を行うために17世紀にオランダ・イギリスの資本家たちが出資して作った株式会社である。東インド会社はアジアにおける貿易活動を行うために軍隊を持つことが許されていた。当時の貿易は多くの場合、軍事力とセットであった。こうして独自の軍隊を持った東インド会社は、アジア各地を支配していく。

つまり、金融権力の発展は、銀行家として通貨創造を行う沈黙の兵器と、東インド会社のように軍事力を用いて他国を侵略し威嚇する、見える兵器の両刀遣いなのだ。

民主主義や学問、文化などのソフトパワーを通じてマインドコントロールを行い、軍隊や資源などのハードパワーを通じて侵略と威嚇を行う。

こうして政「金」分離の自由民主主義経済社会は金融経済ネットワークで結ばれているとともに、軍事ネットワークでも結び付いているのである。日米安保もＮＡＴＯもその延長線上にあるシステムである。金融支配の背後にはいつも軍事力が隠れている。また、その逆も真なり。「お金の力」「暴力の力」、この二つの仕組みを理解しなければ、現在の政「金」分離の民主主義は見えてこない。

軍産複合体の実体は金融権力のことだったのだ。

［第8章］

病んだ金融帝国の暴走

ＥＣＢ（欧州中央銀行）を作り金融帝国を形成

第二次世界大戦後、アメリカ以外のもう一つの金融帝国の形成が進められていく。それがＥＣＢ（欧州中央銀行）の創設である。ＦＲＢの創設によってアメリカの地方自治が骨抜きになったように、通貨ユーロを発行するＥＣＢの創設はヨーロッパの参加国にとって国家主権の骨抜きを意味した。

なぜなら、ＥＣＢは欧州の中央銀行の集まりであって、政府の集まりではない。各国政府はＥＣＢの政策に全く関与することができないのである。各国の中央銀行の独立性というのは、ＥＵの創設から始まる長期間にわたる計画であった。

ユーロの前身的システムであるＥＵは、中央銀行の独立性を参加の必須条件にしていた。ＥＵに加盟させて中央銀行が独立するシステムを作り出し、そのシステムの発展段階として各国中央銀行が集まるＥＣＢを創設する。参加各国は自国通貨を持っていた時でさえ、ＥＵ条項のために独立した中央銀行の政策に関与できなくなっていた。さらに、超国家中央銀行組織のＥＣＢに対する影響力は、皆無になったといえよう。市民が直接選ぶことができる政府は無力となり、中央銀行とその背後で影響力を振るう金融権力の天下になった。

今まで見てきたように、通貨発行権こそは国家主権の最たるものである。通貨を独自に作れなければいずれ借金まみれになり、独自の政策ができなくなるのは明らかである。超国家通貨であるユーロは国家主権の放棄なのだ。ユーロを導入し、自国通貨を捨てた時点で、欧州の市民主権の民主主義は死んだも同然となった。

国家の枠を超えて平和と基本的人権を実現していこうという、グローバリズムの観点からの自由・平等・友愛はいつでも強調される。しかしその実体は、通貨発行権の独占によって民主主義を操作する非民主的なものである。

しかしここで強調しなければならないのは、欧州金融帝国は民主的手続きによって実現し、正当化されているという点だ。欧州連合の基本条約の枠組み改定には全加盟国の賛成が必要である。一国でも反対があると条約は発効できない。そのため、1993年のマーストリヒト条約ではデンマークが、2005年の欧州憲法条約ではフランスとオランダが、2009年のリスボン条約ではアイルランドが、国民投票において反対票が上回った。

しかしその後、政財界とマスコミを巻き込む大規模な賛成キャンペーンが行われ、最終的に国民投票では賛成派が勝利して欧州統合の条約を発効させている。ここに見られるのは、民主主義によって、民主主義が自滅していく様だ。欧州連合の民主主義的手続きを踏まえた段階的な進展は、金融権力の長期的な情報操作の賜物である。

ユーロ通貨とECBの実現は、何百年にもわたって政「金」分離を進めてきた「西欧型民主主義」という金融支配体制の完成形態なのである。

暴走する金融経済、その結果としてのリーマンショック

80年代以降盛んになった株や不動産、先物やデリバティブなどの投機的取引の拡大により、実体経済と金融経済の分離が起きてくる。このことが2012年の現在でも日米欧を苦しめている長期

不況の原因である。

産業の発展のために用いられている間は、金融は実体のある商品生産の拡大によって世の中を豊かにした。それによって科学技術も進歩し、我々の生活は物で満ち溢れるようになったのである。

しかし80年代以降、実体経済よりも金融経済にお金が流れ、マネーゲームが拡大した。実体経済と金融経済が分離し、金融経済のみの世界でマネーが取引されるような事態が発生する。

金融経済は実体経済とは関係なく自己増殖をしていくことになる。

もはや、金融経済の取引規模は実体経済を呑み込むほどに大きくなっている。そして、先物、株式、不動産などの市場を通じて、実体経済にさまざまな影響を与えている（図55参照）。

その典型がリーマンショックである。リーマンショックは純粋に金融経済の巨大化が引き起こした必然性のない経済恐慌であった。

ことの経緯はこうだ。アメリカでは90年代に発生したＩＴバブル崩壊の後に、不動産バブルの発生が起きる。一連のバブルの発生と崩壊は取引を拡大させる銀行業の融資が原因だった。以前のバブルと違ったのは、銀行が不動産バブルを作り出す時に、自らの損失を回避するため、証券化という手法を多用したことだった。証券化とは、融資を行った際に発生する貸倒れリスクを回避するために、その融資分を債券にして一般法人に転売してしまう手法である。

そうすると銀行は証券を販売して手数料を得ることができる。証券を購入した投資家には、銀行から借金をした債務者からの支払い分が入る。貸した側が最も恐れるのは貸出し先がローンの返済が出来なくなることだ。銀行がその貸出金を債券にして転売してしまえば、貸倒れリスクは銀行か

図55　巨大化する金融経済

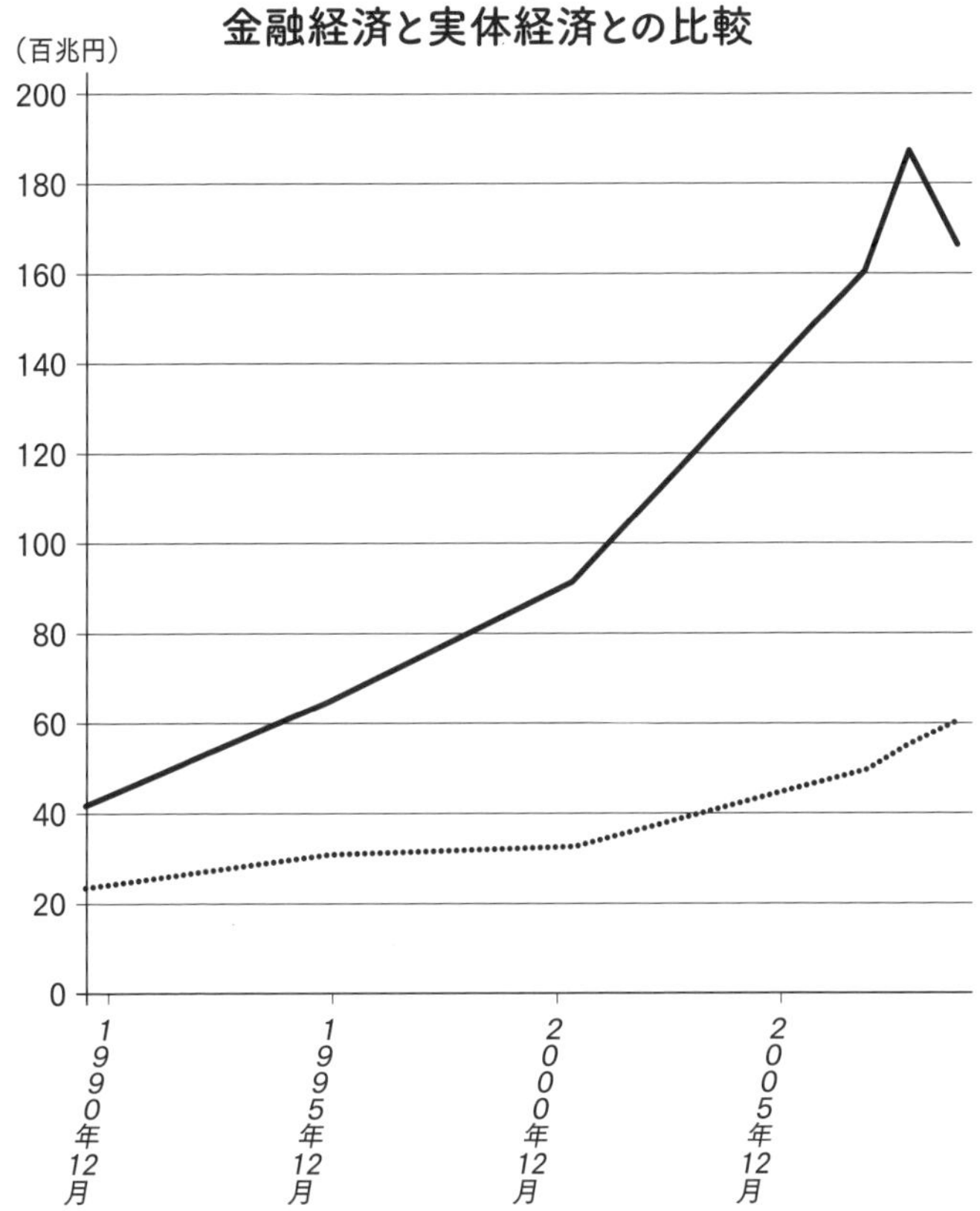

	1990年12月	1995年12月	2000年12月	2006年12月	2007年10月	2008年10月
― 世界の金融資産	40.6	63.9	90.6	161.2	187.2	166.8
…… 世界の名目GDP	22.9	29.5	31.8	48.4	54.3	60.1

■世界の金融資産＝
世界の株式時価総額＋世界の債券発行残高＋世界の預金

■世界の預金は日米、EU、英国、カナダ、ANTEs、ASEAN、中国、インドの合計

■三菱UFJ証券作成（水野和夫氏試算）を参考に著者作成

ら債券を購入した投資家に移る。まさに貸し手にとっては濡れ手に粟のような手法だった。いくら貸出しても回収する必要がないのだから（図56参照）。

証券化という手法により、銀行は融資を積極的に行い、ついにはサブプライム層という信用の低い層に対してまで融資を拡大させた。これが有名なサブプライムローンというものだ。

こうして不動産市場に多額の銀行融資が流れ込み、過剰な信用創造が成された結果、不動産取引は激増した。不動産の価値は上昇を続ける。この流れは証券化という手法の有無は別として、80年代に日本で起きた不動産バブルと同じである。

バブルが起きれば、後は潰れるだけだ。上がりすぎた不動産価格は頭打ちになり、やがて、住宅ローンの返済ができなくなったサブプライム層の破綻が増えてくる。こうなると不動産価格は暴落する。証券化商品を信用して購入した世界中の投資家が損をした。市場の値崩れによって大きな損失を出した投資銀行リーマンブラザーズの倒産によって世界金融危機が発生した。

この一連の流れを見ると、金融経済というお化けを成長させたのは毎度のことながら通貨を創造できる銀行業である。その暴走がバブルとその崩壊を作り出しているのも毎度のことである。通貨量を操作する金融権力は国際経済を瞬時に崩壊させるほどの力を持っているのだ。

なぜ資本は利益を追い求めなければならないのか？

巨大化した資本（金融経済）は世界を大混乱させてまで利益を追い求めている。カネの亡者という言葉そのものである。今や巨大なマネーが世界中の利益を求めてさまよっている。

図56　証券化バブルで金融経済を肥大化させる銀行業の信用創造

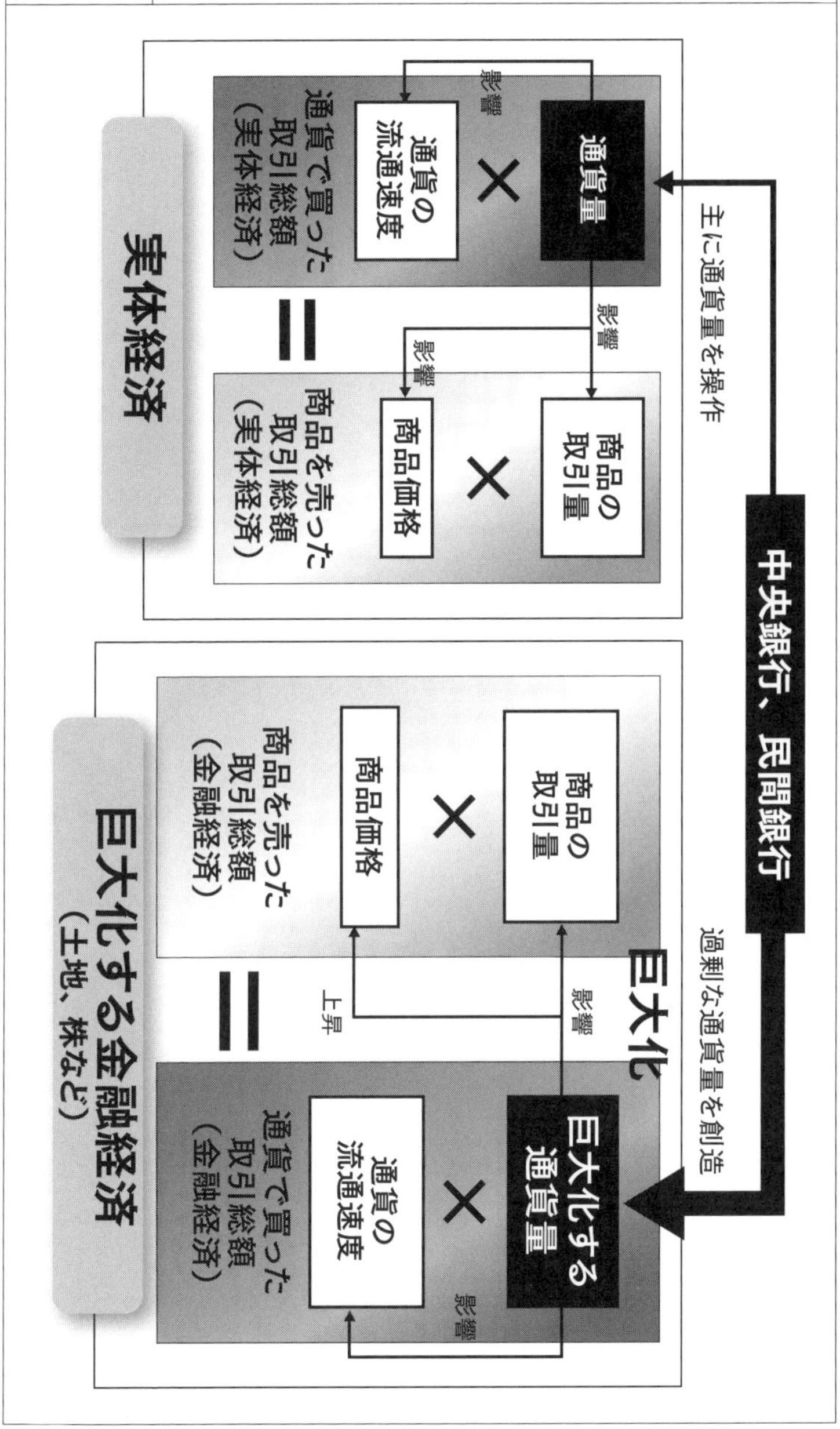

この資本の運動法則の原因は、資本そのものが銀行融資の借金でできているからだ。借金の支払い以上の収益を上げないと、返済できないし利益も出ない。その点は実体経済に関わる製造業などと同じである。

金融業も利子というノルマに縛られているのだ。金融業自らが、借金をしようが、人からマネーを集めて投資しようが、求められていることは同じだ。

利子以上の収益を上げろ！　ということだ。

投資で売り上げを求めるのに道徳だの何だのと言ってられるか。利益が上がることが第一だ。穀物の値段が上がろうが、石油が上がろうが、利益が出ればそれでいい。それによって食品価格が暴騰して食うに困る人が出ても、車に乗る人が困ってもそんなことは知ったことではない。利益を出さなければ自分が潰れてしまうのだ。

資本が利益を求めて世界中を動き回るのは、借金経済システムの性質上、当然の成り行きなのである。

マーケットに任せて自然にうまくいくなどということはありえない。製造業などの労働規制が必要なのと同じように、金融経済にも強力な国際的規制が求められている。

国も企業も破綻させるかどうかは中央銀行次第

リーマンショック以降、さまざまな企業が潰れたが、救済されて破綻しない会社もあった。アメリカの保険最大手、ＡＩＧがその代表である。では、どこが救ったのか？

アメリカ政府ではなく、アメリカの中央銀行、ＦＲＢであった。

「ＡＩＧが潰れると世界恐慌になる可能性があるので救済しました」ということだ。

ではなぜ、政府ではなく中央銀行が救済したのか？

アメリカ政府には救う資金がないからである。もしＡＩＧを救おうとするなら少ない予算の範囲で、社会保障などの他の支出を削減して救わなければならない。そんなことはできないとなれば、国債を発行して資金調達しなければならない。

金融危機の真っ只中で、巨額の国債を発行しても市場が購入してくれるかは分からない。

そこで登場してくるのが無限に通貨を作れる中央銀行だ。

しかしここでも直面するのは、なぜ政府が通貨を作れないのか？　という根本的な問題である。

中央銀行のさじ加減一つで世界恐慌にもなりかねない。どこの企業を救い、潰すのかを決めるのは中央銀行様なのである。

ギリシャ危機、ＰＩＧＳの債務危機と通貨発行権

２０１０年から始まるギリシャやポルトガル、イタリア、スペインなどの南欧諸国（各国の頭文字を取ってＰＩＧＳ《ピッグス》と呼ばれる。豚ども、という酷い呼び名）の債務問題もまた、原因は政「金」分離という銀行システムが引き起こしている。

欧州各国は通貨発行権を放棄しているわけだが、最後の政府予算の作成の砦《とりで》である財政出動さえできなくなっている。ユーロ加盟国には国家債務の上限問題があり、必要以上に国家債務を拡大す

ることは行いにくいのである（国債の発行の上限は国内総生産の3％。累積残高に関しては60％）。

そうなると、予算を拡大するには税金を上げるか、社会保障を減らすかといった選択しかできなくなる。しかし政府がどちらかを実行すると、ヨーロッパでは暴動やデモが起こり、世情不安定になる。そこが日本と違うところだ。

最後の頼みの綱としてＥＣＢや欧州議会に融資をしてもらうしかない。しかし、それをするかどうかは、ＥＣＢ様の胸三寸。

我々が望むような政治経済改革を行え！　年金のカットや増税を行え！　と命令されている。

国民から選ばれた政府が通貨を作れないばかりに、改革を外部から強要されるとはずいぶんと情けない話ではなかろうか。

2011年にアメリカが破綻しかけた理由

世間ではあまり知られていないが、実は２０１１年にアメリカが破綻しかけ、世界は恐怖のどん底に陥った。

確かにアメリカの財政赤字はリーマンショック以降、激増している。そして国債の購入者はほとんどが中国や日本などの海外投資家である。しかし国際金融の常識で言えば、アメリカの破綻はあり得ないことである。なぜかといえば、アメリカの財政赤字はドル建てで発行されているからだ。ドル建てなのだから、ドルを無限に作れるアメリカが破綻するはずがない。借金の返済ができないなどあり得ないのである。

ところがそのあり得ないことが２０１１年に起こりそうになった。政府が支払う国債の財源が不足しそうになったのである。その原因は、民主党の国債発行の上限額引き上げの予算案を共和党が期日のギリギリまで通そうとしなかったからだ。

不景気が続くアメリカでは国家の歳入が減少しているので、政府が抱えている借金の支払いを新たな国債の発行によってまかなっている。アメリカでは国債の上限額が設定されており、今回はその引き上げを与党の民主党が求めたのであった。

しかし、共和党がさらなる国債の発行に猛反発し、議会を通さないという姿勢をとる。国債の上限引き上げができなければ、国債を購入している債権者への支払いができなくなる。つまりデフォルト（利払い不履行）に陥る。そうなるとアメリカ国債の信用は地に落ち、価格の暴落を引き起こしてドルも暴落する。世界中のアメリカ国債やドル建て資産を持っている法人や個人は大損し、金融機関の財務は悪化、倒産に陥り、世界恐慌が起こる。

このような悪夢のシナリオがあり得た。

ＦＲＢはこの件に関しては、基本的にノータッチという姿勢だった。なぜなら、ＦＲＢが政府の国債の支払いの財源を直接捻出するということは行っていないからである。

期日ギリギリで国債上限引き上げの予算が議会を通過したことで、アメリカの破綻はからくも回避された。金融の原理では破綻しないはずのことが、政治の暴走で危機に陥ったのである。政治と通貨発行権の分離が引き起こした政治経済システムの歪みを象徴するような事例である。

日本は本当に財政破綻しないか？

巨大化する一方の日本の財政赤字、マスコミは「日本の財政が危ない」と連呼している。だから増税しろ、社会保障を削減しろと繰り返し叫んでいる。一方で、少なくない数の経済学者たちの意見では「日本の破綻はあり得ない」という。

いったい、どちらが正しいのだろうか？

答えは、金融の原理からすれば破綻はしないが、政治的な流れで破綻する可能性はあるということだ。

その理由は、アメリカと同じである。

例えば、金融の側面から見た場合、破綻はあり得ないのは以下の財務省のＨＰに掲載されている外国格付会社に宛てた意見書の内容どおりである。

貴社による日本国債の格付けについては、当方としては日本経済の強固なファンダメンタルズを考えると既に低過ぎ、更なる格下げは根拠を欠くと考えている。貴社の格付け判定は、従来より定性的な説明が大宗である一方、客観的な基準を欠き、これは、格付けの信頼性にも関わる大きな問題と考えている。

従って、以下の諸点に関し、貴社の考え方を具体的・定量的に明らかにされたい。

（１）日・米など先進国の自国通貨建て国債のデフォルトは考えられない。デフォルトとして如何なる事態を想定しているのか。

（２）格付けは財政状態のみならず、広い経済全体の文脈、特に経済のファンダメンタルズを考慮し、総合的に判断されるべきである。例えば、以下の要素をどのように評価しているのか。

・マクロ的に見れば、日本は世界最大の貯蓄超過国
・その結果、国債はほとんど国内で極めて低金利で安定的に消化されている
・日本は世界最大の経常黒字国、債権国であり、外貨準備も世界最高

（「外国格付け会社宛意見書要旨」）

まさに的確なご意見である。日本国債は自国通貨建てであり、外貨建てではない。この点は前述したアメリカと同じである。また国債の約９割は国内の莫大な貯蓄を原資にして購入されている。外国投資家の割合は９％（２０１２年）に過ぎない。この点はアメリカとは違う。日本のほうがより安全な状態だ。

現在の日本国債の金利は約１％（２０１２年6月）と、世界で最も低い金利で購入されている。金利が低いということは、それだけ人気があるということだ。

そのため、財務省の述べるように日本の破綻は金融の原理からすればあり得ない。国内から借金している分、外国から借金しているアメリカよりもさらにあり得ないのである。

ところが、ここに一つの盲点がある。この視点はあくまでも金融の原理から見た分析でしかない。

２０１１年に破綻しかけたアメリカと同じように、政治的な流れでは破綻する可能性はあるのだ。たとえ円建てだからといって日銀が国債の支払いに協力するとは限らない。その理由は今までの歴史を見れば明らかだ。政府から独立した中央銀行は必ずしも自国の利益に基づいて行動するとは限らない。それどころか、ドイツのハイパーインフレのように、積極的に経済破壊に関与することもあり得る。

実際、日銀は意図的に80年代の不動産バブルを起こし、その後の長期不況を継続させている疑いがある。このような組織が日本のための政策を行うという保証がどこにあるのだろうか？

もし日銀が適切な政策を採らないなら、政府が日銀に圧力をかけ日銀法を変えればよい、という意見は極めて楽観的な見方である。それならとっくのとうに日銀法を改正して、財政政策と連動させた金融政策を行い、長期不況から脱しているはずだ。それができないのは残念ながら日本はアメリカの属国的立場にあるからだ。国際金融カルテルに組み込まれているため、中央銀行に対する適切な政策が取れないのである。

日本の状況は属国的立場と、政「金」分離の歪《ひず》みという、二重の理由から合理的な政策を行うことができない。現在の日本の置かれている状況では２０１１年にアメリカで起きたようなデフォルト危機が、日銀をコントロールできないという政治的な問題で引き起こされる可能性はあるのである。

アイン・ランド思想に見るアメリカにおける優越願望（自由原理）の暴走

自由経済の進展により、極端な貧富の格差を作り出している現在のアメリカを支えている価値観がある。それがアイン・ランドという女性作家が書いた『肩をすくめるアトラス』という本だ。この本は1957年に出版されて以来、全米で8000万冊以上販売されている。

全米の小学校、中学校の必読書に指定されており、現在のアメリカ国家公認の思想書ということだろう。この本の思想を宋鴻兵がよくまとめてくれているのでご紹介する。

極少数のエリートが「天空を担ぐ大力神」であり、人類の発展に貢献し、社会進歩の原動力となっている。しかし、エリートたちは不当に扱われ、充分な権力を与えられていない。（中略）著書の核心は、如何なる道徳も認めず、金銭が唯一の道徳的基準であり、金銭保有者は普通の人々よりも富を創出する能力が遥かに優れているため、必然的に社会の強者になる、ということであった。社会を進歩させるためには、強者を励まし、弱者に同情すべきでない、とランドは主張した。

（『通貨戦争』Ｐ２０１）

このような思想を聞いて、拝金主義極まれり、と普通の人なら思うであろう。

しかし、実際に莫大な富を持つ人々はこの考えを支持する人が多いようだ。

『肩をすくめるアトラス』は、アメリカ上流社会の心の声を代弁していたため、上流社会に広く受け入れられ、そして、世界の精鋭たちは連携して著書の販売を促進し、この本を利用して社会に対する徹底的な洗脳を企んだのである。

アイン・ランドが述べている思想は「優越願望の暴走の典型」である。
そもそも、お金持ちである理由は千差万別。犯罪をして大金を稼ぐ者もいれば、世の中に貢献することで稼ぐ人もいる。また、親から莫大な財産と高い地位を引き継いで稼ぐ人もいる。
すべてを一つにして「金持ちは善」という思想は、根本的に論理が破綻している。
また、金儲けがうまいから善である、という思想は、命題からして共感性を引き起こさないであろう。世の中には金儲け以外にも必要なことはたくさんある。

（『通貨戦争』P417）

このランドの思想に対して宋鴻兵は次のように述べる。

ランドは著書の中で、エリートの金銭観と道徳観を弁解し、エリートによる社会支配の合理性を大衆に受け入れさせようとした。エリートは教材の選定に始まり、アメリカの教育機関と教師協会までコントロールし、ランドの思想を植えつけようとしている。学校と学年によってダイジェスト版本が異なるものの、『肩をすくめるアトラス』はアメリカ小中学生の必読書に指定されている。出版数8000万冊とは市場での販売数量ではなく、エリートが社会に向けて徹底して洗脳するための「販売促進」の結果であった。

ランドが代表とする「世界の主」、「神に選ばれし者」、「生まれながらの支配者」という考え方は、どの社会においても大多数の不満を買うことになる。人は平等で善良なる社会を追求し誰も奴隷になりたいとは思わない。

（前掲書、Ｐ４２２）

これが現在のアメリカの金持ち至上主義の源流である。金持ち至上主義のアイン・ランド思想は、『通貨戦争』の著者が述べているように多くの人が受け入れることはできないであろう。しかしアメリカのエリートたちの間では熱狂的に受け入れられ続けており、盛んに宣伝されている。

人間というのは「立場」によって支持する思想が変化する。自分の利益になったり、自分の立場を正当化してくれる思想や宗教になびく傾向がある。人間には自らの利益を追求する「生物としてのエゴ」が本能として備わっているからだ。

この「エゴ」と「優越願望」を善として正当化してくれる思想・宗教を肯定すると、他者の権利を無視しても平気になる。多くの金持ちにとって金持ち至上主義は、自らの権力と名誉欲を満足させてくれる素晴らしい思想なのだ。

アメリカで隆盛を極めている拝金主義思想に現在の日本は大きな影響を受けている。格差社会を肯定する理論はその表れだ。

文化や芸術などソフトパワーの面においてアメリカの強い影響下にある日本では、アイン・ランド思想に見られる拝金主義の影響をここ20年ほど強く受けてきた。現在の富の格差拡大は、素朴な経済現象として自然に起きていることではなく戦略的なものである。背後には常にその現象を肯定する思想が存在しているのだ。

対等願望（平等原理）の受け皿をしっかり用意

他方で暴走する優越願望を修正するのは「対等願望」からの声である。極端な貧富の格差を問題にしている「ウォール街を占領せよ」運動が全米で起きている。しかし、歴史的に見て対等願望のほうも、権力によってコントロールされてきた。

権力は、優越願望に基づいて動いているが、対等願望からの反撃があるのは百も承知なのだ。そこで、対等願望を自らのコントロール下に置くシステムを作り出す。それが、アメリカの民主党と共和党の二大政党制であり、マネーの本質から目を逸らすさまざまな平等主義思想なのである。

優越願望も対等願望も人間が持つ生理的な社会的感情だ。無くそうと思っても、人間そのものが生物学的に変化しない限り、この世から消え去りはしない。

これは金融権力の問題だけではなく、すべての権力の問題だが、権力の本質（真理）から目を逸らせば、願望をコントロールしながら支配を維持することが可能になる。真理のない優越願望や対等願望は、社会コントロールの基本なのだ。

昔の王権支配よりも、現在の金融権力はより巧妙になり、分かりにくく偽装されている。

エゴイズムとカルトの氾濫（新自由主義経済学と宗教）

アメリカのみならず、先進国全体で自由民主主義経済社会の矛盾が噴出している。現在のこの体制では、エゴイズムとカルトが氾濫しやすくなっている。

拝金主義に代表されるエゴイズムの隆盛の背景には、市場原理主義の経済学によって説かれている「個人のエゴの追求こそが社会を発展させる」という思想がある。

実際、経済学の講義を受ける前と受けた後の利他的感情を調べた結果、明らかに受けた後の利他的感情の数値は落ちるという。逆に利己主義的な傾向を示す数値が上昇する。この思想は「優越願望」の強い人間に特に魅力的に働きかける。

もう一つの支配装置は、カルト宗教の氾濫である。狂信的な宗教の隆盛は、権力にとっては都合が良い。その理由は、

⇩思考停止の教条主義に陥る人間を増加させる。
⇩現世での出来事を来世の問題にしてしまう。

このような狂信的な側面を強く持つカルトは、マルクスが言ったように「精神的なアヘン」である。現実の問題から目を逸らさせる狂信的な宗教が権力に利用されるのは、古今東西枚挙に暇《いとま》がないが、政教分離の現在でもそのようなことが行われている。

宗教は金融権力にとって魅力的な投資先の一つなのだ。実際にロックフェラー財団などが積極的にアメリカのキリスト教原理主義を金銭的に支援してきた。多額のマネーを寄付で受け取る宗教集団は巨大な宣伝手段を確保できるのでさらに発展する。

操作する民主主義の基本である、真理を操作してコントロールする都合の良い仕掛けが狂信的な

カルト宗教を氾濫させることになる。

アメリカでも日本でも宗教法人は非課税とされて、活動しやすくなっている。また、マネーロンダリングのメッカにもなっているようだ。オウム真理教があれだけ好き勝手できたのも、一つには税の監査が緩かったからだ。宗教法人にも適切な課税方法が検討されるべきである。

旧ソ連地域のカラー革命とアラブの春

自由民主主義帝国にとって最強の政治体制である民主主義の輸出は、他の体制であるライバル潰しのための最大の武器になる。その典型が旧ソ連地域への民主主義の輸出である。

旧ソ連地域で「カラー革命」と呼ばれる一連の民主化運動が起こった。その原因は、ロシアが国際金融権力を取り締まったことに端を発している。社会主義であった旧ソ連では、民間企業は存在せず、すべて国営企業。全員公務員。ソ連崩壊後の自由民主主義経済への移行の中で、国有企業の民営化を進めることになった。そのどさくさにまぎれて天然ガス、石油、鉄鋼などの国家の資源を、新興財閥が独占してしまった。ロシアでは、持てる者と持たざる者の格差が急拡大し、アナーキーな自由民主主義が形成されてしまった。どれくらい富の独占化が進んでいたのか?

新興財閥の一人であるベレゾフスキーは「7人の新興財閥がロシアの富の50％を支配している」と公言していた。

このギャングのような新興財閥を取り締まったのが、エリツィンの後を継いで2000年に大統領に就任したプーチンである。富を独占する新興財閥をどんどん取り締まる。それに対して、新興財閥は欧米の金融権力（ロスチャイルド財閥など）との結び付きを強めて防衛しようとする。しかしソ連崩壊後から急速に成り上がった新興財閥は、ロシア国内での基盤は脆《もろ》く、あえなくプーチンに敗北。筆頭格だったベレゾフスキーはイギリスに亡命し、ロシアの石油王ホドルコフスキーは逮捕収監されてしまう。

プーチンの新興財閥潰しに怒り狂ったのが、その背後にいる欧米の金融権力だった。ロシア包囲網を形成するために、ロシアの周辺国、つまり旧ソ連地域への体制転覆を図っていく。

まずはグルジアでバラ革命。不正選挙を理由にデモを起こし、野党勢力が議会を占拠。そして親米のサアカシビリが大統領に就任。次に、ウクライナでオレンジ革命。これも不正選挙と野党が騒ぎ、大規模なデモを起こす。そして再選挙を実施させ、親米派が勝利する。次にキルギスでチューリップ革命。これもグルジア、ウクライナで起こったことと全く同じパターンが繰り返される。

選挙の後、野党が不正選挙として「選挙のやり直し」と「大統領の辞任」を要求。この運動の背後にアメリカがいることを察知していたアカエフ大統領はロシアに逃亡。その後、親米政権がキルギスに樹立される。これが一連のカラー革命である。

この革命の背後には、キルギスのアカエフ大統領が察知していたように、欧米の金融権力の援助があった。外国の政権転覆をどのように行うのかというと、国際的な活動を行っている民間のNGO勢力に出資して革命を扇動したのだ。

ではこれらNPOの資金源は？　92年の「自由支援法」に基づき、米国家予算から捻出されている。国務省国際開発局（ＵＳＡＩＤ）を通じて、キルギスのＮＰＯ活動のために組まれた予算は、２００５年度会計年度で総額３３００万ドル。（中略）つまり、アメリカが国策として他国の革命を支援している証拠です。次に、このアメリカからの支援は、どの程度革命の実現に役立ったのでしょうか？　キルギスの革命の指導者は、ニューヨークタイムズに、「米ＮＰＯの援助がなければ、行動を起こすのは絶対に不可能だった」と語っている。

（北野幸伯著『プーチン　最後の聖戦』集英社インターナショナル、Ｐ１５９）

一連の民主主義的要求を通じた革命運動の背後にはアメリカがいたということだ。

民主化の輸出は、敵対的な旧ソ連だけではなく、長らく同盟国であった独裁国家にも波及していく。イラクのサダム・フセイン、リビアのカダフィ、エジプトのムバラクなどだ。どの独裁者も欧米と仲良くしている間は独裁が許されるが、反抗すると独裁国家であることを理由に潰される。

よく指摘される欧米のダブルスタンダードだ。敵対している独裁者は悪であり、欧米の同盟国や従属国の独裁制は見て見ぬフリをする。

また味方である必要性がなくなった御用済みの独裁国家は、自由と平等に基づく民主化で処分される。民主化の後に行われるのは、往々にして「中央銀行の政府からの独立」である。

多くの市民にとって民主化は喜ぶべきことである。それによって独裁制から解放され、普通選挙の理念に基づく権利を得ることができるのだから。一方で、操作できる民主主義の侵略性と危険性も理解しなくてはならない。

〔第9章〕

金融権力主導の政「金」分離型民主主義の致命的欠陥

マイケル・サンデル教授の授業の問題点

最近、大変な人気を博しているのが、NHKなどで行われているマイケル・サンデル教授の討論番組である。私もサンデル教授の授業が大好きで、番組を熱心に見ていた。直接授業を受けたこともある。サンデル教授が東京に来た時に、倍率10倍の抽選で幸いにも選ばれ、授業に参加することができた。会場は満員で熱い討論で盛り上がっていた。「この授業こそ民主主義が実践されている場だ」と感動したものだ。

しかし、よくよく考えてみると一つ腑に落ちないことがあった。

討論のテーマをすべてサンデル教授が設定しており、聴衆はYESかNOかの二者択一で判断していくのだ。

例えば、ある番組ではこんな設問を行っていた。


⇩大雪の後のシャベルの値上げはフェアか？　アンフェアか？

⇩自然災害によって水不足になった時に水を値上げするのはフェアか？　アンフェアか？

⇩兵役を金銭で他人に代わってもらうのは賛成か？　反対か？（原発作業の問題など）

⇩先進国の人々がインドの代理母出産を利用するのは賛成か？　反対か？

⇩民間の消防団が、会員でない人の家を消火しないのは賛成か？　反対か？

⇩学校で生徒が成績を伸ばすために、点数の良い生徒にお金を配るのは賛成か？　反対か？

このような設問に対して、参加者たちが賛否を答えていく。人間にはさまざまな意見があるのだということが分かり、一見、民主的な思想を形作る授業になっている。

そのことは、この授業のメリットと言えるだろう。あるテーマに対して賛否を論じ合うことによって意見の多様さを知り、思考の奥行きを深めることができる。

サンデル教授の授業は「正・反・合」という弁証法を実践する授業なのだ。

しかし、サンデル教授の授業には、ある大きな問題点がある。

テーマをすべて教授が設定しており、その賛否を参加者が論じ合う形式であるため、テーマの真偽について考えるということがおざなりになってしまうことだ。

このことがなぜ大きな問題なのかというと、権力によって与えられるテーマについて賛否を論じるのが「権力によって操作される民主主義」の基本的な構図だからだ（図53参照）。

現代の民主主義における権力とは何か？

それはマスメディアであり、学界であり、それらに大きな影響力を持つ財界・財閥である。

マスメディアは自らが発信するテーマ（情報）を基に、多くの人に賛否を論じさせている。しかし、マスメディアが発するテーマそのものが創作されたものであったり、偏ったものであった場合、市民が賛否を論じてどちらの結論に至っても、権力に都合の良いものに誘導することができる。

また、テーマのイメージを変化させることで市民の賛否の傾向をコントロールすることもできる。

この好例が、湾岸戦争の時にクウェートの子供がアメリカ議会で泣きながら、侵攻してきたイラク軍が行った非道を現地で目撃したと告発した件だ。この後アメリカの世論はクウェートに対して同情的になり、戦争に賛成する世論形成に一役かった。ところが、この子供はクウェートのアメリカ大使館員の子供であり、イラク侵攻時には現地にはいなかったということが後ほど発覚した。

つまり、嘘の証言だったということだ。

このようにテーマそのものが嘘だった場合、そのことについて賛否を論じても無意味になる。サンデル教授の授業に見られるように、与えられたテーマに対する賛否をいくら繰り返しても「操作される民主主義」の克服にはなり得ない。

与えられたテーマについて論じる作業を習慣化してしまうと、自らが自己決定をしたように思ってしまう。テーマをコントロールされるということは、賛否の思考もコントロールされていくのだ。

現実の例で言えば、財界の影響下にあるマスメディアや学界などによってコントロールされるアメリカの二大政党制などが典型だろう。どちらの政党がどのような選択をしても権力には痛くも痒くもないといったシステムが作られてきた。

洗練された「操作される民主主義」の形態である。

これを克服するためには、「テーマの真偽」を論じることが有効だ。例えばサンデル教授の授業での設問で、

「911テロの首謀者であるビンラディンをアメリカ軍が殺したのは正義か？」

という問いかけがあった。

それに対して生徒は「正義だ！」「正義ではない！」と討論している。しかしテーマの真偽を検

図57　マイケル・サンデル教授の授業の問題点

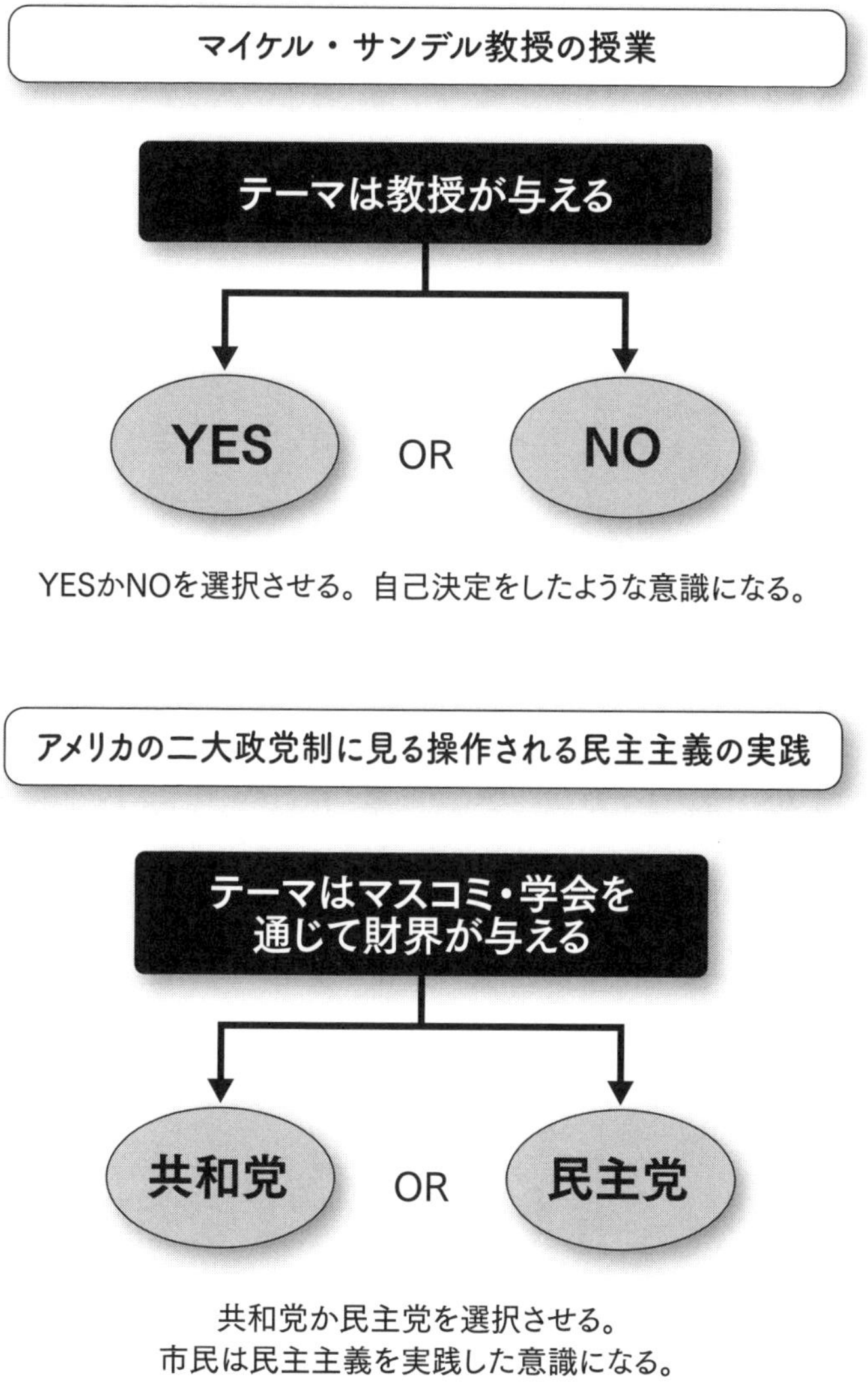
マイケル・サンデル教授の授業
テーマは教授が与える
YES
OR
NO
YESかNOを選択させる。自己決定をしたような意識になる。
アメリカの二大政党制に見る操作される民主主義の実践
テーマはマスコミ・学会を
通じて財界が与える
共和党
OR
民主党
共和党か民主党を選択させる。
市民は民主主義を実践した意識になる。

証する場合、「多くのメディアでは911テロはビンラディンが首謀者だといわれているが、異論を述べる人も数多くいる。本当のところはどうなのか？」

このように問うことで、911テロでビンラディンが首謀者なのかどうかという真偽を問う討論になる。与えられるテーマの真偽について検証する思考を市民が習慣化することで、「真理に基づく民主主義」を目指すことが可能になるのだ。

市民がマスコミや学会などが与えるテーマで物事の善悪を判断しようとする習慣が続くかぎり、操作される民主主義は続くことだろう。

911テロ、イラク戦争に見られる「偽りに基づく民主主義」の暴走

政治と通貨発行権が分離しているシステムの恐ろしい点は、平時においては、自由・平等・友愛の原理が機能していることだ。諸権利を手にしている国民は、満足できる状況を作り出している。しかし通貨創造の嘘から始まる偽りの原理が働いているかぎり、操作される民主主義のマインドコントロールが進み、悪化すると偽りに基づく民主主義に変貌してしまうのである。

その好例が21世紀にアメリカで起きた911テロであり、イラク戦争である。

両方とも金融権力の真理の操作により偽りの原因が作られた。それによって、アメリカ国民の愛国心（友愛）が喚起され、自由と平等の民主主義を守り、さらにそれらを輸出するという名目でアフガニスタンとイラクへの軍事的侵略が正当化された。

イラク戦争が嘘の口実を元に行われた？　それは事実である。

そのことはアメリカ自身が認めている。

【ワシントン＝貞広貴志】米上院情報特別委員会は8日、イラク戦争の開戦前に米政府が持っていたフセイン政権の大量破壊兵器計画や、国際テロ組織アル・カーイダとの関係についての情報を検証した報告書を発表した。

報告書は「フセイン政権が（アル・カーイダ指導者）ウサマ・ビンラーディンと関係を築こうとした証拠はない」と断定、大量破壊兵器計画についても、少なくとも1996年以降、存在しなかったと結論付けた。

（「米上院報告書、イラク開戦前の機密情報を全面否定」読売新聞2006年9月9日付）

「地獄への道は善意で舗装されている」という言葉がある。

社会全体に勘違いを起こさせる力ほど恐ろしいものはない。

そして民主主義の下で「勘違い」を起こさせるツールが、通貨創造の始まりから連綿と続く金融権力の偽りの原理なのだ（図58参照）。

中央銀行は手段の独立性を保持する必要があるのか？

なぜ、政府が通貨発行権を直接行使してはいけないのか？　多くの人が素朴に思うことだろう。

中央銀行が独立性を必要とする意見には次のようなものがあるが、どれも納得できるものではない。

⇩金融政策は専門性が高いので、中央銀行の独立性が必要だ。──→専門性が高いのはどの国家機構も同じである。軍事、産業、法律、社会保障、税金、教育、ありとあらゆることに専門性が存在する。専門性が存在するから軍隊の独立を認めるということが正当化されるはずがない。中央銀行も同じである。

⇩中央銀行を独立させておかなければ、政府が誤った金融政策を行いハイパーインフレになるなど経済が不安定になる。──→ドイツのハイパーインフレは中央銀行が独立している状況で起きた。逆に、中央銀行を管理している現代の中国では、適度なインフレ率で高度経済成長を実現している。

⇩中央銀行を独立させなければ、政府が軍事費を拡大するための予算作りに使われる。──→世界最大の軍事費を計上しているアメリカは、中央銀行が独立した国である。独立していても軍事費増大の歯止めに全くなっていない。

⇩中央銀行は物価安定以外に影響力を行使できない存在であり、中立的な存在であるのだから独立させておくべきだ。──→影響力が無いなら独立させる必要性も無い。

また、最近では手の込んだ意見として、インフレターゲットという物価目標を政府が中央銀行に課し、物価安定の手段は中央銀行が独立して行うべきという意見が多く出ている。

しかしこれは中央銀行の独立性を擁護する新たな理論である。確かに政府が与える物価目標とい

図58　偽りに基づく民主主義

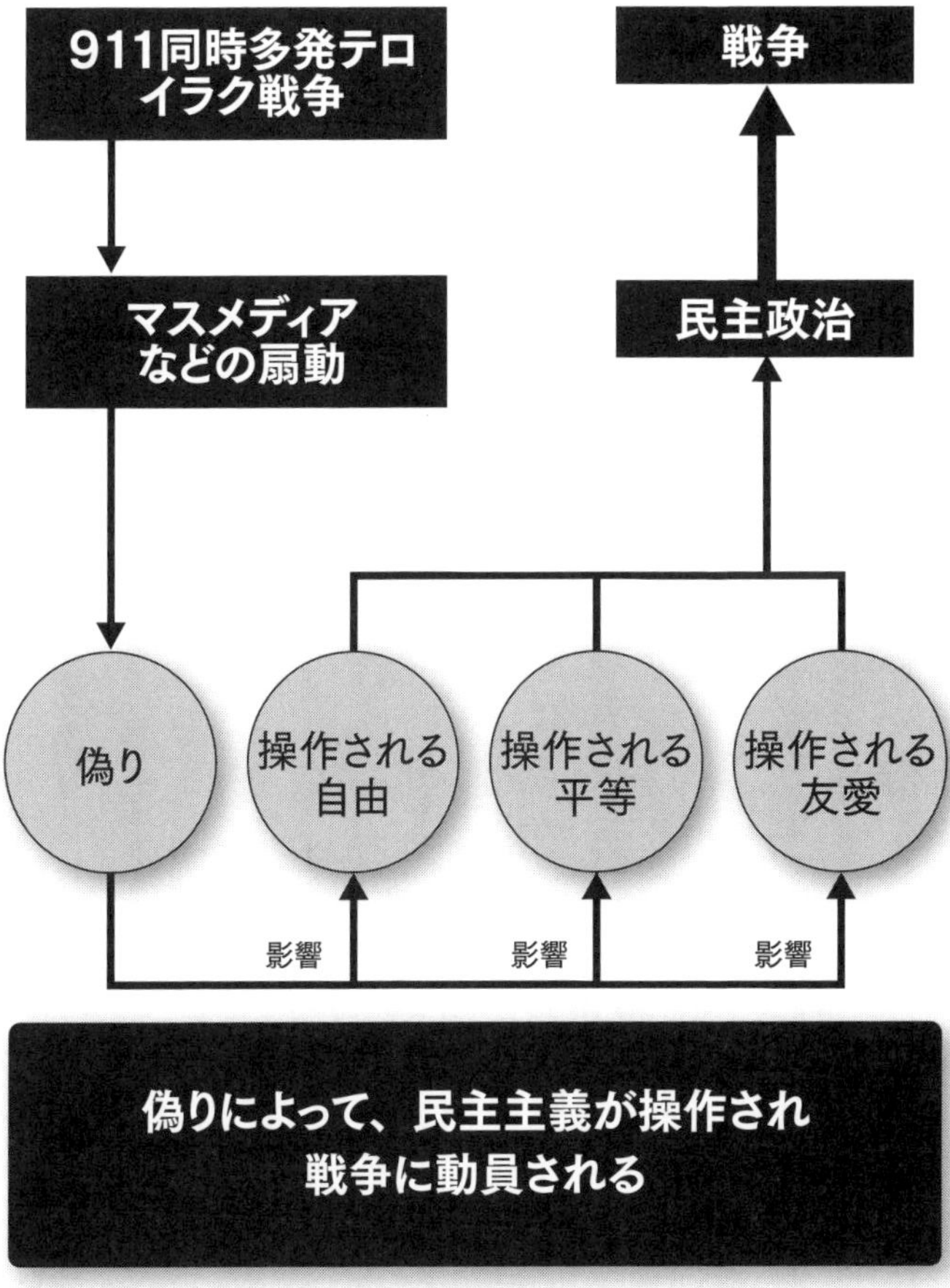

う点では中央銀行の独立性を制限できる。しかし物価以外のことに関しては、中央銀行の独立性が維持されている以上、政府は干渉できない。例えば、1929年の世界恐慌も80年代の日本の不動産バブルも直近の証券化バブルも、金融経済の資産市場で起きたことである。実体経済の物価そのものは安定していたのだ。結局中央銀行の独立性を認めているので、政府が必要な予算を作成する時は、借金をしなければならないという状況は変わらない。

また中央銀行の独立性を認めておけば、その専門性ゆえに政治家はどのような手段を行って景気を操作しているのかが分からなくなる。専門家が素人を欺くなどたやすいのはどこの世界でも同じだ。インフレターゲットのように目的だけ与え、手段の独立性を認めておくというのは、専門家としての中央銀行家に議員が騙されてきた過去の歴史を見れば明らかなように、解決にはならない。

そもそもバブルを起こした当時の日銀は、一応は政府の管轄化にあった。ロシアや中国のように政府が自立していて強力ならばいいが、そうでないと、他の権力と結びつき、金融クーデターを起こす可能性が常に残る。中央銀行も軍隊と同じように、民主的な政府の下でシビリアンコントロールされなければならない。

通貨発行権の手綱は政府が完全に握っているべきだ。

市民主権の民主主義の観点から見れば、中央銀行を独立させておくべき理由など何もない。

金融エリート主導の民主主義への幻想

最近はとみに批判が強くなっているとはいえ、金融権力の支配に対する批判は銀行が力を持ち始めた時から指摘され続けてきた。つまり何百年も批判されているにもかかわらず、自由民主主義経済社会の発展とともにその勢力を拡大しているのである。

その理由は、市民を経済的に豊かにしてきたことと、選挙を基にした民主主義の発展にある。そして金融支配者に率いられる社会こそが市民に幸せを与えるという意見が根強くあった。例えば、『悲劇と希望』を著し、金融権力の支配の実体を暴露したジョージタウン大学のキャロル・キグリー教授はその典型である。

キグリー教授は著書の中で、次のように述べている。

「少数の人間が潮の流れを戻そうとしても手遅れである」

博士は、親切心から、自分の首にかけられている縄に抗うなと人々に警告しているのだ。もし抗えばきっと自分の首を絞めることになる。逆に、みんながうすうすと感じている底知れぬ圧力と折り合いをつけられれば、人間がつくり出す平和と繁栄の千年王国でのうのうと暮らしていけるはずだ。著書を通じてキグリー博士は、善意にあふれている舞台裏の黒幕が信用に足ると私たちに保証している。彼らこそ世界の「希望」である。彼らに抗う人々はみな「悲劇」である。これが著書のタイトルのいわれである。（『世界の歴史をカネで動かす男たち』Ｐ26）

これは幻想である。舞台裏の黒幕は善意にあふれているわけではない。世界の希望ではない。実際、自由経済と民主主義の恩恵を私たちは享受している。言論の自由があるおかげで政府の批判ができるわけだし、平等のおかげで封建時代のように「斬り捨て御免」と御手討ちにされることもない。

しかし、金融支配者たちに率いられた現代社会がどのような方向性に向かっているのか。起きているのは貧富の格差の拡大、非正規労働者の増加、年収200万円以下の勤労者の増加、いくら働いても報われない社会である。

絶対権力は、絶対的に腐敗する。

金融支配者のための政治は、通貨の真理を独占することで市民を操作し弄《もてあそ》ぶ、化け物のような科学的政治システムへと発展した。

偽りのマネーの原理が作り出すマインドコントロール

金融権力の自由民主主義経済社会のコントロール方法は、命令系統が何重にもわたっているため市民には理解しにくくなっている。

例えるならマフィアの指揮系統をより巨大で複雑にしたようなものだ。命令や誘導をした者にはなかなか行き着かなくなっている。

一例として日本の不動産バブルを見てみよう。国際金融権力から指令を受けた日銀によって、不動産バブルが意図的に引き起こされる。さらに政府も騙されるか、見て見ぬフリをする。マスコミが誤った情報を市民に伝達する。その結果、不動産バブルを起こしたのは、政府の低金利政策のせいにされる（そんなに低金利でもなかったのだが）。また一部が日銀の金融政策のせいだ、と気付いても、それを誘導、あるいは命令した国際金融権力に対する批判にはさらなる情報の段階を必要とする。

命令系統のクッションを何重にも置くことで、何が本当で何が嘘かがまるで分からなくなる。実行に移した国家や企業やマスコミですら上からの誘導や命令であるから、どのような目的でそのような現象が引き起こされているか理解できない。

この偽りの原理に基づく政治経済システムは、操作する主体者以外は目的に気付かない、究極のマインドコントロールシステムなのだ。

支配ツールはマネーから情報へ、個人まで把握される電子化された世界

マネーの電子化が急速に進んでいる。

マネーが電子化された社会では個人の生活を細部まで監視することが可能になる。何をどこで購入し、いくら支払ったのか、すべての通貨の取引が記録される。資産はいくらあるのか？　借金はどれだけか？　収入はどこから受け取り、何に支出したのか。

すべて銀行の口座のコンピューターで分かるようになっていくだろう。紙幣の消滅とマネーの電子化は、それを監視できる権力にとって人間行動学の最高の分析手段になる。もはやプライバシーなど存在しなくなる。

フランシス・フクヤマは全体主義を二つのタイプに分けて論じた。市民生活のプライベートな領域にはあまり踏み込まないタイプと、イデオロギーに基づいて市民生活を管理しようとするタイプ

である。

フランコ時代のスペインのような伝統的専制支配にせよ、ラテンアメリカのさまざまな軍事独裁にせよ、社会のなかのプライベートな権益の領域、すなわち「市民社会」をたたきつぶそうとはせず、せいぜいその管理をめざしたものにすぎない。（中略）

これに対して全体主義国家の場合、その根底には、人間生活の全体を包み込む明確なイデオロギーがあった。全体主義は市民社会の完全な破壊をもくろみ、市民生活のトータルな管理をめざした。

（『歴史の終わり（上）』P65）

金融権力が行っているマインドコントロールと電子化による生活管理が、どちらのタイプであるかは明らかであろう。目指しているのは「偽り・自由・平等・友愛」という金融民主主義のイデオロギーに基づく、市民生活のトータルな管理である。

今まで社会管理は、マネーを活用した社会操作によって行われてきた。しかし、今世紀はすべての取引、どのような趣味嗜好か、家族や知人は誰か、過去の病歴、経歴など、すべての個人情報が電子化される。企業も国家も同じである。すべての行動が電子情報化された社会は、すべてが電子の世界で把握され、管理される。今世紀の社会管理ではマネーは情報の主要部門になり、総合的な情報管理へと変化していくだろう。

偽りの原理は自然科学の分野にも波及

偽りの原理は、社会科学の分野のみでなく、自然科学においても大規模に応用され、実行されている。

科学技術を研究し実用化している大企業の研究施設はもちろん、大学やシンクタンクなどの学術機関も、寄付金などのマネーの力で支配することが可能である。また、どの理論を一般に普及させるかも、マスメディアを所有している金融権力は操作できる。どんな研究を行うか、どの研究結果を発表するか、そしてどの研究を実用化するかなどは、マネーの力により誘導されている。環境学や気象学、原子力研究に応用される物理学、地震学や資源学など、多くの自然科学の分野が操作されている状況に戦慄《せんりつ》を覚えざるを得ない。

今、国民のための大学が産業界のための大学に変えられようとしている。例えば、東京大学産学連携本部には、産業界の要望・提案を直接やりとりする協議会がある。学問に対するマネーの影響はますます強まりつつある。

21世紀、高度科学技術と結びついた偽りに基づく民主主義の恐怖

21世紀の社会に深刻な影を落としているのは、ますます発展する科学技術と偽りに基づいた民主主義が融合していくことだ。

従来のマネーを用いた社会科学の支配体制に加えて、科学技術を用いて人間をコントロールする。

ナノテクノロジーやバイオテクノロジー、電子工学、脳科学などをフル活用して、人間という生物そのものを変化させていくことが可能になる。

こういった社会現象はすでに現実のものとなっている。

国内で使われている虫歯を予防するフッ素について、次のような報告がある。

「世界60ヵ国以上の水道水に含まれるフッ素が子どものIQを下げることが明らかに　米ハーバード大調査」

この研究では血漿中のフッ素濃度と子供たちのIQ値の関連性について調査。フッ化物（フッ素を含む化合物）が多い環境で育った子供たちは、少ない環境の子供たちにくらべると、遥かにIQ指数が低いことがわかった。フッ化物は子供の神経発達に悪影響を与える危険性を以前から警告してきた、環境保護団体の意見をどうやら裏付ける結果となったようだ。

（The New American. 2012/07/29）

幸い日本では、フッ素は水道水には含まれていない。これが、世界60カ国以上において意図的になされているとすれば戦慄すべき事態だ。通貨の偽りの原理に基づき構成されている現在の自由民主主義国ではそれは可能なことなのだ。

現在の通貨体制が続くのなら、今後もますます発展していく科学技術が、人類をモルモット化させていくのを可能にするだろう。

最大多数の最大幸福に結びつかないシステム

政「金」分離の民主主義は一見すると、国民の最大多数の最大幸福を実現するシステムであるかのような幻想を与える。普通選挙が行われ、自由・平等・友愛に基づく基本的人権が守られているからだ。

しかし、通貨の実質的な主権が金融権力にあるのなら、市民が操作された情報に基づいて決定する以上、最大多数の最大幸福を実現するシステムにはなり得ない。少数の金融財閥の利権と、市民の利権がぶつかった場合、市民の要求は支配システムによって途中で閉ざされてしまう。ごく少数のエリートの統治は、偽りに基づいた権力に立脚しており、その性質上、秘密政府にならざるを得ない。市民に対して秘密裏に決定される権力が、市民のための政治を行う保証などどこにもない。少数のための権力は解体されなければならない。

〔第10章〕

偽りの民主主義を超えて――真理のある民主主義を目指す経済社会論

崩れてきたマネーの支配——ベネズエラ、ロシア、中国

ソ連の崩壊によって圧倒的なマネーの洗脳力で世界を手中にしたかに見えた金融権力だったが、その後、ベネズエラのチャベス大統領、ロシアのプーチン大統領が強力な政治権力を実現させ、マネーの独裁的支配体制から抜け出すことに成功した。また中国も、体制的に自立したまま自由市場経済を取り入れ、独自の発展に成功している。

それらの国に共通しているのは軍事的に支配されていないことである。ロシアはエリツィン政権時に間接的に経済支配を受けたが、プーチン大統領が新興財閥を取り締まることに成功。ベネズエラも経済的な支配を受けていたが、チャベス大統領の下で数度にわたるクーデター未遂を切り抜けて自立に成功している。

現在、国際金融権力から自立しているロシアや中国、ベネズエラなどが主導して、諸外国を連合させて脱欧米の政治経済体制の構築を進めている。

一方、先進国を名乗る日本や欧米諸国は、米軍基地が各地に駐留している状況であり、金融によるマインドコントロールと強大な軍事力を背景にいまだに支配は継続中である。

ただしロシアもベネズエラも中央銀行は独立したままだ。チャベス大統領は2007年に国民投票で中央銀行の独立性を廃止する条項を含めた憲法改正の国民投票を行ったが、反対50・7%、賛成49・3%とギリギリで否決され、実現しなかった。やはり、最後の砦ともいうべき金融の牙城はそう簡単には陥落しないのである。それでも両国は、圧倒的に強い政治権力で金融権力を抑え込ん

でいる状況であり、中央銀行は政治の言うことを聞かざるを得ない。

ユーロの危機、ハンガリーの乱

基軸通貨ドルとともに金融帝国の一角であるユーロ帝国も社会的矛盾が大きくなり揺らぎ始めている。

その理由は、ユーロの下で主権を失ったことに欧州各国の国民が気付き始めたためである。

ギリシャ危機に端を発した欧州の債務危機は、独自の通貨政策と財政政策を行えない現実にユーロ諸国を直面させている。通貨における国家主権を失うことがどれほど致命的な影響を与えるのかを骨身に染みて実感し始めた。反ユーロの大規模な動きが起こり始めている。

ユーロに参加していないハンガリーは、２０１１年末に中央銀行の独立性を無くす法案を議会で通した。これは中央銀行の独立性を遵守《じゅんしゅ》しなければならないＥＵの参加条項に違反する行為である。そこでこの小国で起こった反乱に対して、ユーロ諸国や国際通貨基金ＩＭＦなどが束になってハンガリー政府に圧力をかけ、撤回させてしまった。しかしハンガリーで起こったこの反乱は、中央銀行に対する不満がいかに大きくなっているかを確認させるのに十分である。

インターネットの情報革命により暴かれ始めた偽りの権威

金融権力は通貨発行権を独占することで、マスコミや学術機関を支配し、社会に影響力を与える情報を独占してきた。そして真理を操作することで、民主主義を手玉にとってきた。

しかしその情報の独占によって構築してきた権威が、インターネットの情報革命により崩壊を始めている。情報革命によりそれまでに隠されていた情報が暴露されるようになり、先進国と自惚《うぬぼ》れていた体制の宿痾《しゅくあ》が市民の目に露《あら》わになった。

一部の通信社、大企業、広告代理店が影響力を振るうTVや新聞などのマスメディアと違い、インターネットは個々人が情報を発信することができる。情報の独占と統制が難しく、情報の拡散と自由な発信が可能なのだ。つまり情報発信も多数決の原理が働きやすくなったのである。

そしてこれが最大の特徴だが、個々人の情報発信はマスメディアのようにマネーの力で支配しにくい。

市民の最大の武器であるインターネット文化を発展させて、市民発の情報文化を育てていくことが何より大切である。

なぜ普通選挙制度でなくてはならないのか？

現在の民主主義を問う前に、そもそもなぜ、普通選挙制に基づく民主主義でなくてはいけないのだろうか？　昔のように富も地位もある人間だけが選挙権を認められる限定選挙でもいいのではないか？　普通選挙そのものを考え直すべきではないか？

民主主義を考える上でその根拠を考えることは避けて通れない問題である。

普通選挙でなくてはならない理由は、結果論と倫理的命題の二つの観点がある。

結果論では、絶対権力はいずれ腐敗していく。エリートが勝手に操作するシステムはそういう点で機能不全に陥りやすい。限定選挙にしても、限定された集団のために政治が行われるようになる。それが既得権益になり、排除された集団は大きな不利益を被るようになるだろう。

普通選挙制度でなくてはならないもう一つの理由は、すべての人間は同じ尊厳を持つという倫理的命題から生まれる。一人に一票が与えられる根源的な理由である。どの人間も特別な存在ではない。そのため、民主主義は事の真意と善悪を判断できる成人一人一人に等しく選挙権を与えているのだ。人間の尊厳を実現するために社会的な理念にしたのが自由、平等、友愛であり、その政治システムの実現として普通選挙制度による民主主義が作られてきた。

これが普通選挙制度にさまざまな欠落が見られるとしても、普通選挙でなくてはいけない理由である。

よく一人一票の制度が民主主義を愚民化させている、という意見がある。政治に詳しい人間と、政治のことなど何も考えない人間が同じ一票を持っているからいけないのだ、と。

この考えは、与えられる一票という数しか見ていない。政治に興味がなくて活動もしない人間よりも、政治に詳しく、活動する人間のほうが政治に与える影響力は圧倒的に大きい。一人一票という制度は民主主義制度の欠陥や愚民化の要因にはならない。

今までの民主主義は何がいけなかったのか？

それでは今までの民主主義は何がいけなかったのだろうか？　なぜ、我々の民主主義は騙されてしまったのか？　を問い直さなければならない。

民主主義がその理念から大きく外れる原因を、過去の歴史から分析すると、

❶自由・平等・友愛・真理の理念が別の理念に取って代わられた時（ナチスなど）

❷自由・平等・友愛・真理が、情報操作によって誘導される時（アメリカのイラク戦争など）

❸自由・平等・友愛・真理の何れかが肥大化し、バランスを崩した時（アメリカの貧富の格差など）

❶のナチスのように民主主義を否定する理論を民主主義の中から作り出すということは、現実に起きたことだ。

❷の操作に関しては、自由・平等・友愛のスローガンで運営されてきた民主主義が、金融権力によって操作され利用されてきた。操作は往々にして民主主義の基本理念である自由・平等・友愛・真理のバランスを崩すことによって行われている。

❸では、貧富の格差を拡大させたい時は自由を肥大化させる。市場原理主義を肯定する思想によってアメリカの貧富の格差は病的なまでに拡大している。

また、共同体を破壊したい時や表現の自由を奪いたいときは平等を肥大化させる。外国人参政権や人権救済法案などはその一例である。

排外主義やさまざまな派閥を作り出したい時は友愛を肥大化させる。排外的な集団の拡大は、それに対抗する別の排外的な集団を作り出す。民族、宗教、愛国心、思想、性別、出身地、学閥など、

操作に都合の良いものなら何でもよい。

また、人間は真理を意識化しなければ、自分にとって都合のよいことを信じる。

以上のようなことから考えると、民主主義において基本的人権が実現する有効な制度にするには、次のことが必要になる（図59参照）。

⇩「自由・平等・友愛・真理」の理念が十分に強力であること
⇩「自由・平等・友愛・真理」が情報によって操作されないこと
⇩「自由・平等・友愛・真理」の間でバランスが取れていること

日本などの自由民主主義諸国において、人権や民主主義は、理念としては非常に強力である。一部の宗教原理主義を除けば、脅威になるような勢力は存在せず、取って代わられるような状況ではない。

問題は、民主主義の理念が強力であるにもかかわらず、なぜ、民主主義が市民の幸福のためにうまく機能していないのかということだ。その理由は、バランスが取れないことと、操作されていることにある。

自由・平等・友愛の理念に真理を取り込む

民主主義をコントロールするための方法として金融権力はマネーの真理を「無意識化」し、また、さまざまな真理を操作してきた。自由・平等・友愛はあっても、真理はないという状況だ。まさに、「偽り・自由・平等・友愛」なのだ。

それを克服するには、一つには、マネーの支配者の拝金主義とは違った価値観を持つことである。現在のロシアやイスラムで起きているのはロシア正教やイスラム教の拡大だ。民族や文明に固有の原理主義への回帰である。それによって金融権力の影響を排除することに成功している。

もう一つは、真理を意識化することである。

自由・平等・友愛だけでは、真理は「無意識化」され、マネーの権力が作り出す錯覚に惑わされ、マスコミや学者が与えるものになってしまう。

真理の理念を民主主義の原理として確認し、必要不可欠な価値とする。復古主義的な原理主義よりも、真理のある民主主義を私は提唱したい。なぜなら、戦後日本の民主主義と資本主義の価値ある成果を継承し、さらに発展させることができるからだ。

真理の必要性と独善的真理の危険性

最近の日本には真理という言葉を拒否する風潮がある。

真理という言葉には、恐るべき毒ガステロによる無差別殺人事件を起こした宗教団体の名前に付けられているように、独善的、狂信的という危険なイメージがある。

確かに真理の「ほんとうのこと」を主張することが、さまざまな団体や個人に利用され、独善性をもたらしてきた。独善ほど恐ろしいものはない。世の中の悲劇の多くは、善意の暴走が引き起こ

図59　民主主義の各理念の誘導とバランスの崩壊

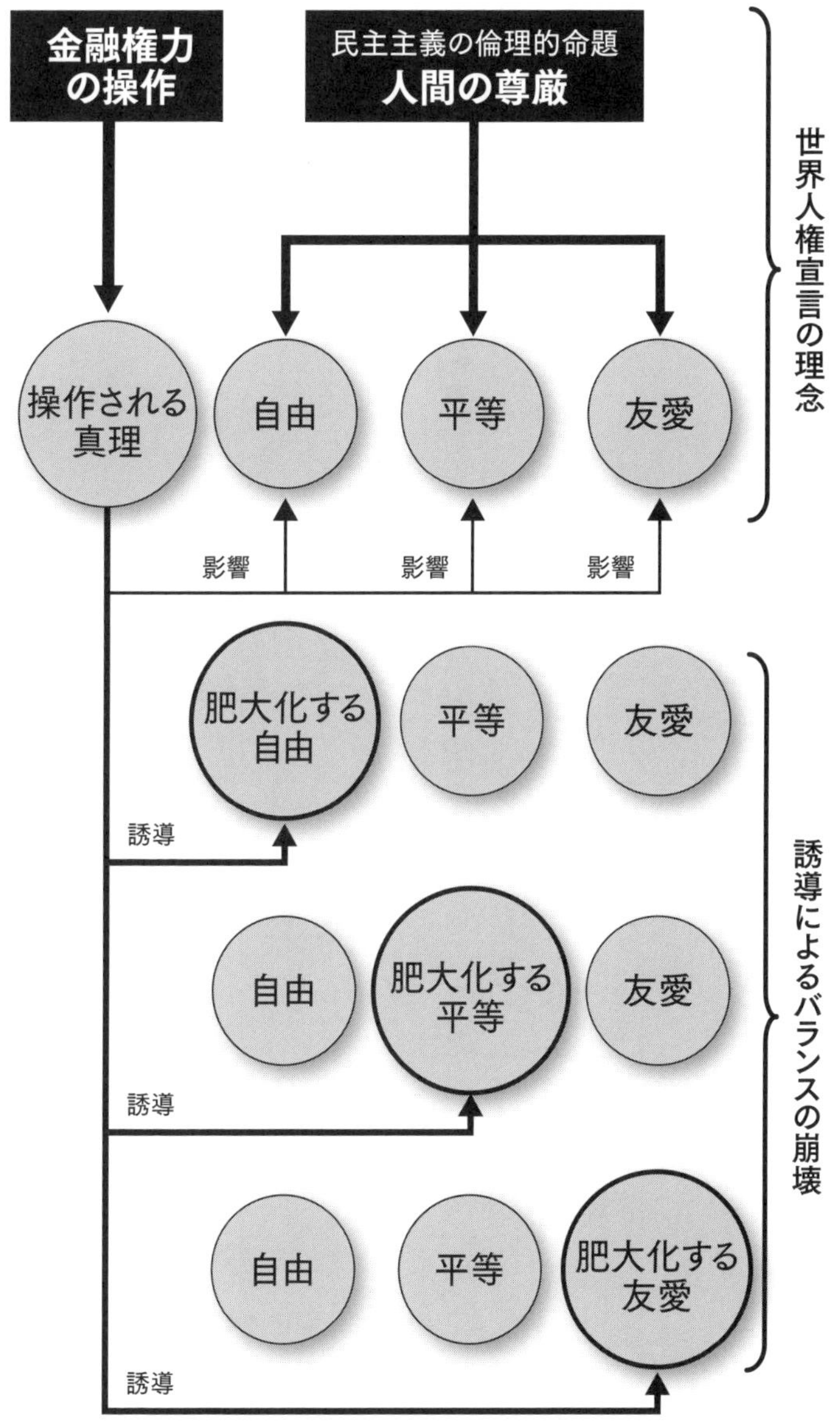

してきた。その善意の暴走を助けたのが「自分たちだけが真理を手にしている」という思い込みである。毒ガステロを行った集団も、独善的な善意から、市民を無差別に殺したのだ。

しかし独善的真理が危険だからといって、真理という概念まで拒否することもまた危険である。なぜなら、真理を拒否した場合に陥るのは、常識や権威主義や条件付けに染まることだからだ。自ら何が正しいかを開拓しようとしなければ、思考停止に陥り、偽りの権力に操作されやすくなる。それこそが真理を独占してきた連中の望むことなのだ。

真理は権力や権威によって与えられるものではない。一人一人が開拓していく作業こそ、市民として求めるべきことだ。選挙権が与えられている我々には、真理に基づく道徳的選択を行う権利とともに義務も存在しているのである。

真理・自由・平等・友愛をバランスさせる

普通選挙を形成する真理・自由・平等・友愛の理念を現実に機能させるには、各理念を個別に考えず、それぞれを関連付けさせながら考えなくてはいけない。

各理念がバラバラでは、バランスを崩しやすいし、相互の関連性が意識されにくいからである。

友愛が伴わなければ、自由は無政府状態の混乱を招き、平等は暴政を招く。（カレルギー）

この言葉どおり、各理念が別個にある限りは恣意的に使われてしまい、最大多数の最大幸福をもたらすはずの普通選挙制度の理念から大きく外れてしまう。実際に自由も平等も友愛もそれだけでは存在できず、三つの理念は多少なりとも重なり合っている。例えば、職業選択の自由を見てみよう。職業を選択する「自由」があり、その権利が「平等」に、日本社会の「同胞」に与えられている。三つの理念のどれが欠けても職業選択の自由という権利は成り立たない。

しかし、自由・平等・友愛を関連付けさせても、民主主義は機能しないことは明らかになった。偽りの権力によって操作されてしまうのだ。

そのため、自由・平等・友愛に真理を付けたし、4つの理念を関連付けさせる必要がある。民主主義の三位一体を、四位一体に変化させるのである。

この4つの理念の相関関係により、真理のある民主主義を目指す原理が生まれる。民主主義でなくてはならない以上、普通選挙制度を構成する各理念がバランスしながら発展しなければならない。発展とバランスを考えた場合の各理念の相関関係は以下のとおりになる（図60参照)。

⇩真理は、自由・平等・友愛・真理を発展させるために用いる。
⇩自由は、自由・平等・友愛・真理を発展させるために用いる。
⇩平等は、自由・平等・友愛・真理を発展させるために用いる。
⇩友愛は、自由・平等・友愛・真理を発展させるために用いる。

図60　普通選挙制度の各理念の発展と方向性の関係

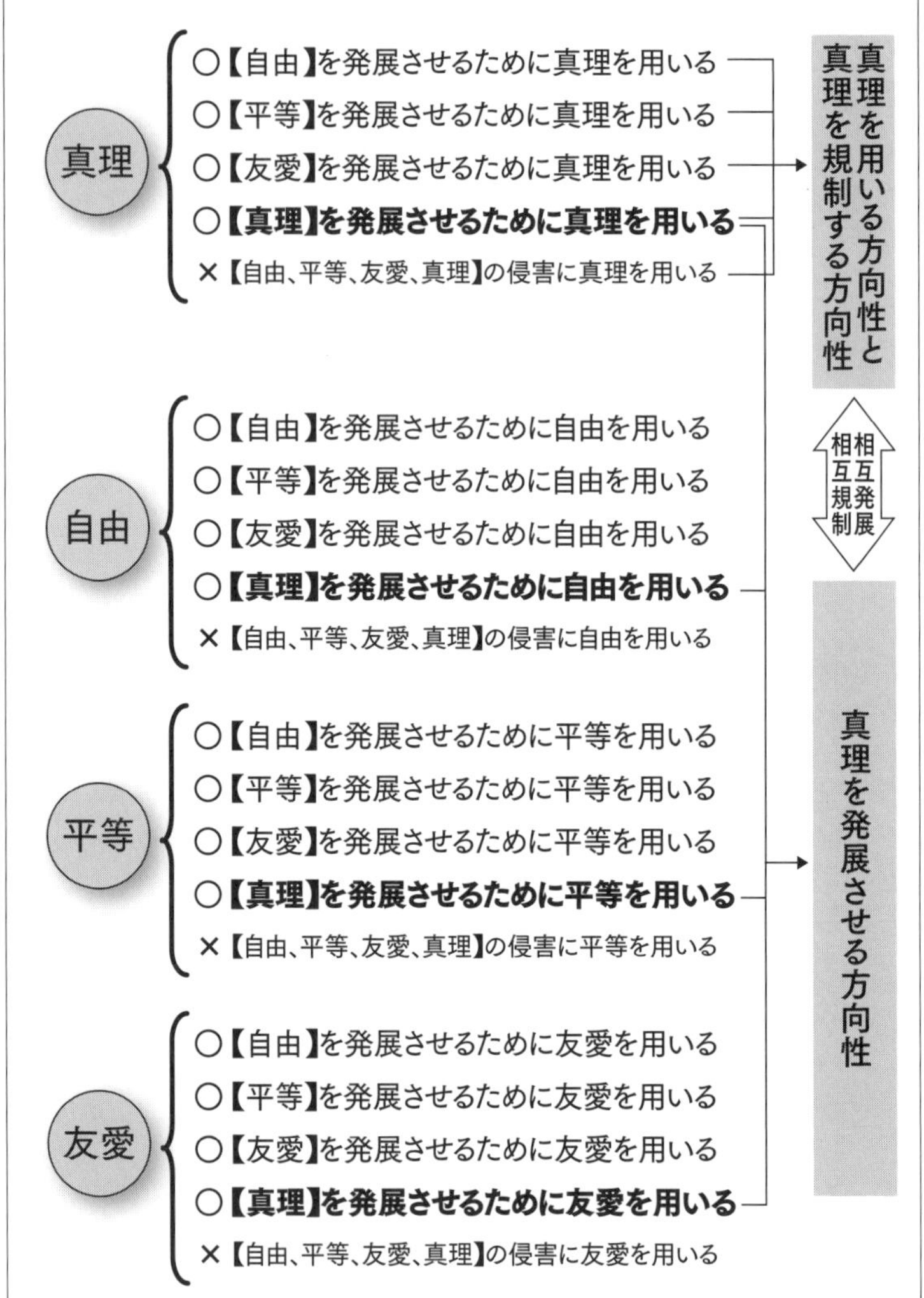

真理
○【自由】を発展させるために真理を用いる
○【平等】を発展させるために真理を用いる
○【友愛】を発展させるために真理を用いる
○【真理】を発展させるために真理を用いる
×【自由、平等、友愛、真理】の侵害に真理を用いる
自由
○【自由】を発展させるために自由を用いる
○【平等】を発展させるために自由を用いる
○【友愛】を発展させるために自由を用いる
○【真理】を発展させるために自由を用いる
×【自由、平等、友愛、真理】の侵害に自由を用いる
平等
○【自由】を発展させるために平等を用いる
○【平等】を発展させるために平等を用いる
○【友愛】を発展させるために平等を用いる
○【真理】を発展させるために平等を用いる
×【自由、平等、友愛、真理】の侵害に平等を用いる
友愛
○【自由】を発展させるために友愛を用いる
○【平等】を発展させるために友愛を用いる
○【友愛】を発展させるために友愛を用いる
○【真理】を発展させるために友愛を用いる
×【自由、平等、友愛、真理】の侵害に友愛を用いる
真理を用いる方向性と真理を規制する方向性
相互発展
相互規制
真理を発展させる方向性

各理念の関係の中で、用いる方向性が定まり、相互発展と相互規制の関係が生まれる。それでは真理の場合を見てみよう。

例えば、科学技術などの真理の体系は、人間の自由と平等と友愛と真理を発展させる方向に用いる（真理を用いる方向性の発生）。

自由を発展させるために真理を用いる→科学技術により生産力を上げて、生活に必要な労働時間を短縮する。

平等を発展させるために真理を用いる→科学技術により生産力を上げて、多数の人に多くの富を分配する。

友愛を発展させるために真理を用いる→科学技術により人間の善性を発展させる。例えば、自らの精神状態をコントロールできるようにするための心理療法など。

真理を発展させるために真理を用いる→科学技術により人間の認識能力を拡大させる。例えば、ＩＴ技術などの活用により教育環境を整え、真理を希求しやすくする、など。

逆に、科学技術は自由・平等・友愛・真理を侵害する方向で用いてはならない（真理を規制する方向性の発生）。

例えば、核兵器の開発やバイオテクノロジーを用いて人類を根絶してしまうほどの超凶悪ウィルスの開発、人間を奴隷にするマインドコントロールシステムの開発などだ。

「真理を用いる方向性の発生」と「真理を規制する方向性の発生」により各理念と真理のバランスが生まれる。さらにこの関係の中から「真理を発展させる方向性」も発生する。

⇩真理を発展させるために自由・平等・友愛・真理を用いる。↓例えば科学技術を発展させるためには、学問の自由、表現の自由などの自由を用いる。また義務教育のように教育の平等を用いる。また人類愛のように友愛を用いる（多くの人間の公共心が科学技術を発展させてきたのは間違いない）。これらの関係により科学技術は民主的価値の下で発展が行われることになる。

以上は真理の場合だが、他の理念も同じ関係から、「用いる方向性」「規制する方向性」「発展させる方向性」が導き出される（図61参照）。

何のために使うのか？　何のために研究開発するのか？

発展させるべき技術と発展させてはいけない技術を定義する必要に迫られている。真理は個人の問題であると同時に社会の問題でもある。

各理念の方向性とバランスが生まれることで、偽りの権力による「誘導」と「理念の肥大化」を起こさず、市民が自己決定を行う民主主義の原理が確立する。

偽りの原理と真理の原理の明確な対立軸

社会に規範が存在しなければ、人間はエゴの赴くままの行動をとるようになるだろう。一方で、社会の規範なるものの多くは時の権力者に都合の良いように作られてきたものだ。実は民主主義の規範も金融権力に都合の良いものとして利用されてきた。しかし、その民主主義の規範こそが、

図61	目指すべき民主主義社会の方向性

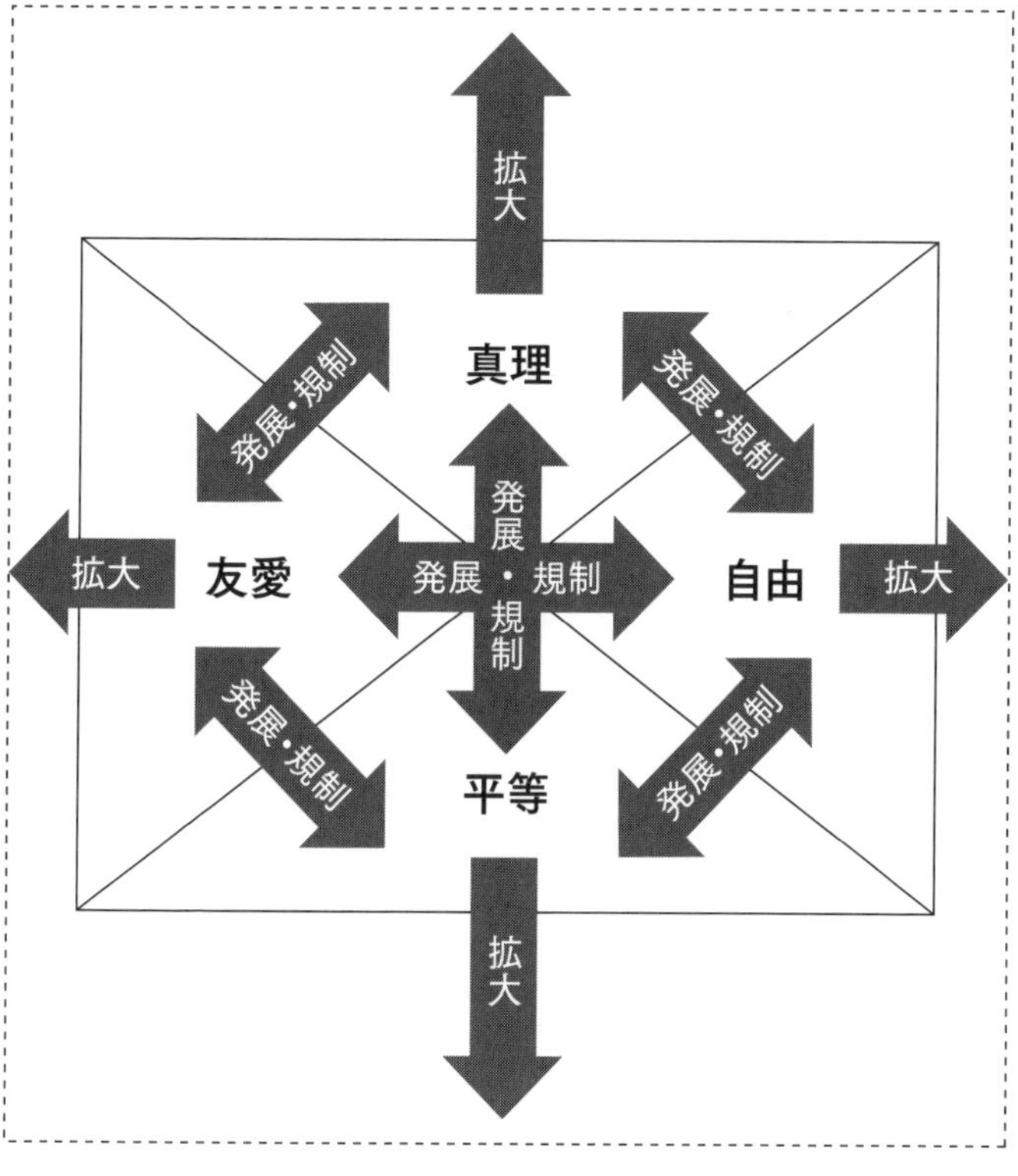

**バランスの取れた
民主主義社会の拡大**

我々市民の最後の砦になることも間違いない。

この矛盾するような状態に多くの人は混乱する。自由を推し進めてきた勢力が、不自由を作り出す？

しかしそれは事実である。現在起きていることは、金融権力の自由を守るための自由の弾圧である。例えば、９１１以降のアメリカの愛国者法は、アメリカの自由を守るという名目で制定された。これは密告社会の誕生であり、アメリカ人の自由を弾圧している。

日本で言えば、人権侵害を守るという名目のために人権侵害を行う、人権救済法などである。

ここには明確な対立軸があるといえる。

「偽り・自由・平等・友愛」なのか、「真理・自由・平等・友愛」なのかだ。

この対立は自由・平等・友愛だけを見ていては気付かない。民主主義の規範を巡る戦いとは、偽りの原理と真理の原理との対決に他ならない。そして、どちらが市民に大きな恩恵を与えてくれるかは言うまでもないだろう。

［第11章］

マネー本位制から人間本位制の社会へ

人間の尊厳が万物の尺度になるための政策

人間の尊厳に基づく観点から見ると、一人一人は能力に関係なく、価値は同じである。それなら、実質的にも平等でなくてはならない。

ところが現在の資本主義では、マネーを持つ者に最大限の自由が与えられている。権力までもがマネーと結び付いている。マネーを持たない一般人が自由も平等も制限されているなら、そのような社会は変革されるべきである。行き過ぎた能力至上主義、拝金主義も適切な形で克服されなければならない。

人間の尊厳が万物の尺度になるべきなのである。そのために、マネーやその他の尺度の影響力を弱めなければならない。

それでは真理を意識化した自由・平等・友愛の理念を実現していくために、何が必要なのかを提言してみたい。問題は「国家としての自立」「通貨発行権」「マネーの支配的影響力」である。

国家の自立のために必要なこと

そもそも国家として独立していなければ、国民主権の民主主義は機能しない。

アメリカの影響が強すぎる日本では、まずは国家としての自立を強めることが最大の課題である。政府が通貨発行権を持つことになっても、根本的な解決にはならないだろう。確かに通貨発行権を政府が得るのは極めて重要なことであるが、日本の場合は国家そのものが米国の支配者に管理されているのである。1945年の敗戦以降、サンフランシスコ平和条約で日本は見せかけの主権国家になったが、同時に結ばれた日米安保条約によって米軍基地はそのまま残ることになった。日本は米軍基地が全国各地にあるという半占領状態のまま、今日に至っている。

そのため、日銀法を再改正して日銀が独立する前の1998年以前に戻してもダメである。バブルは日銀が旧大蔵省の管理下に置かれている状況で起こされた。ベネズエラやロシアが国家として自立しているために、中央銀行が独立していても管理できているのとは対照的である。日本の場合は、政府が通貨発行権を得ることとともに、国家としての自立をまず目指さなければならない。

日本が真に自立したいのなら現在の日米安保条約は破棄すべきである。同盟国といってもアメリカは覇権国家であり、事実上、日本を従属下に置いている。自国でコントロールできない軍隊の駐留ほど恐ろしいものはない。アメリカが戦争をおっぱじめたら日本は巻き込まれざるを得ない。中国とアメリカが戦争を始めたら、「日本は中立でございます。関係ありません」などということには残念ながらならない。

中国からすれば、米軍基地が全国津々浦々130カ所もある日本は、米軍の「不沈空母」同然だろう。この軍事基地を攻撃しなければ自分たちがやられる。真っ先に中国のミサイルが飛んでくるのは日本だ。そして日本は、第二次大戦のように全国が焼け野原にされてしまう。

そうならないようにするためには、日米安保を破棄してしまうことだ。安保は日本側が条約の破棄を通告するだけで米軍は日本から出て行かなければならない。実際フィリピンは、そのようにして米軍を国外に退去させている。

次に国家として自立を行おうとすれば食料は欠かせない。日本の食料の自給率はたったの約40%。ここで2001年7月のブッシュ前大統領による米国農業団体の集会での演説をご紹介する。

「自国の食料さえまかなえない国がある。信じられるだろうか？　それは国際的な圧力と危険にさらされている国だ。食糧自給は国家安全保障の問題であり、アメリカ国民の健康を守るために輸入食品に頼らなくてよいのは、何とありがたいことか」

大穀物生産国であるアメリカの食料自給率は当然100%を超えている。日本はブッシュ大統領の言葉どおり、国際的な圧力と危険にさらされている国なのだ。

政府が国の基本政策に位置づけ、農業補助を行い、農業を育成していくことが必要である。

エネルギーはどうだろうか？　日本の最も重要なエネルギーは電気と石油だが、電気は原発の安全神話が崩れた今、火力発電に頼っている。火力発電には石油と天然ガスが必要だ。天然ガスも石油も99%輸入している。特に石油はその8割以上が中東のペルシャ湾を通じて輸入されている。中東で何かあったらオイルショックが日本を襲うという構造は変わらない。エネルギー輸入の多角化や自給が全くできていないのだ。これからは、藻から作れる石油（オーランチオキトリウム）、地熱、風力、波力、太陽光発電、天然ガスなど、日本がエネルギーとして自立できる技術開発を進めるべきだ。

それができると世界の石油産出国が困る。特にアメリカの石油メジャーや中東の産油国にとっては死活問題である。そのため作らせてもらえない。どれもこれも自立していないからだ。日本が政策転換を行い、エネルギー政策を確立して取り組んでいく必要がある。

戦後、アメリカの統治が作り出してきた支配体制の影響を克服するには、まずは自立することである。それは同時に、容易には実現し得ない最大の課題でもある。

日本国憲法に明記させたい通貨発行権

国民が本当の意味での政治の主人公になるには政治権力が強力になることが必要である。国民が直接選べるのは政治家だ。政治家こそが我々の代表。政治家はさまざまなルールを制定することができる。

偽りの原理から解放されるためには、それを生み出している根本を絶つことだ。

国民がマネーの支配者からの脱却を望むなら、行うべきことは国家の最高法規である憲法に通貨発行権を政府が所有することをはっきりと明記することだ。

「国民に選ばれた政府が責任を持って国の経済的基礎になる通貨を発行する」

この、たった一文を書き記せばよいことだ。

これができれば、財政赤字や物価をコントロールする力を得ることになる。日本経済は着実に成長し、国民生活も向上し、日本は再び復活するだろう。現在の社会保障や震災復興の財源のための増税も当面は必要なくなる。現在の日本のデフレギャップは30兆円と言われており、その分の消費が増えてもインフレにはならない。30兆円を国が通貨を作り、国民に渡せばいいのだ。

政府が通貨発行権を直接管理するようになる場合、どのようなパターンが考えられるだろうか？

❶日銀を政府の一つの省庁に組み込む。
❷日銀を廃止し、政府が直接通貨を作り出す。
❸日銀のみならず、銀行業全体を政府の管理下に置いてしまう。
❹政府が直接通貨を作り出すので、銀行業の信用創造機能そのものをなくしてしまう。

これらの特徴を見ていこう。
❶の「日銀を政府の一つの省庁に組み込む」にしろ、❷の「廃止して政府通貨を発行する」にしろ、基本的には同じである。政府が通貨を管理することには変わりはない。
政府が通貨を管理する場合、政府は融資を行うこともできるし、国民に無料で渡すこともできる。ただし民間銀行の融資によって通貨が創造されるシステムは残るため、利息通貨と無利息通貨の併用になる。

これは、現在の政府が通貨を作れていないシステムよりは遥かにいい。

しかしまだ、問題が残っている。

それは、民間銀行が融資で通貨を創造しているために、国の景気循環が銀行の経営状態で左右されてしまうのである。

一民間企業である銀行の経営状態によって、なぜ国民全体が影響を受けなければならないのか？

これは、中央銀行の金融政策とともに大いなる疑問である。

そこで❸のように、「日銀のみならず銀行業全体を政府の管理下に置いてしまう」という案が浮上してくる。つまり預金通貨を作るという超特権を持っている銀行業界を、政府が完全に管理してしまうのだ。例えばすべての銀行の株式の51％以上を政府が保有する。事実上の銀行の国有化だ。通貨の創造という超特権的能力は、政府の指導の下、国民の生活が豊かになる方向に使われるようにする。サブプライムローンの証券化商品のように、民間銀行の財テクによって景気が影響を受けるような理不尽なことはなくなるであろう（図62参照）。

さらなる案としては、❹の「銀行業の信用創造機能をなくしてしまう」というものもある。これが一部のエコノミストらが提唱している「１００％通貨」という考え方で、銀行業は預かった分しか貸出せないようにする。つまり貸出すと同時に預かるというような会計上の習慣をなくすということだ。

銀行業が通貨を作らなくなれば、政府のみが通貨を作っているというシンプルで分かりやすいシステムになる。

そして、通貨を融資によって創造するか、それとも無利息で創造するかは政府の施策で決まるのだ。利息通貨の利点は経済成長の圧力を作り出すことだ。輸出産業など競争力を伸ばしたい産業に適している。一方で、無利息通貨の利点は、利子の圧力がないため、誰かが借金を一手に背負わなくてよいということだ。競争とは関係のない社会保障や公共事業などの分野に適している。こうした通貨の性質を政府が用途に応じて使い分ければ、世の中は現在の歪《いびつ》な借金システムから解放されるだろう。

誰もが日々使っている公共財である通貨を、よりシンプルで分かりやすいものにしないといけないだろう。エコノミストでさえマネーの総額について意見が分かれているような複雑なシステムは今こそ変えなくてはいけない。

政府が通貨を作る範囲——借金本位制からGDP本位制へ

政府が通貨を作る場合、何を基準に通貨を作ればいいのだろうか。また、無から有を無限に作り出せる現在の不換紙幣の制度が諸悪の根源であって、金兌換制のようなかつてのシステムにしなければ通貨の暴走は抑え込めないという意見もあるが、それはどうか。

どのようにして通貨の量をコントロールできるのか？　通貨を創造する制限がない以上、銀行業から政府に移行したところで、作為的な景気変動は起こるのではないか？

それらに対する答えは、兌換性にする必要性はなく、政府が通貨を作る範囲を「潜在成長率の範囲」に収めることである。そうすれば過剰な通貨発行はできないし、その結果インフレは抑えられる。例えば、潜在成長率が3％の社会なら、現実に取引される通貨の量を3％増加させれば消費も3％増加して、安定した経済成長を実現できる。この通貨政策では、国家全体の生産力の伸び率が通貨の伸び率となる。

通貨量がコントロールできる以上、兌換性にするような必然性はない。逆に兌換性にすることによって、兌換の対象になる物質を持つ勢力が、通貨に大きな影響を及ぼすようになる可能性がある。

図62　通貨の創造という超特権的能力を政府の管理下に

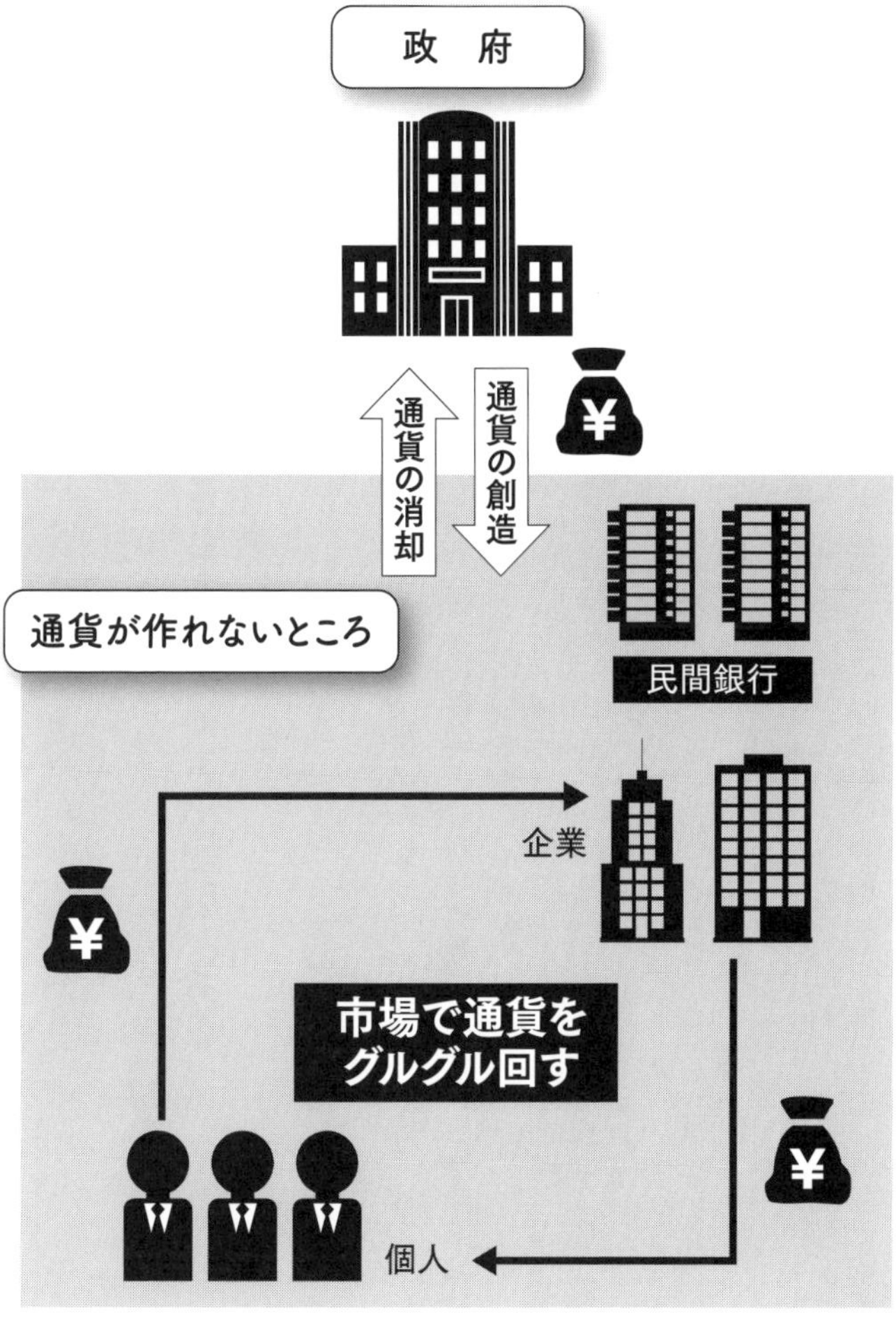

実際、金兌換性であった時代には、金《きん》を独占していたロスチャイルド財閥は世界の中央銀行の金融政策に金の量を通じて大きな影響を及ぼすことができた。

やはり通貨を管理するのはその国の国民に直接選ばれた政府が担うのが一番なのだ。そしてその尺度は国家経済の成長に合わせて政府が決めるべきだろう。

政府が通貨発行権を手に入れるとトンデモナイ効用がある

政府を通じて通貨を作れることによる効用は次の通りである。

⇩予算作成のための財政赤字は必要なくなる。予算が国債の利払いで制約を受けなくなる。

⇩経済成長をコントロールできるようになる。潜在成長率に合わせて政府が通貨を作り市場に流通させると消費をコントロールできるようになり、経済成長を達成できる。

⇩物価をコントロールできるようになる。現在の長期デフレ不況のような馬鹿なことは起こり得ない。インフレ時は政府が通貨を吸収し、デフレ時は通貨を市場に直接流通させられる。

⇩為替をコントロールできるようになる。主に通貨量と金利と貿易量で為替は決まる。通貨発行権を持てば量も金利も操作しやすくなる。また為替政策も行えるようになる。その結果、貿易量にも影響を与えることができるようになる。

⇩通貨の配分を決めることができるようになる。どこにどれだけの通貨を配分するかを政府が決めることができる。市場原理を活用したければ社会保障のような形で国民に等しく分配し、国民が欲する産業を自然な形で伸ばすことができる。
⇩
有利子通貨と無利子通貨の併用ができる。政府による通貨発行は、通貨を市場に流す方法を、融資によるか手渡しによるかを決めることができる。有利子通貨、無利子通貨の両方をそれぞれの性質を活用する形で市場に流すことができる。
⇩
失業率が低くなる。通貨の発行が銀行業の経営状態に左右されなくなるため、通貨政策の安定により、景気循環が緩やかになる。そのため、不必要な失業の増加は起こりにくくなる。また政府の通貨政策によって、公共事業が容易になるため、失業率を少なくする政策を行いやすくなる。
⇩
バブルや暴落などが起こりにくくなる。歴史上のほとんどのバブルと暴落は銀行業の金融経済への過剰な貸出しや貸し渋りが原因であった。政府が通貨をコントロールすれば、バブルと暴落は市場原理のなかでの小さな値動きに収斂されていくだろう。そもそもバブルを生む金融経済への過剰な融資が行われないのだから取引量は制限されざるを得ないのだ。
⇩
借金による増税の圧力が少なくなる。現在の日本や欧米が直面している増税の主な理由は、社会保障のための支出や国の財政赤字の穴埋めのためである。しかし、政府が通貨発行を行えば、予算作りのための借金をこしらえる必要はなくなるので、そのための増税の必要はなくなる。
⇩
国民の福利厚生に予算を割くことができるようになる。借金の利払いから解放されるのだから、政府の予算の裁量は自由になり、国民の望む分野、例えば、教育や医療、年金、介護などに予算を割くことができるようになる。

⇩常時、政府が通貨政策を行うので金融政策に詳しくなる。現在、通貨を発行し金融政策全般をコントロールしているのは政府から独立した中央銀行である。政府は金融政策に対して関与しないため、経験も知識もない状態に陥っている。そのため、通貨の知識と権限がないまま、政府は、国家運営を行っていかねばならない状況である。その結果、目も当てられないような政治オンチ、経済オンチの状態に陥っているのだ。

⇩政府が政治経済の政策を適切に行うには、政府自身が金融政策を行わなければならない。通貨の関わらない政治経済問題は存在しないのである。政府が直接、通貨政策を行っていれば通貨や金融政策に対する経験も知識も身に付けられる。そうすることで、国民のための最適な経済政策を行うことができるようになる。

こうして見ると良いことばかりだ。

右に挙げた項目は、長引く不況に悲鳴を上げている現在の日本への特効薬である。ぜひ、実行してもらいたい（図63参照）。

財政赤字の財源問題の根源的解決

現在の主要な自由民主主義諸国の最大の経済問題は、莫大に積み上がった国の借金である。日本は国と地方の長期債務残高（期間1年以上の借金）が912兆円に達している（2012年6月）。ギリシャでは国家が破綻しており、イタリアやスペインも危機に瀕している。アメリカでは、リーマンショック以降、財政赤字が拡大の一途をたどっている。この莫大な借金を返すために政府は、さらなる借金と増税と社会保障の切り下げを続けている。

各国の国民に塗炭の苦しみを与えている財政赤字問題だが、政府が借金をするのは、どの国も政府が通貨を発行していないからだ。逆に言うと政府が通貨発行権を持てば、現在の財政赤字の財源問題の多くが解決されてしまう。

例えば、日本の場合は、政府が通貨を90兆円作ることによって財源は確保できる。その財源をインフレにならない程度に借金の償還に充てていくことで、財政赤字の削減も可能となる。

では、なぜ、それが実行できないのか？

ここまで長い歴史を見てきたように、通貨発行権は最大の既得権益であり、世界支配の道具になっているからに他ならない。

国債も有効に活用されるようになる

政府が通貨発行権を持てば、国債の使い方も変化する。現在の国債発行は主に次のことに使われている。

⇩税収が足りないときに予算を確保するため。
⇩不景気時に景気対策を行うため。
⇩インフレを抑制しながら政府の集中投資を可能にするため。

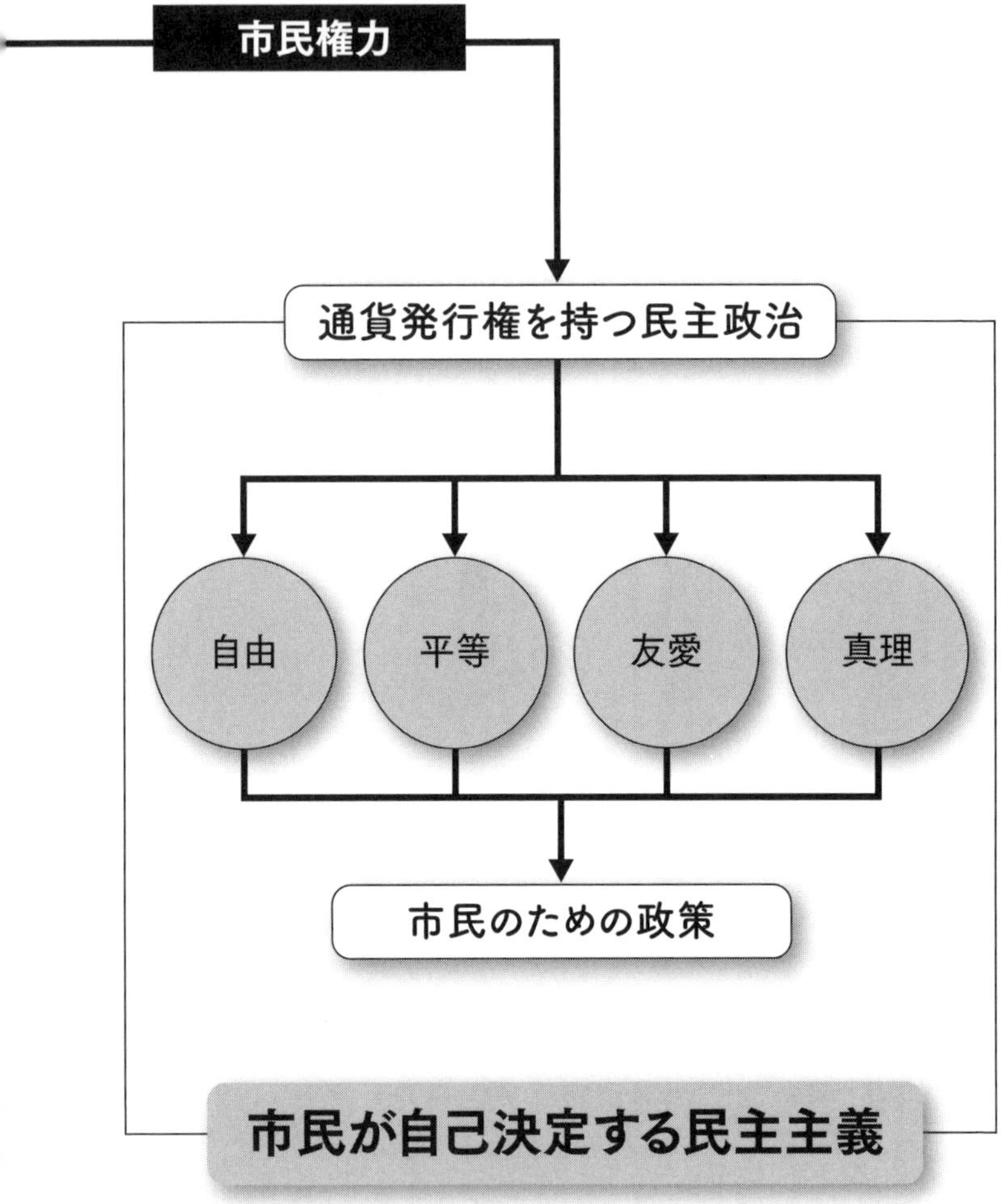
市民権力
通貨発行権を持つ民主政治
自由
平等
友愛
真理
市民のための政策
市民が自己決定する民主主義

図63　市民権力による政「金」一致の民主主義経済社会

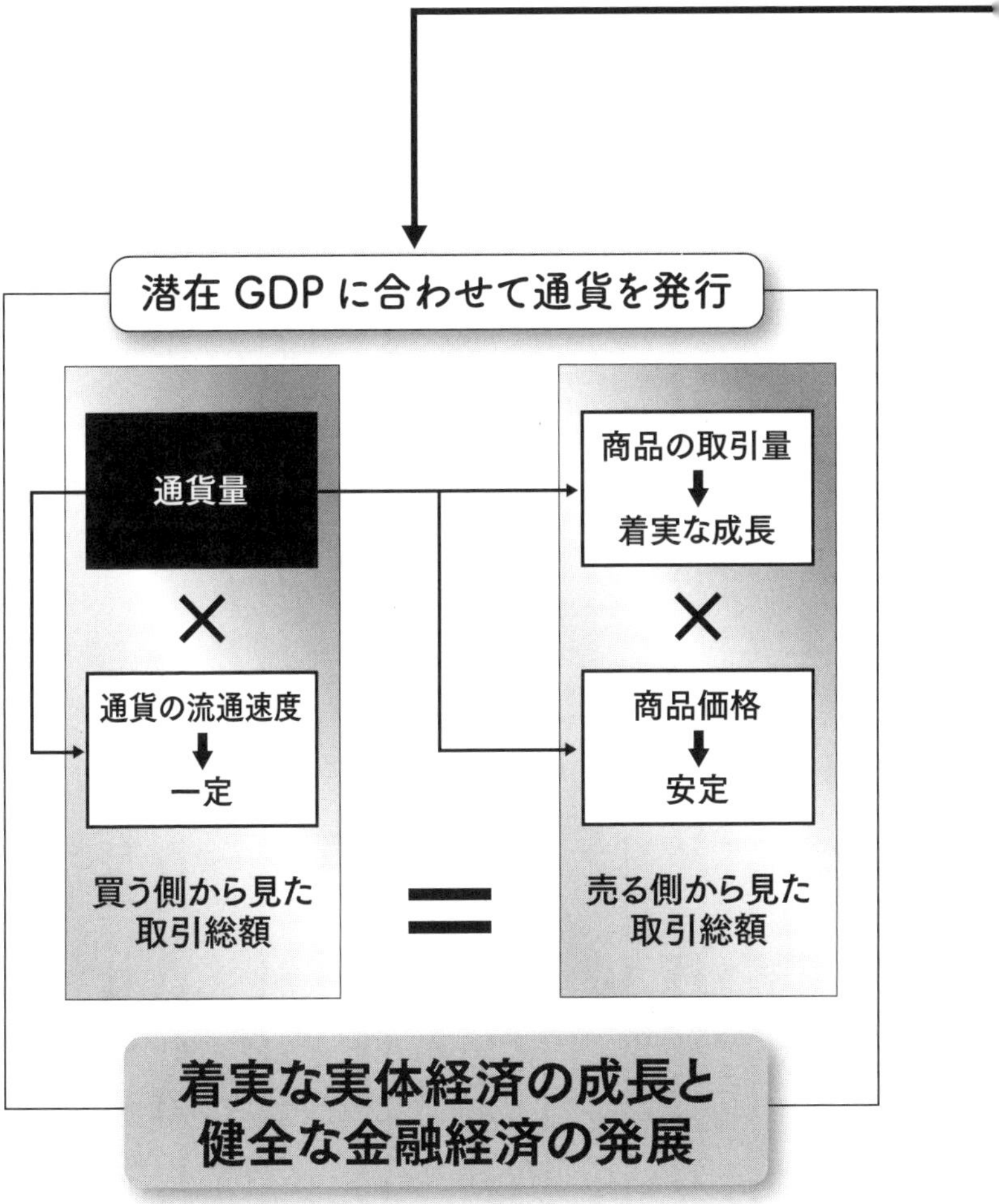

この三つの主な機能のうち、政府が通貨発行権を用いれば、前者の二つは国債に頼る必要はなくなる。税収が足りない時も景気対策を行う時も、通貨を新たに作り、準備することができるのだ。そうなると国債の発行は、残りの一つの機能である、インフレを抑制しながら政府による集中投資を可能にする機能に限定されてくる。

例えば、インフレでもデフレでもない日本でまた大災害が起こり、50兆円の復興資金が必要になったとする。50兆円を政府が新たに通貨を創造して公共投資として使用すると、インフレが起こってしまう。生産力が増加していないのに、50兆円もの通貨が純増してしまうからだ。

そうなると通貨価値が下がり、物価が上昇してしまう。そこで、50兆円を国債で発行する方法が有効となる。

銀行以外の購入者なら通貨を創造しない。本来なら、市場でさまざまな取引に使われていた50兆円が、被災地への集中投資に使われる。物価を安定させたまま、被災地に50兆円の集中投資を行うことが可能になる。国債はこのように集中投資を行う必要がある際に、インフレ圧力を軽減させる方法として利用されていくことになる。

一言で国債発行と言ってもさまざまな面があり、必ずしも悪いわけでないことはぜひ押さえておきたい。

通貨発行権と国債の関係が悪用されていることが問題なのである。

政府が通貨発行権を持つことで、本当の意味で国債が有効に活用されるようになるだろう。

マネーの力を弱める方法はあるか？

たとえ中央銀行を政府が保有しても、膨大な数の株式会社や財団、マスメディアを保有している金融財閥の影響力は依然強力であろう。マネーに貯蓄性が備わっている以上、持つ者と持たざる者が生まれてくる。持つ者が権力を握り、持たざる者が支配される。文明が発達した時点から続いていてきた社会的矛盾である。

それではマネーの力を弱める方法はあるのだろうか？　社会的には次のような方法がある。


⇩企業が資本によって乗っ取られることのないように、独占禁止法のように株式市場に規制を加える。

⇩税金の抜け道にならないように財団に規制を加える。

⇩財務会計を明らかにするよう、宗教法人にも課税する。

⇩一部の放送局による公共の電波の独占を廃し、多くの者に門戸を開く。

⇩超高額所得者に適切な税負担をさせる累進課税制度を強化する。

⇩大資産家の世襲が続かないように相続税を強化する。

⇩政治が国民のために行われるように、企業団体の政治献金を禁止する。


すべてに共通しているのは特定の個人や団体の権力の分散を図らなければならないという点だ。

市民の権力が活かされる政治経済の条件を作っていく必要がある。

マスメディアの情報独占体制を廃止させる

日本ほど、大手メディアの情報独占体制が確立されている社会も少ない。世界に冠たる巨大メディア王国である。次の引用は日本のマスメディアについて述べたものだ。

まず新聞ですが、日刊紙で約5100万部という発行部数は、先進国を対象にしたOECD（経済協力開発機構）の調査によると、絶対数で見ても世界一なのです。第2位のアメリカの4900万部、第3位のドイツの2000万部と比較しても、たいへんな数だということを痛感します。日刊新聞の読者率（成人人口比）はどうでしょうか。世界新聞協会（WAN）や各国資料からOECDが取りまとめた調査によると、これも日本は92％で主要国で断然トップです。

もう一つ重要な問題は、テレビです。日本のテレビには、ある異常な特徴があります。それは、読売新聞は日本テレビ、産経新聞はフジテレビ、朝日新聞はテレビ朝日、毎日新聞はTBS、日経新聞はテレビ東京というように、大手新聞社とテレビ局が完全に系列化されているということです。かなりの資本を新聞社がもっていて、株主として支配力を発揮している。大手新聞とテレビは、こういう関係にあるのです。これを「異業種メディアの所有」（クロスオーナーシップ）といいます。放送メディアと新聞メディアという異なるメディアを、単一の営利企業が独占するというやり方です。日本ではこれが大手新聞と全国ネットのテレビとの間で、全国的規模でおこなわれています。

（志位和夫著『日本の巨大メディアを考える』日本共産党中央委員会出版局、P7〜8）

日本のマスメディアの巨大さと情報寡占の実態がよく分かる話である。テレビは、系列新聞社と電通をはじめとする大手広告代理店の影響力が極めて大きく、さらに、前述した欧米の通信社から情報を受け取って配信している。大手マスメディアは欧米勢力と巨大企業の連合と化しており、公平中立に見せかけながら、自分たちの意図を恣意的に流している。

こういった状況を打破するには、マスメディアの独占を支えるシステムを解体することが必要だ。クロスオーナーシップ制度を禁止しなくてはならない。さらに公共の電波の解禁を行い、独占している電波を一般に開放させる。テレビ局ほど特権を得ている既得権益集団はない。競争を促進させる小泉政権の構造改革や、役所の事業仕分けや自由主義経済を熱心に宣伝しているのに、自分たちはどこよりも厳重に守られた特権の上でぬくぬくとしているのだ。その特権は戦後のアメリカ統治下で作られてきた。

マスメディアの独占を支えるシステムを解体することにより、権力による恣意的な真理の操作を防止しなくてはならない。

真理と価値について考え自己決定する人間を作る教育

教育学者・矢川徳光は「だまされない力」を育てることを教育の目的の一つに挙げている。

教育は言われたことのみを行う人間ではなく、真理について考える人間を作らなければならない。

真理とは何かを考える人間を作ることで、自己決定を行う民主的な市民が生まれてくるだろう。真理を無意識化させ、社会的に何が正義とされているのかを教えない教育など、何も考えない人間を大量に作り出す愚民化政策に他ならない。「事の真相は何か?」「何が正しいのか?」を考えず、権利さえも主張できない人間ばかりなら、情報を与える側の権力者はさぞ嬉しいことだろう。

「ほんとうのこと」を考える人間を作るには、何が正しいかを強制するのではなく、考える方法を教えることである。「演繹法」「帰納法」「唯物論」「唯識論」「唯脳論」「仏教の空《くう》の概念」「弁証法」「無知の知」など、基本となるさまざまな認識の仕方の知識を教える。あるテーマを基に、真理は何か? 価値とは何か? どのような政治がよいのか? ディスカッションのような形で授業において実践する。

認識方法を教わり実践することで、真理をどうすれば判断していけるかを考える習慣が身についていく。そして普通選挙制度を形成している国民主権の考え方や、自由・平等・友愛・真理の理念などを教えることにより、真理と民主的価値を理解した人間を作り出すべきである。

当然、通貨の増減される仕組みも教えなくてはいけない。現在のように分かりにくく教える(公民の教科書に載っていても理解している人はほとんどいない)のではなく、明確に分かりやすく教える。

そうするには簿記の初歩的な仕組みを義務教育に組み込む必要がある。経済は会計によって、政治は法によって動いている。会計の基礎を教えることは、経済の動きを大まかにでも理解するために極めて重要なことである。簿記の初歩的な仕組みが分かれば銀行会計が一般会計とどう違うのかも分かる。経済に対する認識を拡大させるのだ。

認識論と民主的価値を義務教育でしっかりと教えることが、多くの考える人間を作り出す基本であり、衆愚政治から、衆賢政治に移行する基盤になるはずである。

死票の少ない中選挙区制と比例代表制を拡大

選挙は死票をできるだけ出さないような制度にしなければならない。

死票が出れば出るほど、国民の正確な声を政策に反映しづらくなる。人間の等しい尊厳という観点からすれば、本来、死票があること自体がおかしいのだ。

その観点から見れば、小選挙区制と二大政党制は最悪である。死票の大量生産システムだ。とにかく得票数1位の声しか反映されない。死票を少なくする中選挙区制の復活と比例代表制の拡大が望ましい。しかも二大政党制では選択肢が限定されてしまうため、二大政党が腐敗した場合、国民の選択肢が事実上なくなってしまう。「民主制という名の独裁」を招きやすいシステムである。

また、企業団体献金は廃止されなければならない。法人には人間の尊厳という概念を当てはめることができないからだ。政治は個人献金に限る。個人が献金できる制限も設けるべきである。何兆円も持っている資本家と一般人では影響力に差がありすぎる。一人一人の人間の価値が等しいのなら、数の論理が最大限反映されるシステムにするべきである。

税金は応能負担を厳格に適用

税金は責任能力に応じて負担する応能負担を厳格に適用するべきである。経済的平等が実現されなくては、社会における実質的な平等はないからだ。莫大な資産を持っている大企業、資産家、宗教法人などはその規模に応じて負担しなくてはならない。法人税増税、累進課税強化、相続税強化、宗教法人課税を適用しなくてはならない。逆に消費税は逆累進的なので応能負担という観点からすれば無くす必要がある。

累進課税を強化すると努力した人が報われない社会になるのではないか？　どれだけ努力して成功を収めたからといって、人間の尊厳を犯してよいことにはならない。また努力は人並みでも、能力があるために金儲けの上手な人間もいる。

人間の尊厳という立場に立つなら、能力至上主義は排除されなければならない。一人が独占すればするほど、他の人間の持つべき通貨を侵害していることになる。富を生み出したのだから富を独占してもいいのではないか？　という理屈は成り立たない。富は生産する側の存在と、購入する側の存在の両方がなくては生まれない。結局は社会システム全体が富を与えているのである。

グローバル帝国に対抗するグローバルな活動

グローバル帝国に対抗するには、グローバルな連帯が必要である。日本一国の活動ではどうしようもない。特に日本の宗主国の立場にあるアメリカの良識派との連帯は重要だろう。

アメリカの国際的な覇権主義や、ＦＲＢの金融権力に明確に反対を表明している共和党のロン・ポールや民主党のデニス・グシニッチなどは、在日米軍基地の撤退を支持している。それらの勢力と連帯することで、日本の国家的自立を前進させることが可能になる。

２０１１年には「ウォール街を占拠せよ運動」の世界的な波及が起きた。１％の富裕層が、99％の人々を支配して搾取していることへの抵抗運動だ。

今こそ99％が連帯する時である。民主主義は数の論理だ。多くが団結すれば社会は変えられる。そうするには思想信条を超えた一致点での共同行動が求められている。分断され統治されてはならない。団結して対抗せよ。

文明の衝突を回避する、新しい人間主義の展望

21世紀は、世界がますます狭くなっていく。交通手段や通信手段のさらなる発達により経済と金融のグローバル化は進んでいく。そこに人口増加と自由化の圧力が加われば、世界はさまざまな民族、人種が入り乱れる状態になる。

そこで発生してくる問題を解決するには、民族や宗教などを超えた人間としての共通の価値観が重要になる。

世界の問題は一国だけではなく、世界全体で解決していくしかない。

宗教や人種を超えた普遍的な価値の創造に迫られているといえる。

そこで提示されているのが世界人権宣言の理念なのだ。しかし、旧来の人間中心主義には通貨発

行権の独占による深い偽りの闇があり、重大な欠落があった。政府が通貨を発行し、民主主義の理念を正しく発展させていく新しい人間主義の構築こそ、今後の人類の大きな展望である。

人間は本能的に民主的な生き物

人間は矛盾した存在である。エゴイズムという化け物を飼っていると同時に、エゴイズムを克服したいと思う。社会的には独裁的であると同時に民主的である。

権力を持つと多くの人が独裁者になりたがる。その一方で普通選挙制に基づく民主主義を愛している。だから世界中に民主主義が広がっているのだ。

ある環境においては、人間が公正や平等を求める生物であることは心理学の実験からも証明されている。

NHKスペシャル『ヒューマン　なぜ人間になれたのか』という番組では、実験に参加した二人のうち一人にマネーを渡し、渡された人間が渡されていない人間にいくらのマネーを配分するかという実験を行った。どこの国でも相手が自分に渡されている金額を知っている時は、ほぼ同等の金額を相手にも渡していた。一方で、自分がいくら渡されたかを相手が知らない場合は、少額しか相手に渡さなかった。これもどこの国でも共通して見られた結果である。

この実験が証明するのは、人間は監視されている場面では、独占したりすることに恥や後ろめたさを感じるということだ。逆に監視されていなければ、相手に不利益を与えても気にしない傾向がある。

監視されている下では、人間は民主的、利他的になり、監視されていなければ独裁的、利己的になる。この実験は「偽りの原理」と「真理の原理」の明確な違いを明らかにしている。民主主義の世界的な発展も国際銀行家の偽りの原理の発展も、人類の性質がもたらした必然的な流れであった。

この矛盾をどう克服するかが、今後の人類の課題であろう。

偽りの原理を克服し、真理に基づく民主主義を構築していくことは、21世紀に取り組むべき大事業である。

市民一人一人が責任を持って行動する時に民主主義は実現する。

今こそ人類の持つ民主的な才能を開花させる時だ。

あとがき

以前、私が勤めていた金融会社で出会った家計相談の顧客の中に、ひときわ印象の好い人がいた。その人と話していると心が落ち着いてくるし、何を話しても良い気分になる。どこから見ても善人だった。しかし、その人の家計に話が及ぶと変なことに気付いた。高収入なのだが、ほとんど税金を納めていないのである。恐らく脱税まがいのことをしていたのだろう。しかも職業を聞くと、全く価値の無いものを異常な高値で売りつける商売だった。私は思わず「詐欺的じゃないですか？」と訊ねてしまった。そうするとその人は、「そうですよ」と穏やかに、かつ爽やかに笑ったのである。その時に「一流」の詐欺師というのはこのような人間をいうのだな、と実感した。

一流の詐欺師は接している間は優しい。楽しませてくれる。大変魅力的だ。しかし、だからこそ恐ろしい。騙しの力は人を破滅させることができるからだ。騙しの結果が出ると大変な悲劇が発生するのである。

見た目や話し方からいかにも胡散《うさん》臭い二流、三流の詐欺師なら大抵は見抜けるだろう。しかし一流の詐欺師を私たち一般人が見抜くことはできるのだろうか？

全てを疑いながら生きるのは難しいし、不幸なことである。しかしどこから見ても善人に見える一流の詐欺師は確かに存在する。それではどうすればよいのか？

詐欺師と善人を見極める唯一の方法は、偽りに基づいて行動しているかどうかだ。なぜなら一流の詐欺師と善人の違いはそこだけだからだ。

詐欺師は偽るからこそ詐欺師なのである。詐欺師である以上必ず偽りのトリックを仕掛けてくる。そうでなければその人は善い人なのである。だから、どんな善い人に見えても、その人が偽りを周囲や自分に仕掛けていないかに注意を払うべきなのだ。

現在の政「金」分離した自由民主主義は、その本性からして一流の詐欺師と同じである。普段は魅力的で、優しい。市民の自由や平等を保障してくれる。時には生活を豊かにしてくれる。しかし、操作される通貨システムに基づいている以上、偽りの原理はいつでも作動する。そして、大きな害悪を社会にもたらすのである。

このことは過去の歴史が見事に証明している。「偽りの原理」から「真理の原理」に本当の意味で社会が変化するには「操作される通貨システム」が無くならなくてはいけない。それが成されるまでは、私たちはこの社会を疑ってかかるべきなのだ。

一説によると、民主主義の語源であるデモクラシーとは「デーモン（悪魔）による統治」という意味だという。悪魔は欲望を肯定する魅力的な存在であると同時に、破滅をもたらす邪悪な存在である。我々の民主主義が、悪魔の統治にならずに、本当の意味での「民」が「主」になる政治になることを願ってやまない。

最後に、今回多大なるご支援をいただいた関係者の方々に心より感謝を申し上げます。

2012年10月23日

天野《あまの》統康《もとやす》

参考文献・紙誌・ウェブサイト一覧

『歴史の終わり（上）（下）』フランシス・フクヤマ／渡部昇一訳／三笠書房
『虚構の終焉』リチャード・A・ヴェルナー／村岡雅美訳／PHP研究所
『円の支配者』リチャード・A・ヴェルナー／吉田利子訳／草思社
『文明の衝突』サミュエル・ハンチントン／鈴木主税訳／集英社
『ユダヤ人と経済生活』ヴェルナー・ゾンバルト／安藤勉訳／荒地出版社
『日本を貧困化させる経済学の大間違い』堂免信義／徳間書店
『通貨戦争』宋鴻兵／河本佳世訳／武田ランダムハウスジャパン
『ロスチャイルド、通貨強奪の歴史とそのシナリオ』宋鴻兵／河本佳世訳／武田ランダムハウスジャパン
『闇の世界金融の超不都合な真実』菊川征司／徳間書店
『全部わかった！国際銀行家たちの地球支配／管理のしくみ』安部芳裕／徳間書店
『論理の方法』小室直樹／東洋経済新報社
『日本人のための宗教原論』小室直樹／徳間書店
『世界最終恐慌への3000年史』鬼塚英昭／成甲書房
『日本人のためのイスラム原論』小室直樹／集英社インターナショナル
『金儲けの精神をユダヤ思想に学ぶ』副島隆彦／祥伝社
『世界の歴史をカネで動かす男たち』W・クレオン・スクーセン／太田龍監訳／成甲書房
『今を生きる親鸞』安冨歩・本多雅人／樹心社
『マスコミとお金は人の幸せをこうして食べている』THINKER／徳間書店
『ジューイッシュ・ワールド』板垣雄三／朝倉書店
『国際金融資本がひた隠しに隠すお金の秘密』安西正鷹／成甲書房
『プーチン　最後の聖戦』北野幸伯／集英社インターナショナル
『法とは何か？』渡辺洋三／岩波書店
『人権の歴史』ミシェリン・R・イシェイ／横田洋三監訳／明石書店
『青山栄次郎伝　EUの礎を築いた男』林信吾／角川書店
『世界の憲法集』阿部照哉／有信堂高文社

『ロックフェラー回顧録』デイヴィッド・ロックフェラー／楡井浩一訳／新潮社
『マネー崩壊』ベルナルド・リエター／小林一紀・福元初男訳／日本経済評論社
『ザ・バンク』マット・マーシャル／田村勝省訳／万来舎
『日本の巨大メディアを考える』志位和夫／日本共産党中央委員会出版局
『憲法』君塚正臣編／法律文化社
『新たな比較憲法学のすすめ』杉原泰雄／岩波書店
『「重不況」の経済学』向井文雄／新評論
『イスラームの心』黒田壽郎／中公新書
『ロシア精神史への旅』野口和重／彩流社
『正義論』ジョン・ロールズ／紀伊國屋書店
『「国の借金」アッと驚く新常識』廣宮孝信／技術評論社
『デフレの経済学』岩田規久男／東洋経済新報社
『銀行経理の実務（第8版）』銀行経理問題研究会（編）／金融財政事情研究会
『異端の経済学』ジョーン・ロビンソン／宇沢弘文訳／日本経済新聞社
『国際決済銀行の戦争責任』G・トレップ／駒込雄治・佐藤夕美訳／日本経済評論社
『実感なき景気回復に潜む金融恐慌の罠』菊池英博／ダイヤモンド社
『10万年の世界経済史（上）（下）』グレゴリー・クラーク／久保恵美子訳／日経ＢＰ社
『経済統計で見る世界経済２０００年史』アンガス・マディソン／金森久雄監訳／柏書房
『資産デフレで読み解く日本経済』第一生命経済研究所編／日本経済新聞社
『マネーの進化史』ニーアル・ファーガソン／仙名紀訳／早川書房
「日本経済新聞」
「読売新聞」
「世界経済のネタ帳」
「The Voice of Russia」
「財務省ＨＰ」
「日本銀行ＨＰ」

◉著者について
天野統康（あまの もとやす）
1978年生まれ。和光大学経済学部卒。ファイナンシャルプランナー。保険業、証券業、ファイナンシャルプランニング業を経て、天野統康ＦＰ事務所として独立。近年は講演や雑誌への寄稿、企業サイトでの連載と活動の幅を広げている。著書に『あなたはお金のしくみにこうして騙されている』（徳間書店）がある。

ブログ「天野統康のブログ　金融システムから見る経済社会論」
http://ameblo.jp/amanomotoyasu/
ホームページ「天野統康ＦＰ事務所」
http://amano-fp-jimusho.la.coocan.jp/

サヨナラ！
操作《そうさ》された「お金《かね》と民主主義《みんしゅしゅぎ》」
なるほど！
「マネーの構造《こうぞう》」がよーく分かった

◉著者
天野統康《あまのもとやす》

◉発行日
初版第1刷　2012年11月25日

◉発行者
田中亮介

◉発行所
株式会社 成甲書房

郵便番号101-0051
東京都千代田区神田神保町1-42
振替00160-9-85784
電話03(3295)1687
E-MAIL mail@seikoshobo.co.jp
URL http://www.seikoshobo.co.jp

◉印刷・製本
株式会社 シナノ

Printed in Japan, 2012
ISBN978-4-88086-295-8